VASTAS EMOÇÕES
E PENSAMENTOS IMPERFEITOS

Blucher

VASTAS EMOÇÕES E PENSAMENTOS IMPERFEITOS

Diálogos bionianos

Organizadoras

Marina F. R. Ribeiro

Elisa Maria de Ulhôa Cintra

Vastas emoções e pensamentos imperfeitos: diálogos bionianos

Publisher Edgard Blücher
Editores Eduardo Blücher e Jonatas Eliakim
Coordenação editorial Andressa Lira
Produção editorial e preparação de texto Regiane da Silva Miyashiro
Diagramação Plinio Ricca
Revisão de texto Amanda Fabbro
Capa Laércio Flenic
Imagem de capa iStockphoto

Blucher

Rua Pedroso Alvarenga, 1245, 4º andar
04531-934 – São Paulo – SP – Brasil
Tel.: 55 11 3078-5366
contato@blucher.com.br
www.blucher.com.br

Segundo o Novo Acordo Ortográfico, conforme 6. ed. do *Vocabulário Ortográfico da Língua Portuguesa*, Academia Brasileira de Letras, julho de 2021.

Dados Internacionais de Catalogação na Publicação (CIP)
Angélica Ilacqua CRB-8/7057

Vastas emoções e pensamentos imperfeitos: diálogos bionianos / organizadoras, Marina F. R. Ribeiro, Elisa Maria de Ulhôa Cintra. – São Paulo : Blucher, 2023.

330 p.

Bibliografia

ISBN 978-65-5506-729-3

1. Psicanálise 2. Bion, Wilfred R. (Wilfred Ruprecht)- 1897-1979 3. Escuta psicanalítica I. Ribeiro, Marina F. R. II. Cintra, Elisa Maria de Ulhôa

23-1883 CDD 150.195

Índice para catálogo sistemático:
1. Psicanálise

Em todos os domínios existe um desejo de que nada venha a perturbar o senso de permanência. Tal desejo sem dúvida vai entrar em conflito com a natureza do objeto estudado. É difícil conceber algo mais livre de freios e restrições do que os pensamentos e os sentimentos. Porém, ao se fazer uma tentativa de conferir a eles uma expressão escrita, ou mesmo falada, a liberdade de pensamento já se desgastou. A liberdade do pensamento comunicado não é absoluta em momento algum.[1]

---

1 Bion, W. R. (1989). *Uma memória do futuro. O sonho* (P. C. Sandler, Trad.). Martins Fontes. (Trabalho originalmente publicado em 1975)

Conteúdo

Abrindo os diálogos: vastas emoções e pensamentos imperfeitos

Marina F. R. Ribeiro
Elisa Maria de Ulhôa Cintra

O procedimento analítico é uma tentativa de introduzir o paciente a quem ele é, pois, goste ou não, isto é um casamento que vai durar tanto tempo quanto ele viver.

(Bion, 1992, p. 117)

Freud (1900), ao descrever as peculiaridades psicológicas do sonho, no livro *A interpretação dos sonhos*, cita Havelock Ellis, autor que descreve o sonho como um mundo arcaico de vastas emoções e pensamentos imperfeitos (Freud, 1900/2019).

Bion, sessenta anos depois, escreveu que a mente funciona de forma onírica diuturnamente. Para ele, pensar é sonhar, é a forma mais íntima de construirmos continuamente quem somos, processo em constante transiência. Estamos ininterruptamente criando pensamentos imperfeitos para as vastas emoções que nos assolam no constante desafio de nos tornarmos humanos, capazes de dar forma e representação às emoções. Os pensamentos configuram, de maneira provisória e transiente, as vastas emoções que nos arrebatam continuamente na experiência do viver.

Ambos foram corajosos: Freud, com a publicação de *A interpretação dos sonhos*, e Bion, com a expansão da intuição freudiana ao postular que sonhar é pensar, que apreendemos nossas extensas, múltiplas e complexas emoções com a criação de pensamentos oníricos.

O presente livro é fruto de um encontro de psicanalistas sobre a obra de Bion na academia, o que é algo inédito no Brasil. Bion esteve no Brasil em quatro ocasiões (1973, 1974, 1975 e 1978), ministrou seminários teóricos e clínicos, deixando uma verdadeira turbulência nos institutos de psicanálise de São Paulo, Rio de Janeiro e Brasília. Após cinquenta anos da sua primeira visita ao Brasil (1973), estamos nos aproximando do seu legado teórico e clínico dentro do campo da pesquisa psicanalítica.

Este livro resulta de um evento online realizado em agosto de 2022 com a organização de Marina F. R. Ribeiro e Elisa Maria de Ulhôa Cintra, coordenadoras do Laboratório Interinstitucional de Estudos da Intersubjetividade e Psicanálise Contemporânea (LipSic).[1] O LipSic propõe a cooperação interinstitucional de pesquisadores de dois centros com reconhecida produção no campo da psicanálise: o Instituto de Psicologia da Universidade de São Paulo (IPUSP) e a Pontifícia Universidade Católica de São Paulo (PUC-SP). O objetivo principal do LipSic é favorecer a pesquisa e o intercâmbio de ideias entre pesquisadores do que atualmente denominamos Psicanálise Contemporânea, com ênfase na problemática da intersubjetividade e nos seus desdobramentos. A obra de Bion é fundamental dentro deste campo de investigação psicanalítica.

1 https://www.lipsicpsicanalise.com

O evento reuniu aqueles com coragem e disposição psíquica para o diálogo e para a pesquisa clínica psicanalítica. Precisamos do encontro de várias mentes para que novos pensamentos sejam elaborados e para que a psicanálise continue a ser, como escreveu Bion, uma sonda que expande o próprio campo que investiga. Um psicanalista, em seu ofício, é sempre um pesquisador; a academia é uma maneira de realizar uma pesquisa estruturada que aprofunda e amplia o arcabouço teórico e o pensamento clínico.

O evento *Diálogos bionianos I – Vastas emoções e pensamentos imperfeitos*[2] foi realizado nos dias 19 e 20 de agosto de 2022 de forma online.[3] No primeiro dia, tivemos a conferência de Elias Mallet da Rocha Barros (Sociedade Brasileira de Psicanálise de São Paulo – SBPSP), seguida de cinco salas de diálogos. No segundo dia, tivemos as conferências de Arnaldo Chuster, Luís Claudio Figueiredo e Roosevelt Cassorla.[4] As quatro conferências e as salas de diálogo foram transformadas em capítulos, seguindo a mesma ordem de apresentação do evento. A elas, foram acrescentados quatro capítulos (5, 6, 12 e 13), compondo uma estrutura que será relatada brevemente a seguir.

O livro está organizado em três atos:

1. Diálogos bionianos.
2. Entrelaces dialógicos entre a clínica e a teoria bioniana.
3. O analista no seu ofício contínuo de vir a ser e o emaranhamento inconsciente.

---

2 O nome do evento foi sugerido a nós por Arnaldo Chuster, a quem agradecemos pela relevante contribuição. Chuster, em seu capítulo, além do texto de Freud, refere-se ao livro de Rubem Fonseca, *Vastas emoções e pensamentos imperfeitos* (1988).

3 O evento fez parte dos encontros preparatórios para a *Conferência Internacional Bion México – As dimensões oníricas da mente*, que aconteceu nos dias 10 a 13 de novembro de 2022 de forma online. Jani Santamaria, organizadora da conferência internacional, fez um convite aos participantes na abertura.

4 As conferências estão disponíveis no canal do LipSic: https://www.youtube.com/watch?v=i-ipEW_PZbU&t=1857s

No Primeiro ato – Diálogos bionianos, Elias Mallet da Rocha Barros, no Capítulo 1, "Implicações epistemológicas em contraponto a uma interpretação simplista do enunciado de Bion: sem memória, sem desejo e sem compreensão prévia", escreve sobre a complexidade do estado de mente proposto por Bion. Esse estado favorece a apreensão da realidade psíquica pela capacidade de observação do analista: sem memória, sem desejo e sem compreensão prévia, uma proposição além do método, o qual estamos ainda começando a compreender, bem como a amplitude de sua potência no sentido de saber mais e além:

> *Esta sua frase sublinha a importância de um recorte epistemológico em relação ao que temos acesso na sessão analítica e pertence ao universo da observação. Sua proposta contém uma visão dinâmica sobre a natureza da observação dirigida a um objeto (analítico) em eterno movimento que o coloca dentro e fora do tempo simultaneamente, além de representar uma concepção sobre substância do Humano e, assim, tornar mais complexa a natureza da função do observador. Do ponto de vista do analista em sessão, esta proposta acentua a simultaneidade dos tempos e das causações complexas. (Rocha Barros, 2023, Capítulo 1)*

O autor apresenta um texto que consideramos referência para a compreensão dessa proposição de Bion, que gerou e gera tantas interpretações simplistas e redutoras. A proposta de Bion apresenta uma complexificação da observação da substância do humano – e por que não trazer isso para a pesquisa psicanalítica? Em um texto recente sobre o tema, escrevemos:

> *A proposta metodológica exposta compreende que o fragmento intersubjetivo é um fato selecionado, ou um conjunto de fatos, que emergem na mente do pesquisador-psicanalista em estado de capacidade negativa (sem memória, sem desejo e sem compreensão prévia). O fragmento intersubjetivo que será usado na pesquisa tem como esteio o mito de referência do pesquisador-psicanalista, tendo como característica uma composição única de elementos. (Ribeiro, Flores & Ramos, 2022, p. 46)*[5]

Essa é uma proposição metodológica para a pesquisa psicanalítica a partir da epistemologia de Bion: sem memória, sem desejo e sem compreensão prévia. Um território novo que começa a ser desbravado.

Seguindo para o Capítulo 2, "Vastas emoções e pensamentos imperfeitos", de Arnaldo Chuster, adentramos na infinitude do mundo dos sonhos. Com Freud (1900), podemos enfrentar os abismos que constituem a existência humana. Estes são trazidos à tona pelo processo analítico, em que a construção da linguagem e do pensamento andam de mãos dadas com caminhos trilhados igualmente pelo escritor, pelo poeta, pelo filósofo e pelo matemático. Eles se unem pela intuição e pela imaginação, mas se separam na prática. Nesta, o psicanalista enfrenta os desafios da ética que atende ao sofrimento humano, colocado no constante movimento de restauração e evolução que o processo analítico requer.

No Capítulo 3, de Luís Cláudio Figueiredo, "A aprendizagem emocional como trabalho básico (sete notas e um avesso)", parte-se da ideia freudiana de *trabalhos psíquicos* (inconscientes e conscientes)

---

[5] O livro tem acesso aberto: https://pedroejoaoeditores.com.br/produto/pesquisas-academicas-em-psicanalise-reflexoes-teoricas-e-ilustracoes-praticas/

para nela inserir as noções bionianas de *experiência emocional* e, especialmente, do *aprender com a experiência*. É sugerida a ideia de que essa aprendizagem é, de fato, o mais básico dos trabalhos inconscientes e conscientes realizados pelo que poderíamos chamar de *aparelho psíquico*. Todos os trabalhos psíquicos dependem, em última instância, da capacidade do aparelho de aprender com a experiência emocional. Ao longo de sete notas, são elaboradas ideias sobre o trabalho da aprendizagem que compete ao aparelho psíquico, bem como sobre as resistências a ele. Em uma oitava nota, fala-se do avesso dos trabalhos psíquicos, isto é, da capacidade da mente – na sua condição de alma, e não mais de aparelho – de manter-se em estado de quietude.

Roosevelt Cassorla escreve o Capítulo 4, "Por um certo elogio da mentira", no qual apresenta o espectro entre verdade e mentira, entre crescimento mental e ataques ao pensamento. Relata que Bion (1970), em estilo irônico, dá a entender que, sem a mentira, a humanidade não teria sobrevivido. As mentiras têm funções tanto destrutivas como reparadoras.

O Capítulo 5, "A intuição psicanalítica e a *reverie*: captando fatos ainda não sonhados",[6] de Marina F. R. Ribeiro, apresenta, aproxima e estabelece um diálogo entre alguns conceitos da obra de Bion e textos de psicanalistas pós-bionianos (Ogden, Ferro, Rocha Barros e Chuster). O texto tem como norte a seguinte questão: como podemos pensar a conexão entre intuição e *reverie*? O estado de *reverie* na mente do analista poderia ter como pilar principal, antes e além do sensível, nas áreas infra e ultrassensível, a capacidade de intuição do analista? A intuição não é sensorial, mas existe algum suporte indiscernível e não identificável no mundo sensorial. Tendo em mente essas questões, é apresentada uma experiência clínica perturbadora

---

[6] Esse texto foi originalmente publicado em inglês: Ribeiro, M. F. R. (2022). The psychoanalytical intuition and reverie: capturing facts not yet dreamed. *The International Journal of Psychoanalysis*, *103*(6), 929-947.

e, a seguir, é feito um exercício de "metaforização", de aproximação dos conceitos por meio do material clínico. O objetivo do texto é sustentar a hipótese de que a *reverie* é uma evolução da intuição psicanalítica, e que a intuição ocorre entre cesuras e se sustenta na proposição de método de Bion: sem memória, sem desejo, sem compreensão prévia, ou seja, a capacidade negativa.

No Capítulo 6, "A questão do ódio à realidade em Bion", Elisa Maria de Ulhôa Cintra propõe uma aproximação rigorosa das ideias bionianas relativas à aceitação ou ao ódio à realidade, inspirando-se no pensamento de um Bion freudo-kleiniano das décadas de 1950 e 1960, sobretudo a partir das obras *Elementos de psicanálise* (1963) e *Aprendendo da experiência* (1962).

O Segundo ato – Entrelaces dialógicos entre a clínica e a teoria bioniana – apresenta os relatos da experiência vivida nas cinco salas simultâneas de diálogo. Em cada sala, havia um número limitado de participantes. A intenção foi criar um ambiente de troca entre as pessoas, e não uma exposição de ideias já concebidas anteriormente. Para favorecer ainda mais esse estado de mente descrito por Bion – um pensamento em busca de um pensador –, convidamos um psicanalista-pesquisador (mestrado ou doutorado) responsável por apresentar o estímulo clínico, um psicanalista responsável por apresentar o estímulo teórico (a partir do estímulo clínico) e um facilitador que coordenava os diálogos, além de dois administradores da sala online. Essa equipe de cinco pessoas já formava uma matriz de trocas anteriores ao evento, que também recepcionou os participantes, favorecendo, assim, o fértil diálogo que ocorreu nas salas.

Os psicanalistas do estímulo teórico e o facilitador da sala foram colegas convidados com extensa experiência clínica e teórica a partir da obra de Bion. Os estímulos clínicos foram enviados antecipadamente para as pessoas que fariam o estímulo teórico de forma anônima. A intenção era que o material clínico gerasse o estímulo teórico e, com a apresentação dos dois estímulos nas salas e a presença do facilitador, pensamentos livres pudessem gerar um estado de mente favorável ao diálogo. Além disso, pensamos que há uma circularidade entre clínica, teoria e pesquisa que amplia e oferece um arcabouço consistente para a psicanálise, em especial neste evento, para os psicanalistas que se inspiram na obra de Bion.[7]

Essa pequena matriz de circulação de ideias foi apresentada nas salas para que outras pessoas pudessem continuar a pensá-las. Tal configuração do evento com conferências e salas de diálogos favoreceu um especial estado de mente nos participantes. Os pequenos grupos que formavam as salas estabeleceram uma atmosfera de intimidade e abertura à alteridade. Dessa forma, delineou-se um método de oferecer um continente às diferentes conjecturas que emergiram do grupo.

As salas de diálogo foram organizadas com a intenção de criar um ambiente no qual circulassem pensamentos livres e que todos pudessem participar desse sonhar clínico e conceitual grupal.

Após a realização das salas, recebemos várias mensagens relatando a experiência nos grupos. Uma das mensagens recebidas dizia que, entre o estímulo clínico e o teórico, os pensamentos circularam livremente, em busca de um pensador. Imagens e ideias foram geradas na intersubjetividade vivenciada nessa experiência emocional conjunta. Pictogramas eram pintados nas telas mentais dos participantes, e o diálogo ia se expandindo num infinito de conexões. Experiência única, viva, intensa, expressividade em forma de ideias.

7 Nos eventos sobre a obra de Bion, é habitual essas salas terem um estímulo inicial, seja clínico, teórico ou ambos. A inovação foi a presença de dois estímulos, sendo que o estímulo teórico foi despertado anteriormente ao encontro no evento, pelo estímulo clínico, ou seja, já havia se formado uma matriz de trabalho. Os colegas responsáveis pelo estímulo teórico receberam alguns fragmentos clínicos anônimos e fizeram suas escolhas, já "fisgados" por pensamentos ainda sem pensador.

Cordas invisíveis e online ressonando dialogicamente e construindo uma melodia grupal. Bion teria ficado impressionado com a ressonância de seu pensamento reverberando por tantas mentes.

Por fim, depois do evento, em razão da riqueza de ideias expostas, decidiu-se que aqueles diálogos deveriam se transformar em textos, para que a reflexão continuasse e os leitores pudessem sonhar ou fazer suas próprias considerações. Escrever em conjunto foi uma experiência desafiadora e enriquecedora para os autores, um exercício raro de hospitalidade no texto.

Desses grupos de trabalho surgiram os cinco capítulos que compõem o Segundo ato:

- Capítulo 7 – "Deslocamentos: uma odisseia bioniana", de Thaís Mariana Arantes Ferreira, Davi Berciano Flores, Renato Trachtenberg e Evelise de Souza Marra.
- Capítulo 8 – "Meu corpo, meu palco", de Júlio Conte, Maysa Marianne Silva Bezerra e Cláudia Mazzini Perrotta.
- Capítulo 9 – "Luz, câmera, ação: a mente do analista", de Rachele da Silva Ferrari, Ana Fátima Aguiar, Gina Tamburrino e Anie Stürmer.
- Capítulo 10 – "Pares e triângulos: preconcepção e pensamento", de Victor de Jesus Santos Costa, Cristiana Regina Ferreira de Aguiar Pondé e Júlio Frochtengarten.
- Capítulo 11 – "Entre leiteiros e bombas: sobre a *reverie* nos grupos", de Pedro Hikiji Neves, Pablo Castanho e Carla Penna.

O que se pensa em grupo não se pensa sozinho; precisamos dessa presença do outro para que ideias, ainda embrionárias, nasçam. Precisamos do espaço do *sonhar compartilhado* para que o pensamento novo surja e para que a pesquisa psicanalítica se sustente tanto no exercício clínico quanto no arcabouço teórico, em uma circularidade complexa.

Fechando o livro, como as águas de março fecham o verão, apresentamos o Terceiro ato – O analista no seu ofício contínuo de vir a ser e o emaranhamento inconsciente Começa pelo Capítulo 12, "A função psicanalítica da personalidade do analista e a linguagem de alcance (o analista no seu ofício contínuo de vir a ser)", de Marina F. R. Ribeiro, uma crônica psicanalítica. Após tal crônica, temos o Capítulo 13, "Emaranhamento inconsciente", de Ignacio Gerber, uma criativa e imaginativa conversa entre Freud, Bion, a matemática, a física e a comunicação emocional inconsciente por meio da atitude devaneante do analista.

A gratidão é um sentimento que nos humaniza, ou, usando a expressão de Elias Mallet da Rocha Barros, é parte constitutiva da *substância humana*. Somos gratas pela participação de todos os nossos convidados no evento, agora celebrado neste livro, formando, aos poucos, uma comunidade científica orgânica, criativa e produtiva, que encontra na obra de Bion uma fonte de inspiração para a pesquisa psicanalítica teórico-clínica.

O evento que deu origem ao livro foi fruto do entusiasmo e da competência organizacional dos nossos pesquisadores.[8] Eles se espalharam por todas as salas de diálogo, apresentando os estímulos clínicos e exercendo a arte da hospitalidade, da continência e da parceria. Nosso mais intenso e sincero agradecimento, pois nada do que aconteceu seria possível sem vocês!

---

8 Na organização geral do evento, agradecemos a Ana Fátima Aguiar, Jacqueline Aparecida Sacon e Taís de Oliveira Nicoletti. Na organização das salas de diálogos, agradecemos:
Sala 1: Thaís Mariana Arantes Ferreira
Sala 2: Cláudia Mazzini Perrotta
Sala 3: Rachele da Silva Ferrari
Sala 4: Cristiana Regina Ferreira de Aguiar Pondé e Taís de Oliveira Nicoletti
Sala 5: Camila Young Vieira

O livro é o testemunho dos diálogos de uma comunidade criativa de pensamento psicanalítico inspirado na obra de W. R. Bion.

Bem-vindos, leitores!

São Paulo, fevereiro de 2023.

Referências

Bion, W. R. (1988). *Uma memória do futuro. O sonho.* (P. C. Sandler, Trad.). Martins Fontes. (Trabalho originalmente publicado em 1975)

Bion, W. R. (1992). *Conversando com Bion. Bion em Nova Iorque e em São Paulo.* (P. C. Sandler, Trad.). Imago.

Freud, S. (2019). *A interpretação dos sonhos.* (P. C. Souza, Trad.). Companhia das Letras. (Trabalho originalmente publicado em 1900)

Fonseca, R. (1988). *Vastas emoções e pensamentos imperfeitos.* Companhia das Letras.

Ribeiro, M. F. R., Flores, D., & Ramos, J. (2022). A pesca do fragmento intersubjetivo na pesquisa psicanalítica. In N. Pinheiro, R. Peres & S. Cordeiro. *Pesquisas acadêmicas em psicanálise: reflexões teóricas e ilustrações práticas.* Pedro & João Editores.

Rocha Barros, E. M. (2023). Implicações epistemológicas em contraponto a uma interpretação simplista do enunciado de Bion: sem memória, sem desejo e sem compreensão prévia. In M. F. R. Ribeiro & E. M. U. Cintra. *Vastas emoções e pensamentos imperfeitos: diálogos bionianos* (pp. 25-39). Blucher.

Primeiro ato
Diálogos bionianos

1. Implicações epistemológicas em contraponto a uma interpretação simplista do enunciado de Bion: sem memória, sem desejo e sem compreensão prévia

Elias Mallet da Rocha Barros

Há muitos anos, quando ouvi esta sugestão de Bion, não a entendi, pois não fazia sentido e me parecia esdrúxula. Durante anos, ouvi piadas em torno dessa ideia e comentários como: "Então um bioniano vai à sala de espera e pergunta: quem é o meu paciente?". Outros chistes do gênero eram igualmente utilizados, todos para desqualificar a ideia de maneira caricatural.

Com esta abordagem sustentada por um senso comum rasteiro, a rica dimensão epistemológica da proposta ficava perdida, segundo minha leitura dessa ideia que permite muitas interpretações; dentre elas, considero a epistemológica a mais importante, sem desconsiderar suas outras implicações clínicas. Não tratarei aqui de outros ângulos que não o epistemológico; por exemplo, não elaborarei sobre como a ausência da memória libera a imaginação e promove a intuição. Intuição, é preciso dizer, não é "palpite", mas uma operação mental bastante complexa sobre a qual necessitaríamos mais tempo e espaço para comentar, algo que não tenho neste momento.

Alguns psicanalistas de orientação bioniana mais radical, por sua vez, ao enfatizarem a importância do "não saber" e do "suportar a dúvida", não exploravam o que isto de fato significava do ponto de vista epistemológico e, portanto, favoreciam a escuta dessa ideia numa perspectiva superficial e enganosa. Se essas formulações não são seguidas de um esclarecimento sobre a profundidade da questão epistemológica envolvida, elas se confundem com uma exaltação orgulhosa da ignorância. E não se trata disto: o suportar a dúvida e a *não compreensão apressada estão a serviço justamente do contrário daquilo sugerido por uma primeira escuta superficial. A sugestão implícita e mais profunda busca um saber mais*. O conhecimento aspirado no caso destas proposições é de uma substância *em movimento*, sem momento de inércia, ou seja, de algo em processo de expansão. A *incerteza implícita na dúvida, no não estacionar no já saber, é uma entidade probabilística* e refere-se a uma procura de uma certeza final nunca atingível.

Ocorre-me aqui a expressão (se não me engano) de Atul Gawandi que se refere ao saber médico como resultado de "Certezas incertas de uma ciência probabilística". Da mesma forma, o *princípio da incerteza* de Heisenberg, assim como os saberes da mecânica quântica, não veio ao lume para empatar o progresso da ciência, da física, da astronomia, da mecânica celeste. Ao contrário, promoveram uma aceleração dos conhecimentos sem precedentes sobre o mundo da matéria e do universo. A teoria da relatividade não anulou o conhecimento anterior, apenas o aprofundou e o expandiu, deslocando-o para modelos probabilísticos que melhor se adaptam ao mundo das partículas subatômicas. A incerteza nesse contexto é uma referência à teoria das probabilidades, e não à dúvida por si só em seu estado bruto, algo que seria paralisante. A perspectiva relativista enfatiza a noção de campo de validade e qualifica o conhecimento da matéria em função das dimensões das partículas em jogo. A mecânica newtoniana serve perfeitamente para calcular a órbita de um foguete lançado em direção à Saturno. Já para interpretar as imagens que chegarão do telescópio James Webb, será necessária a mecânica quântica para ampliar e aprofundar o que será detectado, e não simplesmente o que está sendo visto. É preciso notar – *algo que frequentemente as pessoas esquecem – que certos funcionamentos da matéria e do universo são equacionáveis e só passíveis de serem expressos matematicamente, mas não se prestam às visualizações*. São verdades físico-matemáticas *não metaforizáveis* sem grandes perdas de seu profundo significado.

A relatividade não tem por função primordial colocar em dúvida os conhecimentos já existentes, mas, ao contrário, visa aprofundá-los apresentando uma nova perspectiva captável num campo de causalidades complexas. Acentuar a relatividade é mostrar as *imprecisões* (e não a ineficiência) do conhecimento adquirido, é pedir mais observações, mais dedicação e promover um avanço na física, ao colocar mais peso e sofisticação nos modelos probabilísticos capazes de captar o provável funcionamento das partículas subatômicas associado à posição do observador, que nos permitem melhor lidar com o caráter elusivo daquelas e nos convidar a buscar novas evidências.

Também o "sem memória e sem desejo" não deve ser reduzido a uma prescrição dita técnica. Esta frase não tem um caráter prescritivo – que, por sinal, atuaria contra ela mesma, tornando-a uma regra e, pior, uma regra fixa, difícil de ser traduzida em "técnica" analítica. Aliás, a frase que a contém não pertence ao universo da técnica, algo contrário a todo espírito de Bion e de sua obra. Esta sua frase sublinha a importância de um recorte epistemológico em relação ao que temos acesso na sessão analítica e pertence ao universo da observação.

Sua proposta contém uma visão dinâmica sobre a natureza da observação dirigida a um objeto (analítico) em eterno movimento que o coloca dentro e fora do tempo simultaneamente, além de representar uma concepção sobre substância do Humano e, assim, tornar mais complexa a natureza da função do observador. Do ponto de vista do analista em sessão, esta proposta acentua a simultaneidade dos tempos e das causações complexas. Não podemos nos esquecer que a mente do observador é coestruturada também a partir da área do reprimido e cindido (Nosek, 2017).

"Memória", na primeira parte da frase, não se refere aos seus sentidos comuns associados a lembranças, recordações, arquivos de momentos fixos no tempo. Memória aqui conota, mais do que denota, uma função cerebral, o tipo de objeto em questão no campo do *ser e estar em análise*, e sugere qual o tipo de observação possível para captar algo em constante estado de transformação em um universo no qual a temporalidade é sincrônica, diacrônica e anacrônica, simultaneamente. Nunca vi ressaltada a relação desta postura com a natureza da temporalidade na qual está inserido o objeto analítico. A frase que se inicia por "Sem memória" não traz um convite ao esquecimento, já que o esquecer é uma das funções da memória. Bion não sugere, a meu ver, simplesmente que esqueçamos a história do paciente, por exemplo. Esquecer a história é ativar uma das funções principais da memória que nos levaria a uma postura de fixação numa ausência ativa. Para Bion, eu acredito, a história em forma de fragmentos que possa nos ocorrer num encontro com o paciente é parte do presente vivido, é uma experiência emocional, é a síntese de um momento no presente expresso por meio de uma evocação inclusiva do passado. Por exemplo, uma informação sobre a mãe do analisando é uma ilustração expressiva de um significado evocado, que é parte de uma História, com H maiúsculo. É talvez um dos momentos nos quais os significados das experiências emocionais se organizam sinteticamente e que podem mudar num novo contexto. Para Bion, o analisando sempre está falando do presente, do agora, mesmo quando relata dados de sua biografia. Nesse contexto, o analista se mantém *sendo*, isto é, numa postura que internaliza o movimento das emoções dentro de si mesmo, naquele instante, um agente transformador em transformação. Não tem sentido, a meu ver, que um analista que se inspire nestas ideias diga ao paciente "não fale do passado, mas só do presente e do aqui e agora", "não me conte sonhos, sonhe comigo aqui". Estas intervenções são equivocadas, a meu ver, por paralisar o observador e torná-lo prescritivo. Muitas vezes, a experiência emocional no presente é expressa por meio de uma vivência recordada, de uma história contada, de um sonho relembrado de um *lá e então, que capta o momento instantâneo*. O que não tem sentido é interpretar o passado explicando-o e deixar passar o significado e a função do passado referido *no aqui e agora da vivência emocional.*

Bion propõe uma atitude de abertura em expansão, uma postura de paciência necessária diante de um movimento que nunca finaliza. Não se trata de sugerir uma passividade, mas sim de enfatizar uma tolerância com a impossibilidade de circunscrever, ou seja, de limitar o conhecimento. A proposta sugere que a melhor atitude de observação é a de interrogação, na qual não devemos nos apressar para obter a resposta, atitude que interferiria na essência do que estaria sendo observado. Trata-se de uma advertência para não confundirmos o que captamos com o fim da dúvida. A resposta, que é *a infelicidade da questão*, é aquela que a suprime em vez de ampliá-la. A dúvida diante do desconhecido nos serve para organizar as perguntas, construir as equações que tentam explicar as questões envolvidas. A menção ao desconhecido não é uma apologia do não conhecer. É uma advertência sobre a inexistência de um conhecimento final.

Não é à toa que Bion introduziu a dimensão do infinito ao inconsciente. Ele o faz para nos indicar que mesmo o inconsciente está sempre em formação, sempre criando outros significados e novas demandas, não existe limite para seu conteúdo. Nosso autor está nos advertindo que não está tudo lá, a menos que pensemos paradoxalmente neste "tudo" como um estado de pregnâncias sempre renovado, ou num estado potencial aberto para fertilizações futuras.

Não há uma função anticoncepcional no inconsciente. Não entrarei aqui numa questão espinhosa que, em algum momento (ou imediatamente), necessitará ser enfrentada pelo psicanalista. Uma coisa é a *experiência do sentimento*, outra é a *concepção* deste. A tristeza é, ao mesmo tempo, uma experiência emocional vivida em busca de significação e uma exemplificação do que é uma tristeza conceitualmente dentro da mente humana. Sentir é concomitantemente uma experiência e um saber, mas não aprofundarei esta questão agora.

Deixo uma pergunta em aberto: o inconsciente apenas sente ou também concebe, no sentido recém-descrito? Ou o conceber é um momento da intuição já consciente, uma espécie de relâmpago, do conhecimento da experiência? Por favor, não encarem esta questão de maneira simplista. Ela é dura, pesada, ou seja, muito complexa e exige tempo para seu aprofundamento.

Ocorre-me como ilustração do problema com o qual estamos lidando. Lendo um livro de Emmanuel Carrère (2008) (*Um romance russo*), encontro um personagem intrigado com um estado de espírito que lhe é singular. De início, parece uma vontade de chorar sempre que tentava se lembrar de uma canção que alguém, em sua infância, cantava para ele. Seria sua mãe? Sua *niania*? Agora, em sua vida adulta, não havia mais ninguém para cantá-la, ou melhor, agora era ele que algumas vezes a murmurava para si mesmo. Não era a canção que ele queria ouvir, nem mesmo se lembrar da situação em que esta lhe era cantada. O que ele desejava, em suas palavras: "era dar forma à emoção que o submergia" quando murmurava a cantiga. Não conseguia! Havia algo interior que ainda não fazia sentido. Alguma coisa dentro dele lhe recusava essa dádiva, concluía!

Essa dádiva, se lhe fosse concedida, dentro desta perspectiva que estou apresentando, poderia levá-lo a se conhecer melhor e aperfeiçoar sua capacidade de refletir sobre si mesmo por meio do estabelecimento de padrões de relações entre sentimentos antes insuspeitados por sua mente consciente. Para tanto, ele precisaria criar formas (simbólicas) que lhe permitissem estabelecer e ampliar as conexões emocionais com diversos núcleos afetivos de significado que são inconscientes. Sentimento é forma significativa e vivência simultaneamente.

É importante acentuar que o personagem não buscava reviver a experiência ou *se lembrar das circunstâncias em que a canção era cantada, mas conceber a emoção envolvida*. Eu diria que ele desejava incorporar o significado de uma tristeza nostálgica em permanente ação em sua vida mental.

O *Ser*, observado psicanaliticamente, é uma substância em constante transformação, como já foi dito, o que não contraria as formulações psicanalíticas bem fundamentadas que indicam que o indivíduo humano contém núcleos "duros", estáveis (núcleos identitários) que são refratários a mudanças e militam contra as transformações. Entretanto, mesmo estes *núcleos de estabilidade* inserem-se em contextos a cada momento diferentes e exercem sua função refratária de forma singular dentro da constelação que constitui o ser. Esta parece ser a posição de Bion, do meu ponto de vista.

Nesse contexto, a intervenção analítica torna-se o instrumento para expandir os vínculos entre as experiências emocionais significativas e promover novas conexões que ampliem a rede do sentido e o repertório afetivo do que significa se sentir vivo, algo mais do que existir.

Se quisermos conhecer Pedro, por exemplo, num sentido profundo, ganharíamos mais se nos concentrássemos no efeito da experiência (emocional) sobre sua substância em ebulição. Vamos conhecê-lo melhor se captarmos os mínimos movimentos que estavam subjacentes à sua transformação: de início, ele era palmeirense convicto, depois tornou-se uma pessoa que não liga para futebol. O que aconteceu? Quais foram os minúsculos, microscópicos movimentos, responsáveis por esta transformação? Ao me perguntar "quais são?", não busco uma explicação, mas uma compreensão que se transformará numa vivência.

A observação do senso comum dirigido ao mundo físico não capta imediatamente o intenso movimento atômico e subatômico que está presente nos objetos que, do ponto de vista da realidade imediata, estão fixos, estáveis, estáticos. Diante da natureza, não é imediata a consciência de que a estabilidade é fruto de um equilíbrio dinâmico extremamente complexo.

A memória que Bion sugere que deva ser suprimida na sessão psicanalítica é aquela que falseia a percepção da natureza do Ser, que lhe atribui uma identidade fixa e o vê como um objeto constituído de causalidades lineares. Este tipo de Memória que fixa, condiciona um certo tipo de Desejo.

Simplificando: vemos algo verde e somos convidados a impor nossa vontade culturalmente condicionada, a qual sugere que aquilo que é verde deveria ser amarelo. É claro que queremos que um fascista se transforme em democrata, ou ainda que um sujeito deprimido volte ao normal, mas não é deste tipo de desejo que

Bion está falando, ainda que sua formulação tenha implicações éticas para esta questão.

O verde, no caso, é algo que existe num universo atemporal, ou numa dimensão da temporalidade diacrônica, fruto de uma particular constelação de causações não necessariamente lineares. Aquele verde, na concepção que estamos propondo, já contém o amarelo que pode se transformar num outro tom de verde, que concomitantemente abriga outras cores, dependendo do vértice que se adote. Além disso, o verde está representando apenas algum aspecto secundário da substância do objeto colorido, que, por sua vez, pode se tornar primordial a partir de um outro vértice. E sobretudo não cabe a mim decidir qual deve ser o estatuto deste objeto, sua cor. Se eu lhe atribuo o meu Desejo, aquele objeto já será outro que não ele mesmo, tornar-se-á o objeto de minha imaginação, e não mais aquele sob minha observação psicanalítica.

O Desejo como vontade destrói o objeto da observação e lhe dá uma fixidez por meio da Memória, no sentido comum. E desejo, no sentido de "ânsia por", altera o estado de espírito do analista interferindo na escuta igualmente atenta, postura básica em nosso campo.

Ao tomar a frase "sem memória e sem desejo" em seu sentido vulgar, cotidiano, eu ataco e deformo a essência da psicanálise que demanda um descolamento do senso comum. Transformo o sujeito, num sentido ontológico, numa categoria gramatical e, do ponto de vista epistemológico, num objeto do senso comum.

Não estou tratando aqui do aspecto ético do Desejo de cura do analista, assunto bastante discutido, mas, neste momento, limito-me a seu ancoramento epistemológico: o Desejo de cura ou a aspiração pela melhora dos sintomas do paciente representam apenas um caso particular de uma postura total.

Alguns psicanalistas, em certa medida, também são responsáveis por simplificar um entendimento equivocado de algumas ideias de Bion, quando implicitamente facilitam sua decodificação limitada às percepções do senso comum. Ao insistirem, por exemplo, no conceito de *capacidade negativa* que prescreve à tolerância à ansiedade pelo não saber, esquecem-se de dizer que esta paciência não está a serviço da ignorância, do não saber, mas exatamente ao contrário, está a serviço do saber mais e melhor por meio da estabilidade de uma atenção sempre renovada. A *paciência* aqui referida é a função mental da atenção dirigida a um campo aberto em expansão, à captação de um movimento que abriga uma causalidade complexa por ser múltipla e mutante.

Quero reenfatizar que o objeto da observação do psicanalista é a realidade psíquica inconsciente, uma dimensão de algo em movimento em constante emanação. O significado das experiências psíquicas que lá deixam suas marcas não é fixo, não é algo a ser achado e revelado, mas sim, criado. E é importante sublinhar que tanto as marcas deixadas na essência quanto o significado criado para cada momento da experiência existem em processo, isto é, em movimento. Não são aleatórios ou sem causa, mas essas causas são complexas por também existirem como processos e em configurações que se formam e se desfazem. As experiências emocionais tanto do presente quanto do passado existem em contínuas construções e reconstruções.

Por exemplo, a paleontologia evolutiva nos ensina que o ornitorrinco é um animal que contém, no presente, elementos centrais para compreendermos os mecanismos da evolução dos mamíferos, isto é, o movimento da vida. Podemos nos fixar no que ele é hoje como animal e exibi-lo para contemplação num zoológico, mas nesse caso perderíamos o que este bicho contém de uma história *do que foi* e que talvez aponte para *o que será* (num sentido de pregnância) o futuro da espécie. De um lado, ele é arcaico no sentido de ser igual a seres que existiram há milhares de anos, mas também é algo entre um pássaro (sem ser pássaro) como foram seus antecessores e um mamífero, isto é, sendo mamífero. E esse bichinho arcaico, em alguns sentidos, também contém elementos ditos "modernos", como uma finíssima percepção para minúsculas alterações em campos de força gerados pelos movimentos celulares do camarão de água doce que só seriam perceptíveis por instrumentos eletrônicos. O bico do ornitorrinco não é apenas um maxilar semelhante ao do pato, mas um instrumento de reconhecimento de variações de campos elétricos celulares. De onde isto veio? De um passado herdado ou é um salto para o futuro. O esmiuçamento do que é a estrutura substancial do ornitorrinco nos informa muito sobre a transformação dos mamíferos e sobre sua relação evolutiva com os peixes anteriores aos mamíferos. Ou seja, de um lado estamos diante de um "truque" evolutivo muito engenhoso adquirido por espécies diferentes que surgiram em tempos variados; de outro, estamos observando um movimento (evolutivo) que nos permite compreender a Evolução em si mesma. Então, aprendemos muito ao compreender a estrutura do ornitorrinco naquilo que ele representa em sua estabilidade. Para compreendermos a Evolução com "E" maiúsculo, necessitamos captar o que há de transformacional neste bichinho, ou seja, em como ele – ser singular – enquanto representante de uma espécie tem respondido à experiência da vida. O ornitorrinco tem em seu presente dois espelhos: um voltado para o passado e outro para o futuro. Para maior compreensão deste processo, sugiro a leitura do livro *A grande história da evolução*, de Richard Dawkins (2009).

A ideias de Bion comportam uma metapsicologia de processos, e não de conteúdos, seguindo a expressão usada por Roussillon e enfatizada por Howard Levine em diversos trabalhos (Levine, Reed & Scarfone, 2013).

Bion e os pós-bionianos, assim como muitos analistas contemporâneos transmatriciais (Figueiredo & Coelho Jr., 2018, p. 187), ou seja, aqueles que atravessam paradigmas, estão focados mais nos processos de construção do pensamento que produzem significados por meio dos quais a experiência emocional é transformada do que no conteúdo do pensamento, seja reflexivo consciente ou do inconsciente onírico. Nos processos de pensamento, as conexões (links) não são fixas, dependem de molduras contextuais e do tipo e qualidade do material inconsciente que é invocado em cada instante.

É nesse contexto que o Desejo fixa uma particular constelação e a faz passar pelo todo, sendo que esta configuração é apenas uma parte do significado da experiência emocional e, com isso, apreende apenas um estado mental do paciente num tempo que já passou, num *sido*, que não é o paciente como ser total e, se assim for, não capta a experiência emocional enquanto tal. O perigo de *desejar* está na possibilidade de o analista estar impondo uma substância ao paciente que dá conta apenas parcialmente do que ele é. Na verdade, o paciente é, para me expressar numa ideia de Fernand Braudel (1993), a soma de todas as histórias possíveis, e não fruto de uma única história.

Uma objeção ao que foi dito até aqui seria uma indagação sobre o papel da história do paciente em sua constituição como ser. A primeira resposta que eu daria, embora esta não dê conta de toda crítica implícita na objeção, seria a de que até agora *só procurei interpretar o alcance epistemológico da frase*, que se refere às condições de observação psicanalítica e não aos processos de constituição do ser.

É claro que acredito que a história tem um papel na constituição do psiquismo do sujeito e, assim, a pergunta clínica seria: como ela é captada e observada no seu contínuo movimento ao ser objeto da *observação-psicanalítica* da maneira como é proposta por Bion? O problema está, a meu ver, em como podemos observar a história continuamente exercendo seu papel, como ela atua enquanto está armazenada na constituição do psiquismo.

A primeira consideração seria responder que a história se transforma em estruturas psíquicas e estas são acessíveis à observação via processo de significação das experiências emocionais. As lembranças não exercem um papel diretamente por meio de conteúdos psíquicos, seja sob a forma de lembranças recordadas, seja sob a forma de repetições. Elas o fazem pela função que adquirem num contexto emocional enquanto *vivência da lembrança*, no seu aspecto evocativo.

Nos encontros sobre a obra de Bion (particularmente neste), sugiro que se discuta a relação daquilo que é com o que será, levando em conta o que foi. Dito de outro modo, onde está, na experiência emocional captada no instante presente, o passado e o futuro?

É verdade que necessitamos considerar também a sugestão da abordagem proposta pela ideia da ausência de memória e de desejo como uma forma de proteção da mente do analista contra o tédio e a quase morte gerada pela repetitividade das queixas do paciente, conforme aponta Rocha Barros Neto, que diz:

> *Para mim, o lema "sem memória e sem desejo" desponta mais como uma sugestão de proteção e preservação do enquadre analítico. Por exemplo, inúmeros pacientes trazem dia após dia o mesmo problema, as mesmas angústias, "a eterna repetição do mesmo". Com isso, o analista pode se sentir paralisado numa atemporalidade e até entediado. A capacidade de escutar a mesma história de uma maneira nova (sem memória e sem desejo)*

> *é o que pode salvar o analista do tédio, da apatia e da desvitalização. Por exemplo, tenho um paciente que toda semana começa a sessão falando: "é a mesma coisa de sempre . . . você vai escutar as minhas mesmas queixas . . . E eu gosto de responder: "mas esta será a primeira vez que estarei às escutando hoje" ou "você ainda não falou para mim delas do jeito que vai falar delas na sessão agora. (Rocha Barros Neto, 2022, Comunicação pessoal)*

Em razão da exiguidade do tempo, faltou aqui um comentário sobre o significado da expressão "sem compreensão", continuação da expressão "sem memória e sem desejo". Vou deixar de lado uma observação sobre um possível equívoco (ou imprecisão) de Bion ao usar a palavra compreensão. Penso que é difícil entender o que ele quis dizer sem esmiuçarmos o termo inglês *understanding*. Este termo é fruto de uma longa história linguística e contém múltiplos sentidos. Volto a sublinhar que Bion, em nenhum momento, está fazendo apologia da imbecilidade, elogiando a ignorância. *Under*, parte da palavra, que em linguagem comum seria traduzida como "embaixo", vem de um termo medieval que significa "entre", "no meio de". E *standing* contém um sentido postural, de imobilidade: *standing under*, "estar parado no meio de". É só neste sentido que Bion propõe uma não compreensão: "não fiquemos parados no meio de" acreditando que estamos vendo tudo. Ficar parado no meio de um desenho de um átomo e suas subpartículas nos conta pouco sobre como a matéria se constitui e opera. Este átomo só se revela, isto é, passa a existir, quando observado em seu movimento através dos Grandes Colisores de Hádrons, da colisão das partículas, cuja existência é deduzida das imagens dos impactos energéticos em filmes de altíssima definição.

A compreensão (*understanding*) que importa não é a do ser estático observando um momento do mundo ou da vida mental. Compreensão (*understanding*) tem uma conotação de submissão, de inércia. É contra este aspecto que Bion adverte nosso espírito crítico, mas não nos esqueçamos que compreender (*understand*) também contém a ideia de perscrutar (*muse*), imaginar, suspeitar (*be suspicius of*). Estas conotações exprimem uma postura metodológica legítima e importante para o progresso de nosso avanço na tarefa de desenhar o mundo em seu eterno movimento.

Referências

Braudel, F. (1993). *Grammaire des civilisations*. Flamarion.

Carrère, E. (2008). *Un roman russe*. Gallimard.

Dawkins, R. (2009). *A grande história da evolução*. Companhia das Letras.

Figueiredo, L. C., & Coelho Jr., N. E. (2018). *Adoecimentos psíquicos e estratégias de cura. Matrizes e modelos em psicanálise*. Blucher.

Levine, H. B., Reed, G. S., & Scarfone, D. (2013). *Unrepresented states and the construction of meaning*. Karnak.

Nosek, L. (2017). *A disposição para o assombro*. Perspectiva.

Rocha Barros Neto, A. M. (2022). Comunicação pessoal.

2. Vastas emoções e pensamentos imperfeitos

Arnaldo Chuster

O título do romance de Rubem Fonseca (1925-2020), *Vastas emoções e pensamentos imperfeitos* (2017), inicia-se descrevendo a *turbulência emocional* da personagem principal. Essa temática caracteriza a obra do autor que, por uma *serendipidade* (Chuster, 2018a), tive o privilégio de conhecer pessoalmente. Nesse encontro, o escritor falava descontraidamente de sua intenção em escrever um livro com esse título. Fonseca, que tinha um entusiasmado interesse e carinho pela psicanálise, certamente leu o comentário de Havelock Ellis, autor dessa frase tão poética, dita a respeito do mundo dos sonhos descoberto por Freud (1900/2019).

A partir do relato desse encontro com o escritor, uma exemplar personalidade criativa e ética, será desenvolvido neste capítulo algo semelhante ao que ocorre no processo analítico, quando testemunhamos o vislumbre do que pode ser uma *preconcepção* em *busca* de uma *realização* que traga à luz uma *concepção* (Bion, 1962a, 1962b). Penso que a inevitável *vasta imperfeição emocional desta busca de pensamentos* não menos imperfeitos é o que mais profundamente caracteriza o processo do *tornar-se humano* (Chuster, 2017, 2022).

O processo psicanalítico favorece que duas personalidades se encontrem para conversar sobre algo que ocorre entre elas. Esse algo, parte essencial de uma busca, uma investigação sobre as profundezas humanas, aponta para um lugar que podemos chamar de *infinito*. Podemos nomeá-lo, como fez Bion (1965), de "*O*", mas também podemos destacar, como fez o poeta Schiller,[1] que nas *profundezas*, e apenas ali, habita a *verdade*.

Bion refere-se muito especificamente a essa conversa no artigo *Como tornar proveitoso um mau negócio* (1979/1996), e também na *Memória do Futuro* (1975/1990) com o diálogo entre *Myself, Bion e P.A.*[2] No presente capítulo, enfatizo que esse tipo de diálogo trata de *intuição, imaginação e public-ação*, ou, *pre-concepção, singularidade e função psicanalítica da personalidade*. As interações que esses elementos conseguem estabelecer entre si produzem a *experiência emocional* analítica.

Resumidamente, entendo que a *experiência emocional analítica* é uma *experiência de vida* que pode ocorrer num espaço de fora para dentro do consultório e vice-versa, envolvendo acasos e escolhas, idas e vindas, quando podemos testemunhar a gestação de um *tornar-se* e que, em virtude da direção infinita, não ocorre sem *vastas emoções e pensamentos imperfeitos*.

O título do capítulo inicial do livro de Fonseca, "A linfa do labirinto", *de acordo com o escritor*, inspirou-se na expressão em latim *Abyssus abyssum invocat* (proveniente de um Salmo de Davi[3]) que pode ser traduzida por "abismo atrai abismo".

O escritor citou no encontro essa frase em latim e declarou que era um idioma que provocativamente gostava de usar, e

---

1 Schiller, F. (2009). *Cultura estética e liberdade*. Hedra.

2 P.A. pode ser tanto o psicanalista como o vínculo paciente/psicanalista.

3 Essa expressão está no Salmo 42: "Um abismo chama outro abismo, ao ruído das tuas catadupas; todas as tuas ondas e vagas têm passado sobre mim" (Salmo 42:7).

assim coloca sua personagem na seguinte situação: "Acordei tentando me segurar desesperadamente, tudo girava em torno de mim enquanto eu caía sem controle num abismo sem fundo".

A frase nos fornece um exemplo de como a temática básica do escritor, a *turbulência emocional*, consiste em confrontar o homem com os seus *abismos*, de onde provém suas *vastas emoções e pensamentos imperfeitos*. Penso que esta situação ocorre com qualquer obra criativa e, certamente, com a psicanálise.

Minhas conjecturas sobre a frase latina, associando-a com a frase que dá título ao livro de Fonseca, levam-me ao romantismo alemão de Freud (1900/2019) quando ele escreve que todo *sonho* tem um *umbigo*, uma espécie de lugar *onde mergulha no desconhecido*. A frase possui sentidos que vão para duas direções, que podemos denominar de *simétricas e espectrais*: uma linha de pensamento que provém do *modelo psicanalítico espectral* de Bion (Chuster, 2017).

O modelo *espectral*, não linear, não diagnóstico, não hermenêutico e, sobretudo, *complexo*, tem como antecedentes matemáticos os *conjuntos infinitos de Cantor*, o assim chamado *abismo* de Cantor, que gerou uma revolução moderna na matemática e chegou ao *princípio de indecidibilidade da origem* de Kurt Gödell, o qual, por sua vez, possibilitou ao físico Werner Heisenberg a criação do *princípio da incerteza*, o *abismo universal* da observação (Chuster, 1999, 2002, 2017, 2020a, 2020b).

A *matemática* oferece a Bion o nível mais originário da *teoria do pensar* (1962a), que é o nível *metafísico* pelo qual se define o campo psicanalítico como o da *verdade*, com todas as limitações e alcances científicos desta *hipótese definitória*.

Por outro lado, a *filosofia* – para a qual Bion (1962a) sugere que a *psicanálise* seja uma *resposta prática* – oferece o nível ético por meio de formulações de *questões da vida*, que precisam ser constantemente recriadas, ou recicladas em linguagem que atenda à *singularidade* da história de cada um. Trabalho artesanal, sem dúvida, que nos aproxima dos modelos artísticos.

Sugiro que a *singularidade* nos conduz ética e esteticamente ao *princípio da incerteza*, e descreve estados de *indeterminação e incompletude* relacionando-se entre si, gerando *na observação dos fatos* a consequente percepção da *infinitude*. Essa percepção, para o psicanalista, cuja tarefa é observar o confronto do indivíduo *consigo mesmo*, sobretudo com seus *abismos* mais profundos, traz liberdade para pensar e uma profunda *inspiração*.

Em outras palavras, as frases "abismos atraindo abismos" e "vastas emoções e pensamentos imperfeitos", se tomadas como expressão de complexidade, podem despertar a *intuição*, levando-nos ao campo da *imaginação*, capaz de estabelecer uma *comunicação verbal* muito especial. Bion (1970) chamou-se de *language of achievement*. Atualmente, prefiro chamá-la, de forma mais específica, de *linguagem de alcance psicanalítico* (Chuster, 2022), que depende de certas condições.

Uma delas encontro em Fonseca quando diz que a "imaginação é um labirinto em que o difícil não é a saída, é a entrada".[4] Penso que a frase ilustra o conceito de *cesura* (Bion, 1975/1990) entre o mundo pré-natal regido pelo *acaso* e o mundo pós-natal regido pelas *escolhas*. Essa relação acaso *versus* escolhas prossegue por toda a vida, constituindo o labirinto humano que apresenta todas suas vicissitudes para tornar-se mais humano. Penso que em *Transformações* (1965), Bion ilustra tais vicissitudes com a famosa frase de John Milton em *Paradise Lost*: "o mundo emergindo de águas lôbregas e profundas, conquistado do vazio infinito sem forma" (tradução livre). É deste lugar *indeterminado* que começa

---

4 Este trecho consta na contracapa do livro de Rubem Fonseca (2003).

a sessão de análise. Mergulhar em águas profundas onde habita a verdade e dali emergir com uma evolução.

Diz Bion:

> *Em qualquer sessão ocorre evolução. Algo evolve a partir da escuridão e da ausência de forma. Essa evolução pode ter uma semelhança superficial com memória, mas, assim que tenha sido experimentada, jamais poderá ser confundida com memória. Compartilha com os sonhos a qualidade de estar totalmente presente e subitamente ausente. É essa evolução que o psicanalista precisa estar pronto para interpretar.* (2000, p. 393)

A categoria dos *sonhos, mitos e pensamentos oníricos*, principal instrumento da *imaginação psicanalítica*, pode ser melhor formulada admitindo *elementos* derivados da *experiência sensorial* como parte indissociável da experiência, e se nos ativermos de forma não concreta as *imagens* que surgem. Sua existência pode ser conjeturada (usando a simetria entre *conjecturas imaginativas e conjecturas racionais*) por meio dos aspectos fenomenológicos surgidos na sessão de análise.

Por exemplo, consideremos a *singularidade* do paciente constrangido por ver em seus pés buracos que se unem para formar uma meia. Se ele chega a ver uma meia, um senso comum, e não buracos interligados, não significa que tenha tido alguma cura em seu globo ocular, mas porque de alguma forma, pôde sofrer uma *experiência emocional* antes intolerável para sua realidade psíquica, provavelmente relacionada à vivência de um objeto ausente.

A *experiência emocional* é singular e matéria constante em psicanálise. Ela torna necessário que o analista esteja flutuantemente atento para a *cesura* entre a *realidade psíquica* e a *realidade sensorial*, mas também atento para um *ponto indecidível* entre elas. Este ponto demanda a inclusão de um terceiro, ou seja, uma criação restrita ao momento específico da relação.

A forma mais simples de diferenciação discute que a palavra que expressa *realidade psíquica* representa uma *não coisa* que une *pensamento e emoção*. Para certos pacientes, o *pensamento/emoção* é fato intolerável, pois são levados a lidar com o que lhes é mais insuportável: a dolorosa *não coisa*, que é um espaço deixado pela ausência do objeto. Qualquer espaço introduz a vivência de *incompletude e temporalidade*. Para esses pacientes, a palavra, ao ser colocada no lugar da coisa, perde seu caráter de representação humana.

Um paciente irascível e melancólico irrita-se com qualquer interpretação do analista dizendo: "não tem nada a ver, não é nada disso o que dizes! Eu sei muito bem o que digo" e repete seguidamente a frase, subindo o tom da voz, tentando provar sua superioridade lógica. A repetição da frase, apesar de sugerir uma *continuidade*, mostra uma *descontinuidade* oculta pela elevação do tom de voz, como numa escala musical. Se o analista coloca sua escuta nessa direção, mudando de vértice, pode imaginativamente escutar "eu sou o seio que sigo".

Claro que se o analista diz que escutou tais sons, o paciente vai retrucar, e no mínimo, dizer que é muita imaginação do analista. São coisas que *não têm nada a ver* (o que certamente são mesmo, pois não são sensoriais). Por isso, a prudência leva o analista, após essa escuta singular, a buscar transformar em palavras, por meio de sua *imaginação*, algo sobre uma fonte idealizada que não falha e que fala pelo sujeito de uma forma perfeita e superior a qualquer conhecimento que se apresente vindo de um não eu. Podemos considerar que o paciente está fazendo uma *transformação em alucinose* e o analista tentar descrever em palavras fazendo uma *transformação em K* (Bion, 1965).

Um problema frequente ocorre nas transformações em alucinose porque o *conhecimento* vindo de outro *vértice*, ou seja, a proposição para pensar contida na interpretação, se aceita, significaria que essa fonte idealizada foi destruída. Mas se o paciente diz "não é nada disso", a fonte idealizada e onipotente vai estar sempre na sua boca, mantendo o estado melancólico, ainda que nada produza. O que é dito pelo paciente, ressoa no aparelho auditivo inconsciente do analista, mas é preciso um terceiro, que venha de uma criação a dois, e permita surgir a verdadeira *subjetividade* colocada pela palavra, caso esta seja uma palavra precisa para a situação. Mas como obter tal palavra? Este é o problema constante ao qual sempre chegamos.

Diz Bion (1976/2014) que quanto mais real e genuíno for um analista, mais se aproximará da realidade do paciente. O analista deve encontrar seu estilo e conhecer bem as palavras que utiliza e, a partir daí, precisa mantê-las em bom estado de funcionamento. A técnica analítica é inimitável, provém do que Bion chamou de *função psicanalítica da personalidade.*

A *função psicanalítica da personalidade* é singular e permite o contato com a realidade da análise. Ela existe, singularmente, dentro de cada indivíduo, em forma de *preconcepção que busca uma realização* e vai encontrar a possibilidade de colocar em pensamentos, e daí para a linguagem (public-ação).

Para cada paciente, a linguagem pode ser obtida pela reciclagem do material por meio de um *mito* (também uma forma de *preconcepção*). O mito, como modelo, inspira a linguagem a ser construída (public-ada) a partir da história pessoal que também é única. Os mitos podem ser diversos, mas quaisquer que sejam eles, são versões e aspectos do *mito de Édipo*: o mito que levou Freud a descobrir a psicanálise.

Vou colocar alguns *princípios* que regem as ideias aqui citadas de uma forma muito particular. Para tal, criei um diálogo imaginário entre Wilfred Bion e Fernando Pessoa como sendo o tipo de analogia do trabalho diário do analista. Suponhamos que um deles seja o *Myself* e o outro, o analista. Eles se complementam e trocam de posições para atingir uma *public-ação.*

– Pessoa: Eu sou um poeta impulsionado pela filosofia, não um filósofo dotado de faculdades poéticas. Adoro admirar a beleza das coisas por meio do que é diminuto, a alma poética do universo. A poesia da Terra nunca morre.

– Bion: Eu sou um psicanalista impulsionado pela filosofia, não um filósofo dotado de faculdades psicanalíticas. Como você, eu adoro admirar a beleza das coisas através do que é invisível, a profunda verdade da alma humana. Esta só vive se encontrar a sua poesia. Pode sobreviver com outras coisas, mas viver a vida é poesia.

– Pessoa: Tens razão, há poesia em tudo – na terra e no mar, nos lagos e nas margens dos rios. Há-a também na cidade, não o neguemos, fato evidente para mim enquanto estou aqui sentado: há poesia nesta mesa, neste papel, neste tinteiro...

– Bion: Há psicanálise a ser feita em qualquer discurso, inclusive naqueles em que dizem que não é possível, como na mentira. Entretanto, simplesmente preciso da habilidade do poeta para psicanalisar, que Keats chamou de *capacidade negativa.*

– Pessoa: Conheço-a bem. Essa capacidade nos informa que a poesia é espanto, admiração, como a daquele ser tombado dos céus em plena consciência da sua queda, atônito com as coisas que descobre.

– Bion: Percebo que você é leitor de John Milton, por isso sabe que o Ser está caindo num abismo, e quanto mais cai, mais *cai em si mesmo*. Trata-se de um tornar-se a si mesmo constante... pena não termos uma expressão mais abrangente para dizer isso.

– Pessoa: Sugiro que navegar é preciso, viver não é preciso. Não posso traduzir isso em inglês de uma forma que entendas sem explicações. Continuemos a navegar a meu modo, viver não é preciso, o que é preciso é criar.

– Bion: Que tal dizer isso em latim? Nossos idiomas têm laços comuns com o Lácio. Os romanos navegaram para a Inglaterra.

– Pessoa: *Navigare necesse est, vivere non est necesse.*

– Bion: Psicanalisar é criar, o que não é preciso é precisar interpretar.

Em *Transformações* (1965), Bion explicita que cabe ao analista buscar dizer a *verdade* do seu ponto de vista, o que, na realidade, significa apenas procurar ser *sincero*. A *sinceridade* é matéria-prima para a *confiança* ser gerada na relação e, com isso, o paciente possa também ser *sincero* e buscar dizer a *verdade* do seu ponto de vista.

Esse é um *argumento circular* (Bion, 1963), que pode ser apenas uma *falácia* se o diâmetro do círculo for pequeno – como uma alma pequena – mas, se o diâmetro se amplia, existe criação da *intimidade psíquica*. Claro que isso é válido para qualquer relação humana, o que nada mais confirma de que análise real é vida real.

Nem a análise imita a vida, nem a vida imita a análise. Análise *é* vida. Trata-se de uma experiência única de contato íntimo com a *realidade psíquica*. Se isso é possível, surge algo que Keats chamou de beleza: beleza é verdade, verdade é beleza, isso é tudo que precisas saber sobre o mundo.

Acrescento a essa tão criticada frase do poeta a palavra *humano*. Procurar saber sobre a vida mental humana é uma difícil experiência de *incompletude*, mas é esse fator, a *busca do que é o mais humano*, que faz os pacientes virem a análise e continuar vindo após tantos anos.

Nesse sentido, não adianta buscar saber o que é a *verdade*; ela é *metáfora* para algo dentro de nós que nos leva a buscar outra mente humana que traga a possibilidade de sermos nós mesmos e deixar ser o outro que nos permite esse encontro. Quando esse encontro é bem-sucedido, talvez seja isso que podemos chamar da *beleza* de ser... humano.

Quando uma pessoa não pode dizer a *verdade*, surge o *auto-ódio, e el*a passa também a odiar o mundo no qual falta a beleza, que é o encontro humano. Se existe a falta do humano, a frustração leva à *idealização*. Por sua vez, a *idealização*, apesar de sua temporária singeleza, acaba sempre em algum momento sendo frustrante, e isso faz retornar o ódio. Uma alternativa para essa frustração tão comum é a possibilidade de trazer compreensão e voltar a busca do humano imperfeito e infinito.

No fracasso da *idealização*, surge o doloroso *desamparo*, que leva à busca de *onipotência*. Origem de incontáveis males, ela é sempre encontrada no saco sem fundo do *social*, por meio de crenças religiosas e políticas que favorecem o exercício da *mentira*. É assustador o quanto o ser humano investe e investiu em mentiras e falsidades ao longo da história da humanidade.

Assim, sucintamente, no encontro entre matemática e poesia, cruzamos com a beleza do humano no campo circular da *realidade psíquica*. No entanto, se não conseguimos atingir a *beleza*, vamos tocar o campo apenas em um ponto com o *singelo, a idealização*, ou podemos também passar bem ao largo com a *mentira*.

Somos *comensais, ou simbióticos, ou parasitários* (Bion, 1970).

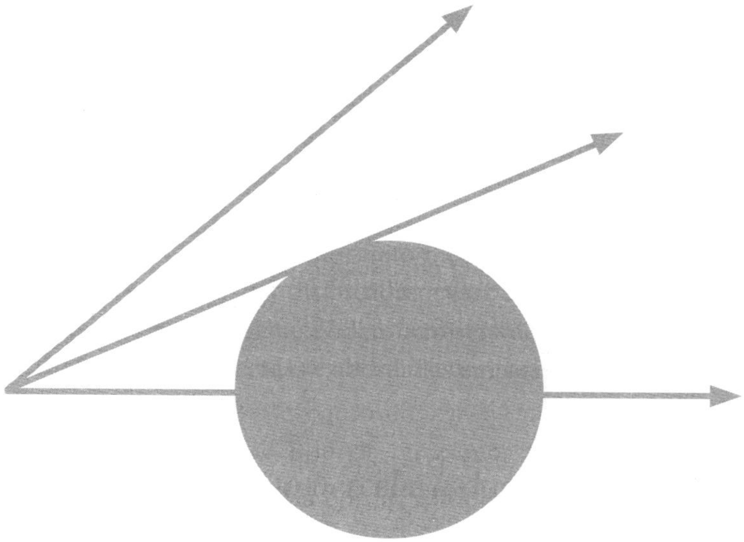

Postulo que comensal, simbiótico e parasitário são três formas de configuração edípica (Chuster 2005, 2006, 2007, 2010, 2011, 2017).

Bion descreveu *o mito de Édipo* como uma *preconcepção* que conduz a uma *experiência emocional.* Certamente, podemos usar qualquer outro mito dentro dessa perspectiva. A descrição da *experiência emocional analítica pelo mito*, se apresentada com um máximo de abstração, constitui o triângulo *K, L, H* (1962b). Podemos chamar essa abstração máxima de *expressão-limite*, cuja função é tentar recuperar a *intuição* originária de Freud sobre a constituição edípica da mente humana. Esse é o passo metafísico.

O passo seguinte, o passo ético, é buscar *conceitos* que permitam desenvolver a *intuição* de acordo com a *função psicanalítica da personalidade* de cada um. Portanto, a cada contato, temos que repensar tudo, repensar a partir do abismo humano que Freud descobriu. Essa tarefa requer imaginação, ou sonhos, ou mitos, ou pensamentos oníricos.

A *singularidade* da linguagem envolve a comunicação de uma experiência privada no domínio da sensibilidade individual para o campo da *comunicação pública*, em geral pautado por regras e códigos, cujas origens remontam a momentos muitas vezes primitivos ou ancestrais da civilização.

Expressões poéticas e religiosas possibilitam um grau variável de *public-ação* (Bion, 1970), pois contém *formulações estéticas* (pensamentos imperfeitos, não saturados, sobre vastas emoções) cuja consistência adquire durabilidade emocional (vastas emoções) e extensão temporal. A questão aqui é: como ampliar o poder de sustentação no tempo e no espaço de uma interpretação, considerando a possibilidade de expressá-la numa linguagem transtemporal?

A finalidade da questão pode ser sintetizada pela seguinte frase de *Cogitações*: "Suponho que o efeito permanentemente terapêutico de uma psicanálise, caso exista algum, depende da extensão em que o analisando tenha sido capaz de usar a experiência analítica para ver um aspecto de sua vida, a saber: ver como ele mesmo é" (Bion, 2000, p. 126).

O *ser* da experiência analítica revela-se por um sentido que não pode ser definido de antemão e nem pode a ele ser atribuída uma validade universal. Se a psicanálise fizesse isso, como propuseram outras tendências do pensamento psicológico, ela já teria desaparecido há muito tempo. Sua sobrevivência dependerá de não cedermos às pressões equalizadoras e globalizantes da cultura atual. A psicanálise é uma atividade de ordem *singular* na história da humanidade. Não há como observá-la fora desse fato social-histórico, assim como não há nenhuma ciência que possa, na atualidade, englobá-la em seus parâmetros. Nenhuma ciência, além da psicanálise, possui uma prática que lida diretamente e artesanalmente com a matéria de *vastas emoções e pensamentos imperfeitos*.

Voltando ao analisando irascível e melancólico, uma de suas características é se descuidar de situações vitais, criando constantemente com suas ações uma nova perda e, com ela, um novo estímulo para a melancolia. Assim, uma circularidade se estabelece. Suponho que o analisando busca *continuidade* na melancolia para evitar que exista *descontinuidade* causada pelo pensar sobre si mesmo. O ponto de encontro entre *continuidade e descontinuidade*, chamado habitualmente de *transferência*, é onde aparece a *singularidade* de todo paciente, e com ela a *turbulência emocional*.

A *singularidade* da psicanálise é inerente a sua *prática*, e cabe ao analista ater-se eticamente ao princípio de que cada indivíduo é único, sem o que seu papel social e de suas observações perderia a força que adquire no contexto do vínculo, onde só os dois participantes podem de fato opinar.

Apesar de ser óbvio que a psicanálise possui um campo específico,[5] são poucos os trabalhos que se propõem a defini-lo e a lidar com esta constante dificuldade que nos desafia. Um importante passo neste sentido foi dado por Freud em *Inibição, sintoma*

---

5 Conceituar a situação analítica em termos de campo implica considerá-la uma totalidade; levar em conta que o analista e o analisando constituem uma unidade funcional, e que estão ambos comprometidos de formas distintas no mesmo processo dinâmico; levar em conta que ambos são membros de uma relação mutável; afirmar que os fatos observados em cada sessão não são preexistentes a ela, mas se originam dela; considerar que a unidade funcional analista/analisando, e os fatos nela observados, manifestam-se na relação como transferência/contratransferência, e não isoladamente como transferência e contratransferência.

e angústia (1926/2014). Em Bion, o tema é desenvolvido no texto *Cesura* (1975). Estes trabalhos destacam e descrevem a função do psicanalista no campo da psicanálise, pois é esta função que deve estabelecer os limites do campo, bem como suas limitações. Esta função baseia-se na premissa ética geral de que o objetivo investigativo primordial da psicanálise possa ajudar o analisando a transformar, de algum modo, a relação com a mente inconsciente – tão frequentemente sequestrada por promessas vãs de felicidade eterna vindas de tantas fontes, como religião, mistificação, terapias breves diversas, sistemas de autoajuda, terapias de cultos a si mesmo, mitos pessoais, boatos, medicação psiquiátrica etc. (Chuster, 2017, 2020a, 2020b). Podemos arriscar dizer que não se trata apenas de um instrumento para ver melhor a si próprio, mas de um instrumento para viver melhor.

Dessa forma, a partir da transformação analítica, espera-se que possam ocorrer alguns benefícios. Todavia, as palavras objetivo e benefícios contêm uma problemática fundamental quanto ao seu significado. Para decidir sobre tal problemática, pode-se mencionar um ponto da obra de Bion, no texto *Transformações* (1965, p. 174), em que o autor argumenta: "Se a análise for bem-sucedida na reparação evolutiva do *Self* do analisando, ele se aproxima de ser a pessoa que sempre deveria ter sido. Isto só acontece na transição de 'sabendo sobre' a realidade (da própria vida) para o 'tornar-se' essa realidade na vida" – que é a transformação em O.

Esse duplo movimento, reparação e evolução, aparece novamente na descrição da linguagem de alcance psicanalítico (*language of achievement*) que Bion desenvolve no final do texto *Atenção e Interpretação* (1970), relacionando sua produção a partir do estado mental *sem memória, sem desejo, e sem necessidade de compreensão ou pelo uso da capacidade negativa*. Este é o estado mental adequado para produzir as *transformações analíticas*. Ou seja, um dos objetivos primordiais do analista é conseguir interpretações capazes de representar o duplo movimento de reparação e evolução.

Seguindo esta linha de raciocínio, é possível acompanhar como Bion reintroduziu, em 1975, o conceito de *Cesura*, proveniente do artigo de Freud, *Inibição, sintoma e angústia* (1926/2014). Penso que a palavra "cesura" trata basicamente de delimitar o *campo analítico*.

Na ocasião, Freud estava enviando um "recado" para a excessiva importância que Otto Rank pretendia atribuir ao trauma do nascimento, limitando o campo a um evento central, daí a frase: "Existe muito mais continuidade entre a vida intrauterina e a primeira infância do que a impressionante cesura do nascimento permite acreditar".

Entendo que Bion expandiu esta ideia pelo vértice da *função prático-poiética*, na qual transformou a *função psicanalítica da personalidade* (1962b) em atributo (ou sinônimo) da *técnica psicanalítica*. Esclareço a expressão *prático-poiética*: a psicanálise é *prática*, porque seus dois agentes são participantes do mesmo campo, sendo o analisando o principal agente do seu próprio desenvolvimento. Ela é *poiética* porque é criativa; seu resultado depende da *imaginação* produtora do analista e depende da capacidade do analisando de buscar o advento de um novo sujeito. Nesse processo, certamente participa a teoria, que é sempre uma versão pessoal do mito edípico, assim como o reconhecimento de que esse mito é uma *public-ação* da capacidade do analista para sonhar (*função alfa*), a inscrição no mundo de realizações do processo que Freud descreveu como *transferência*.

Entendo ainda que o campo psicanalítico é *prático-poiético* quando somos capazes de visualizar uma *cesura*. Esse movimento é assessorado por escolhas teóricas sintonizadas com o "tornar-se psicanalista". Elas diferem de analista para analista em virtude das *singularidades* inconscientes, notadamente na configuração edípica, sob a forma de desejos inconscientes que, por sua vez, transformam-se no desejo consciente de exercer a função de analista. Ou seja, não existe no *inconsciente* um desejo de ser analista. Existem os desejos edípicos que estão sintonizados com a história pessoal de cada analista como indivíduo. São esses desejos que causam a instabilidade inerente ao processo analítico resultando numa busca de "teorias" que podem vir a conflitar-se no campo analítico com aquilo que deveria ser percebido.

A genialidade do trabalho de Bion neste aspecto consiste em ter mostrado que esses desejos edípicos, ainda que analisados extensivamente, causam opacidade na percepção e consequente instabilidade na função analítica, e se traduzem por uma busca de utilizar a memória, o desejo de curar ou de evitar as dificuldades da sessão, além da necessidade de compreensão. Daí sua proposta de trabalhar num estado mental o mais livre possível de memórias, desejos e necessidade de compreensão (Bion, 1970). Este estado pode escolher teorias que, a serviço do *vínculo K*, mantêm a função prático-poiética do campo gerando interpretações criativas que movimentam o processo analítico.

Podemos tomar como modelo desta *escolha* a seleção feita em dois momentos na obra de Bion, primeiro em *Transformações* e depois em *The Grid* (1975). Em *Transformações* (1965, p. 67), Bion listou sete teorias que pessoalmente considerava possíveis de utilizar:

1. A teoria da identificação projetiva e clivagem (fornecedores da função alfa).
2. A teoria da intolerância à frustração (o montante de frustração se expressa no confronto entre a parte psicótica *versus* a parte não psicótica da personalidade).
3. A teoria da inveja desnudando os objetos por desqualificação e exaustão (*transformação em alucinose* com componentes de inveja por meio da mentira).
4. A teoria de que a configuração edípica é composta de objetos parciais, ou seja, objetos incompletos e imaturos.
5. Inveja e avidez de acordo com Melanie Klein: destrutividade cega e compulsiva.
6. A teoria de que o pensamento primitivo surge de um objeto ausente (preconcepção busca realização para gerar uma concepção).
7. A teoria da *violência* nas funções primitivas da mente (junto com invariância e subversão do sistema estabelecem as *mudanças catastróficas*).

Essa seleção de teorias delimita as fontes de onde o analista recebe subsídios para formar sua linguagem interpretativa. Essas teorias são *conceitos vazios* até o momento que se encontram com a *intuição* do analista. Se as teorias resgatam a *intuição* e criam um caminho próprio, singular, podemos ter *pensamentos imperfeitos e vastas emoções* para sintonizar com os abismos da clínica.

As ideias citadas são desenvolvidas a partir da afirmação de Bion (1963, 1965) de que as teorias psicanalíticas são todas extensões da situação *edípica* e devem estar presentes na mente do analista que escuta. Na realidade, devem estar em constante processo de elaboração que as mantenha em bom estado de funcionamento ou em boa forma. Em outras palavras, o analista reflete sobre estas teorias em seus momentos de lazer para que elas possam pensá-lo (encarnar) enquanto está trabalhando. Se o analista não consegue aplicar essa prática a sua vida, tenderá a fazer o papel complementar de superego do analisando.

Em *The grid and caesura* (1975), Bion reorganizou sua escolha de teorias e listou apenas cinco, todas elas contendo um fortíssimo componente onírico, poético e mítico. Esses componentes facilitam a elaboração (o sonhar) constante e necessária para atingir a boa forma da linguagem interpretativa.

Expandindo um pouco mais essa ideia, podemos afirmar que a escuta analítica vai estabelecendo um "portal" para ser continente da fala do analisando (conteúdo). O portal vai tentando integrar os elementos dispersos no campo por meio da escuta sem memória e sem desejo (*função alfa*) até que seja possível atingir um determinado momento em que um ou mais personagens destas "teorias" salta para o campo e fala no ouvido do analista com o discurso do analisando. Ou, no sentido inverso, é o analisando quem fala como um dos personagens dos mitos (teorias) para o analista poder escutar. Se o analista consegue escutar, graças a sua função alfa, então pode chegar a uma interpretação e conversar com o analisando de forma autêntica sobre o que acontece no campo analítico. Dessa forma, cabe aqui a pergunta: podem existir teorias que não fornecem os personagens necessários para a linguagem interpretativa? Usando a linguagem de Pirandello, pode haver personagens em busca de um autor que nunca o encontram?

As teorias a que Bion se referiu nesse momento da sua obra são:

1. *O mito de Édipo* com ênfase na *arrogância* dos personagens: a arrogância da Esfinge leva-a ao suicídio após a resposta à sua pergunta. A Esfinge é como uma depressão persecutória, um luto nunca resolvido: a imagem de um corpo multifacetado,

integrado por um enigma que poderia ser proposto, mas não resolvido. Colocava-se como limite, por meio de suas asas, que define a vigilância de um vazio: a psique. Contudo, seu corpo consistia em opressão fisiológica, crueldade a serviço de um poder soberano.

2. O *mito de Éden* com ênfase no ataque ao conhecimento. A árvore do conhecimento estava ali colocada por Deus, então por que não a colocar à disposição como todo o resto? O Deus onisciente, como a Esfinge, provocava os humanos com o conhecimento, mas não aceitava que o enigma fosse resolvido. Vingou-se da transgressão do que considerou um insulto a sua onipotência.
3. O *mito de Babel* com ênfase no ataque à linguagem. A palavra "Ba" nas línguas semíticas significa Pai, "B'El" significa Deus, portanto, Babel = Deus-Pai, conceito que, aplicado à cidade, transforma-se em cidade sagrada. Provavelmente, as antigas cidades eram sagradas para seus habitantes, enquanto seu número ainda era pequeno. O crescimento trouxe o conflito de interesses e a dispersão. Seriam as instituições psicanalíticas uma espécie de Babel moderna?
4. *A morte de Palinurus* (trecho da Eneida). Palinurus, no conflito com o deus Somnus, deixou-se enganar pela placidez do ar e do mar Mediterrâneo. A teimosia o fez se apegar a sua teoria e não pedir ajuda. Amarrou-se ao timão. Palinurus padecia de fidelidade institucional. Seu pensamento não podia se ligar a novas ideias e assim, lançado ao mar pelo deus Somnus, afogou-se no mar do esquecimento. Foi lembrado por compaixão do deus do Mar, Netuno, que o jogou nas praias do Lácio. Ali seu sacrifício renasce como o legado da cultura grega para a civilização romana.

5. *O relato da descoberta arqueológica da tumba de Ur.* O lixo na investigação arqueológica define, na existência de uma civilização, os seus métodos de produção e oculta uma história de vida que pode ser resgatada. Na psicanálise, esse resgate pode renovar a personalidade. A transgressão do sagrado quando o arqueólogo invade a tumba – ou qualquer cientista, incluindo o psicanalista – transforma-se em ciência. Para o psicanalista, a dificuldade adicional é que pode também transformar-se em erotismo. O profano representa a existência de vida onde só havia morte. O relato da expedição arqueológica descreve que a tumba foi construída pelo séquito real para sepultar decentemente a sua Rainha, cujo corpo havia sido lançado ao lixo por um inconformado e vingativo Rei abandonado viúvo. A planta comumente usada nas tumbas consistia em um longo corredor inclinado, descendo através de uma ou mais salas (possivelmente em referência ao caminho do deus-sol ao submundo), até chegar ao mais íntimo, que seria a câmara funerária.

Entretanto, seja qual for a teoria, esperamos que, na prática, elas nos conduzam à possibilidade de uma experiência circular de *sinceridade* que gera *confiança* e mais *sinceridade*, sendo o diâmetro deste círculo a *intimidade psíquica* com a *verdade*, ou seja, o universo das *vastas emoções e pensamentos imperfeitos*.

Referências

Bion, W. R. (1962a). A theory of thinking. In *Second thoughts*. Routledge.

Bion, W. R. (1962b). *O aprender da experiência*. Zahar.

Bion, W. R. (1963). *Elementos de psicanálise*. Zahar.

Bion, W. R. (1965). *Transformações*. Imago.

Bion, W. R. (1970). *Atenção e interpretação*. Imago.

Bion, W. R. (1975). *Two papers: the grid and caesura*. Imago.

Bion, W. R. (1990). *Uma memória do futuro. O sonho*. (Vol. I). Martins Fontes. (Trabalho originalmente publicado em 1975)

Bion, W. R. (1996). *Uma memória do futuro. A aurora do esquecimento*. (Vol. III). Imago. (Trabalho originalmente publicado em 1979)

Bion, W. R. (2000). *Cogitações*. Imago.

Bion, W. R. (2014). Evidence. In *The complete works of W. R. Bion*. Karnac Books. (Trabalho originalmente publicado em 1976)

Chuster, A. (1999). *W. R. Bion: novas leituras. A psicanálise dos modelos científicos aos princípios ético-estéticos*. (Vol. I). Companhia de Freud.

Chuster, A. (2002). An Oedipal grid. *III Conferência Internacional sobre a obra de Bion*. Los Angeles.

Chuster, A. (2005, fev.). A brief survey in the difference between fantasy and imagination in the light of Bion's ideas. *Massachusetts Institute of Psychoanalysis (MIP)*. Boston.

Chuster, A. (2006). Transformações e significado. In J. R. Avzaradel (Org.), *Linguagem e construção do pensamento*. Casa do Psicólogo.

Chuster, A. (2007, ago.). As origens do inconsciente; arcabouços da mente futura. *Revista da SBP de Porto Alegre, XIV*(2).

Chuster, A. (2010). The origins of the unconscious. In J. V. Buren & S. Alhanati (Eds.), *Primitive mental states; a psychoanalytical exploration of meaning*. Routledge.

Chuster, A. (2011). *O objeto psicanalítico*. Edição Instituto W. Bion.

Chuster, A. (2017). *Simetria e objeto psicanalítico: desafiando paradigmas com W. R. Bion*. Trio Studio.

Chuster, A. (2020a, fev.). Psychoanalytical intuition in dream and waking life. *Congresso Internacional sobre a Obra de Bion*. Barcelona.

Chuster, A. (2020b, abr.). Capacidade negativa. *Conferência para SPRJ*. Rio de Janeiro.

Chuster, A. (2022). Linguagem de alcance psicanalítico. Uma diferença transcendental. *Revista Ide*, *44*(73), 135-144.

Fonseca, R. (2003). *Vastas emoções e pensamentos imperfeitos*. Planeta de Agostini.

Freud, S. (2014). *Inibição, sintoma e angústia* (P. C. Souza, Trad.). Companhia das Letras. (Trabalho originalmente publicado em 1926)

Freud, S. (2019). *A interpretação dos sonhos*. (P. C. Souza, Trad.). Companhia das Letras. (Trabalho originalmente publicado em 1900)

3. A aprendizagem emocional como trabalho básico (sete notas e um avesso)[1]

Luís Claudio Figueiredo

Freud e os trabalhos psíquicos inconscientes: trabalho do sonho, trabalho do chiste e do humor, trabalho do luto

Freud (1900, 1905, 1917) nos ensinou a pensar que a mente, ou uma parte dela,[2] é uma espécie de "máquina" capaz de realizar trabalhos psíquicos, alguns conscientes, mas, em sua maior parte, inconscientes. Falou-nos dos trabalhos do sonho, do chiste e do humor e do trabalho do luto, operações dessa parte da mente que pode ser chamada de "aparelho psíquico".

---

1 Agradeço a Octávio Souza, Nelson Coelho Junior, Ignacio Gerber, Andreia Rocha de Vasconcellos e Elias Mallet da Rocha Barros pelas leituras de primeiras versões e pelas sugestões.

2 Há uma outra parte que não caberia chamar de "aparelho", mas sobre isso não teremos muito a falar no presente capítulo. Apenas faremos uma rápida referência ao tema no final.

O aprender como trabalho inconsciente e suas ramificações e inter-relações com outros trabalhos

Cabe acrescentar a essa lista muitos outros trabalhos, por exemplo, o *aprender* como trabalho fundamental. Na verdade, em todos os demais trabalhos psíquicos – como no trabalho do luto, no trabalho do chiste e do humor (uma forma de trabalho criativo), no trabalho do sonho, nos trabalhos de reparação e sublimação, e mesmo no "trabalho do morrer" (De M'Uzan, 1976) – o trabalho de aprender está presente; "vivendo a aprendendo", como afirma o ditado, ao que poderíamos acrescentar, segundo o psicanalista francês: morrendo e continuando a aprender. Aliás, talvez o trabalho de morrer seja o mais permanente e fundamental na aprendizagem emocional e aprender a morrer acabe se confundindo com aprender a viver.

Embora costumemos pensar a aprendizagem como trabalho consciente e voluntário, é evidente que no "vivendo e morrendo, mas sempre aprendendo" não é disso que se trata: aprender aí nem é trabalho voluntário nem trabalho consciente. Aliás, nem se restringe ao que entendemos convencionalmente como "aprender"; há nessa aprendizagem uma dimensão de expansão e transformação da mente que tem efeitos no ser do "aprendiz".

A questão da aprendizagem em Melanie Klein: a problemática da pulsão epistemofílica e das inibições intelectuais em sentido amplo

Melanie Klein, em seus primeiros trabalhos (Klein, 1932), de certa forma já nos lança nessa hipótese. Ao analisar crianças pequenas, em idade pré-escolar, identifica nelas *problemas de aprendizagem* ao quais denomina "inibições intelectuais", inibição da pulsão epistemofílica (uma ideia de Freud). No entanto, ela fala em inibições intelectuais em sentido bastante generalizado, algo que incide sobre toda a capacidade de desenvolvimento emocional e cognitivo em um amplo espectro e que prejudica aprendizagens muito básicas e variadas (por exemplo, aprender a falar, aprender a andar, aprender outras línguas), bem como as capacidades de brincar, criar etc. Ou seja, para Melanie Klein, não há como separar o cognitivo e o emocional, o físico e o mental, nos processos de aprendizagem.

Bion, o "aprender com a experiência", suas virtudes e seus problemas

Quando Bion publica seu primeiro grande livro – *Aprendendo com a experiência* (1962) –, embora não mencione a produção kleiniana da década de 1920 e início de 1930, ele se inscreve na história freudo-kleiniana que trata dos trabalhos psíquicos inconscientes e neles focaliza o *aprender* neste sentido profundo e ampliado que já vislumbramos em Melanie Klein. O *aprender* para ele refere-se antes de tudo ao aprender com e na experiência emocional e, indo além, trata-se de *crescimento* da mente (*mental growth*), o que dá à ideia de "aprendizagem" um alcance imenso, uma profundidade imensa.

Para Bion, no aprender na e com a experiência (vivendo e aprendendo), trata-se da transformação continuada da experiência emocional a serviço do crescimento da mente, é uma espécie de digestão. A digestão mental funciona como um *trabalho psíquico fundamental.* Poderíamos mesmo dizer que toda a problemática das "transformações" – tão cara ao autor, e não apenas pelo livro explicitamente dedicado ao tema (Bion, 1965), mas por todas as suas ideias sobre a função alfa e os elementos beta – sugere-nos a ideia da *digestão* como sendo *o trabalho de todos os trabalhos*: sonhar, aceitar perdas e fazer lutos, fazer graça com desgraças (fazer do limão uma limonada, *making the best of a bad job*; Bion, 1979), criar; tudo isso é trabalho psíquico inconsciente e há sempre uma digestão sendo efetuada, uma transformação dos indigestos. Freud falava em "elaboração", mas quando aqui falamos em "digestão", estamos falando da forma mais primária da elaboração, e a equivalência entre o aparelho digestivo e um "aparelho para pensar" fica bem evidente.

Contudo, nem todos conseguem sempre digerir, e ninguém consegue digerir todo o indigesto (os *bad jobs*) que a vida emocional oferece; ou seja, nem sempre aprender com a experiência ocorre conforme o desejável. Há as resistências a aprender – uma condição insalubre para a mente – e precisamos identificar as fontes dessas resistências; grosso modo, podemos nomear todos os mecanismos de defesa que potencializam de forma excessiva a negação.

Não vivemos sem o que foi chamado por André Green de o "trabalho do negativo" (Green, 1993) e, na verdade, o próprio processo digestivo eficaz comporta uma destruição parcial do que foi ingerido, isto é, processos de desligamento fazem parte da digestão. No entanto, em suas formas patológicas, o trabalho do negativo não nos deixa realmente fazer experiências, seja porque nos afasta da realidade externa (como nas alucinações negativas), seja porque nos afasta das realidades internas dos impulsos e afetos (desejos, medos etc.). Aqui, a destruição predomina. A experiência, assim desfalcada, deixa de ser realmente uma experiência e, com o que dela sobrou, não há nada a aprender, não há nenhum trabalho digestivo a realizar com esses dejetos.

Não nos interessa nesse momento rever os diferentes modos de nos defendermos das realidades externa e interna, mas vale a pena considerar o conjunto das resistências ao aprender em seu sentido mais profundo.

Propomos a hipótese de que, lá no fundo, esteja operando a "ambivalência de base" de todo o funcionamento mental: o amor e o ódio conjugados, o desejo e o medo, as ligações e os desligamentos simultâneos. Supomos que onde haja expectativas fortes de encontrar os "bons objetos", onde, enfim, opere um *forte desejo*, aumentam os riscos de se produzir muita decepção e uma intolerância à frustração com suas consequências imediatas: a raiva, o ódio e a "vontade de não", ou seja, o impulso de negação.

Assim sendo, o amor à verdade, uma nova maneira de falar do chamado (por Freud e Klein) "impulso epistemofílico", e o ódio à realidade, na forma de ataques aos elos intersubjetivos e intrapsíquicos (Bion, 1959), andam juntos e criam impasses ao trabalho de aprender na e com a experiência. Querer saber e detestar saber, procurar a verdade e evitá-la a todo custo, caminham lado a lado. Quando os movimentos de ódio e evitação prevalecem, as transformações ficam obstruídas e, no seu lugar, criam-se movimentos mais ou menos graves de antitrabalho.

As antitransformações podem ocorrer em diferentes graus. Em um extremo, temos evacuações explosivas e implosivas, onde predominam desligamentos absolutos, dispersão, devastação. Há uma destruição quase total da capacidade de trabalhar e aprender: o ingerido é evacuado antes mesmo da digestão ter início. O próprio "aparelho para pensar" é estraçalhado. Entretanto, há também identificações projetivas em que desligamentos e ligações operam de outra maneira: o que é projetado (evacuado) não se dispersa, mas se dirige a um objeto – sobre ele ou para dentro dele – e aí as ligações de certo modo se fazem e refazem. Todavia, o trabalho psíquico fica, em princípio, com o "objeto" e o sujeito que projeta não pode aprender com a experiência, a não ser que o "objeto" realize por ele e em seu lugar o trabalho deficitário (em uma *reverie*, por exemplo) e devolva o projetado em estado de relativa elaboração, mais digerível. Mesmo assim, com a digestão já parcialmente realizada pelo outro, o sujeito ainda pode se negar a aprender com a experiência, rejeitá-la e atacá-la. O não querer saber e aprender vence a batalha.

Outra maneira de evitar uma experiência transformadora com a qual se possa aprender se dá na chamada "transformação em alucinose" (Bion, 1965; Figueiredo, Tamburrino & Ribeiro, 2011). Aí se vai do vazio e das lacunas da realidade, algo que o sujeito tenta evitar, ao cheio onipotente. É interessante assinalarmos, porém, o lugar paradoxal da transformação em alucinose: ela fica entre uma certa negação do trabalho e o que poderia ser denominado "trabalho narcisista onipotente". É uma forma de trabalho em que o sujeito criador não parece depender em nada da realidade externa, nem dos apoios nem das resistências que ela pode oferecer. Na transformação em alucinose, o que se evita é a necessidade de aprender com a falta, com a ausência do objeto, com os objetos estragados, com as imperfeições da vida: nega-se o negativo. No entanto, o que então se realiza é, ainda assim, uma transformação, ou seja, um trabalho, sendo, porém, um "trabalho onipotente" que parece desconhecer os limites, as diferenças, as resistências que a realidade impõe, o vazio e a alteridade.

Dessa espécie de transformação não podemos prescindir: é o que nos permite criar, por exemplo, "hipóteses alucinadas". Tanto na vida cotidiana quanto nas atividades científicas e, mais ainda, na prática da psicanálise clínica, essas "alucinações" podem ser muito necessárias e mesmo indispensáveis. Correspondem a uma aposta que se projeta para o futuro, saltando criativamente por cima dos abismos, ausências e vazios da realidade, uma aposta movida pela fé, sem o que não se pode viver e criar. No entanto, se não pudermos transpor os limites do trabalho onipotente da mente e sua recusa da alteridade, não poderemos efetivamente aprender com a experiência, porque se fica aprisionado nessa forma de onipotência reconhecível como *arrogância*, tema que mereceu de Bion um texto seminal (Bion, 1957). Só é possível aprender quando se renuncia à onipotência. A isso, retornaremos adiante.

A desobstrução dos trabalhos do aprender com a experiência emocional no trabalho de análise em seus três vértices

Cabe sugerir a ideia de que a clínica psicanalítica, em seus três vértices (Figueiredo, 2014) – continência, confronto e ausência –, tem como um de seus objetivos principais liberar e expandir (eventualmente instalar) a capacidade de aprender com a experiência, ou seja, criar e expandir a eficácia do "aparelho para pensar".[3]

A continência oferece uma capacidade de trabalho psíquico auxiliar – a do analista e suas *reveries* – quando essa capacidade de trabalho está em falta, no paciente. Considerando-se que essa foi a situação primordial das relações entre o bebê e o meio adulto (em especial, sua mãe), conclui-se que a oferta de continência deve ser a mais básica das operações em um processo analítico.

Já o confronto corresponde a uma nomeação e desconstrução das resistências, no caso, as resistências ao aprender que, evidentemente, estão na base de muitas outras resistências, como as resistências ao trabalho do luto, ao trabalho de morrer e ao trabalho de criar.

Por fim, a chamada "clínica da ausência" é o corretivo necessário para o uso abusivo do que poderia ser uma transformação em alucinose por parte do analista, um corretivo para a sua pretensão à onisciência e à onipotência. Nessa medida, é o contraponto ao excesso de continência e de confronto: é quando a análise ocorre na

---

3 Aqui deixamos provisoriamente de lado a questão da "vitalização", que não diz respeito diretamente ao "aparelho psíquico" e às suas capacidades de trabalho, mas à realidade interna a que caberia a denominação de "alma".

condição em que a presença em reserva do analista torna-se mais potente como signo de sua capacidade de não saber e não poder, ou seja, de não ocupar, ele mesmo, uma posição arrogante e psicótica.

No entanto, os três vértices são necessários para a instalação e a expansão da capacidade de trabalho, em especial, para o trabalho de aprender, ou seja, são necessários para instalar e expandir uma forma primordial do trabalho de aprender na vida e em análise.

As dimensões ética e estética do trabalho de aprender

Podemos, agora, ampliando ainda mais a noção de aprendizagem que nos guia, falar da capacidade negativa (Bion, 1970), isto é, da tolerância à incerteza e ao não saber que se requerem do analista: temos que aprender não saber para exercermos nosso ofício. Tanto a noção de -K em Bion (Bion, 1962) como o conceito de "obstáculo epistemológico" proposto pelo filósofo francês Gaston Bachelard (Bachelard, 1938/2003) muitos anos antes e em outro contexto assinalam o fato de que o já conhecido pode se tornar uma barreira à aprendizagem ou à pesquisa. Muito "conhecimento", ou suposto conhecimento (isto é, conhecimento imaginado), é letal para o trabalho de aprender, o que nos lembra que, para aprender, também precisamos, paradoxalmente, "aprender a esquecer". Ou seja, há um trabalho de esquecer que não se confunde com a amnésia produzida pela repressão, pelas cisões ou recusas. Na verdade, o trabalho de esquecer é um dos "Trabalhos da Memória", ou seja, é também um trabalho inconsciente decisivo para o trabalho de aprender.

Aliás, aprender a esquecer é das capacidades menos lembradas, e eu mesmo dela me havia esquecido até que Andreia Vasconcellos dela me lembrasse. É trágico não poder realizar o trabalho de esquecer, como era o caso do pobre Irineu Funes, personagem de Jorge Luís Borges. Funes, o memorioso, tinha uma memória preguiçosa, incapaz de realizar o trabalho de esquecer. Retinha tudo, não digeria nada, não elaborava. Nós, analistas, precisamos aprender a viver sem saber – sem o excesso de "memória" de que dispunha o infortunado Irineu Funes – se é que desejamos criar uma situação analisante como campo de expansão para aprender com a experiência. Essa é uma dimensão ética essencial na questão da aprendizagem.

É a partir da condição de não saber que podemos chegar à *intuição*, um movimento súbito de aprendizagem *acontecimental* e efêmera. O intuído não é um conhecimento que se apreende e dura, é uma iluminação que chega, eclode e passa. A intuição acontece. Há uma *afetação* do "aprendiz" – no caso, nós mesmos – que se efetua na forma de abertura iluminada, uma espécie de clareira que se abre e logo se retira. Como epígrafe ao livro *Cogitations*, encontramos uma frase de Henri Poincaré que assinala essa ideia: "O pensamento é apenas um lampejo entre duas grandes noites, mas esse lampejo é tudo". Impossível uma melhor apresentação do valor e do alcance da intuição. Essa é a dimensão estética e sensível da aprendizagem que se dá pela via intuitiva.

A partir dessa entrega do analista à sua própria sensibilidade (daí a chamarmos de "dimensão estética") é que se pode entender a emergência do "fato selecionado" (Bion, 1962): um elemento da situação clínica que se destaca, configura e reconfigura toda a experiência, dando-lhe novo sentido e propiciando a clareira da intuição iluminadora, o *lampejo* ou *clarão* de que nos fala Poincaré, um dos heróis intelectuais de Bion.

Voltemos à ética. Como vimos, na base mais profunda da intuição, está o que foi denominado por Bion de "capacidade negativa". No entanto, capacidade negativa e intuição requerem ambas uma mudança de posição subjetiva inconsciente. Aprendemos a nos tornar mais *humanos* dando adeus à onisciência e à onipotência. Pensamos que a dignidade do homem não está no que ele sabe e pode, mas sim em suportar o não saber e não poder, e, a partir daí, *trabalhar*, aprender e criar em um perpétuo movimento de transformação.[4]

Bion, Freud e, antes dele, Sócrates, e antes dele...

Sabemos que há diversas maneiras de ler Bion – há diversos Bions, como nos mostrou o International Journal em um número em que três psicanalistas foram convidados a escrever, cada um, sobre o "seu Bion".

No "meu Bion" (ou, para adotar uma expressão de Ignacio Gerber, "No Bion que gosto mais"), privilegio a tradição freudiana e kleiniana, sem negar em nada o fato de que Bion diz muitas coisas que não encontramos nem em Freud nem em Melanie Klein, mas penso que o que está em jogo é a tensão entre os desejos de saber e poder e, gêmeo do desejo de saber, o desejo de poder ignorar e negar e, por fim, a aceitação da ignorância e impotência da condição humana. Estamos aí nos antípodas da arrogância, mas também em oposição ao elogio da ignorância: é de *humildade* e *humanidade* que estamos falando.

Isso é Freud e, antes de Freud, toda uma tradição filosófica em que essa mesma tensão esteve presente. Quanto mais sabemos, mais se ampliam nossas incertezas e ignorâncias, mais se abre o campo infinito do trabalho de aprender e crescer: vivendo, envelhecendo, morrendo, mas sempre esquecendo e aprendendo.

---

4 Embora não possamos desenvolver esse ponto no presente capítulo, cabe lembrar que, além dos trabalhos psíquicos, a saúde comporta também a capacidade de poder *repousar na ignorância* para, eventualmente, dela sair, mas sem precipitação e angústia. *Repousar na ignorância exige serenidade*, uma condição da *alma em quietude*. Por outro lado, a *alma em quietude* cria as melhores condições para o funcionamento do aparelho psíquico e seus trabalhos, entre eles, o de aprender.

Um avesso dialético

Indo além do elogio aos trabalhos psíquicos que encontramos nessa grande tradição freudo-kleino-bioniana, que, por sua vez, insere-se em uma antiga tradição da filosofia ocidental, seria preciso acrescentar: trabalhar sempre, mas de quando em quando, repousando. Como disse Cesare Pavese, "trabalhar cansa", e a saúde requer descanso, capacidade de repouso. Aliás, é quando a alma repousa que melhoram suas condições de trabalho. Uma alma agitada tem seus trabalhos bastante comprometidos, como se vê, por exemplo, em sujeitos diagnosticados com o famoso transtorno de déficit de atenção e hiperatividade (TDAH) e suas dificuldades de aprendizagem. Uma alma agitada não consegue *repousar na ignorância*, como dito anteriormente no item "Bion, Freud e, antes dele, Sócrates, e antes dele...", e, por isso, não consegue prestar atenção, reter na memória, fazer novas ligações e aprender.

Inversamente, é quando os trabalhos são bem exercitados que os repousos da alma podem ser bem fruídos. Depois de bem realizado, quando o trabalho de morrer se consuma, pode-se dizer com propriedade do moribundo: descansou. Contudo, em situações muito menos extremas e definitivas, há um bom descanso quando os trabalhos psíquicos conscientes e inconscientes puderam ser bem exercitados.

Para uma consideração positiva da *alma em quietude* precisaríamos, porém, ir em outra direção, seja em termos filosóficos e culturais mais amplos, seja em termos do pensamento psicanalítico. Mas essa já seria uma outra história.

Referências

Bachelard, G. (2003). *A formação do espírito científico*. Contraponto, 2003. (Trabalho originalmente publicado em 1938)

Bion, W. R. (1957). On arrogance. In *Second thoughts. Selected papers on psycho-analysis*. Jason Aronson.

Bion, W. R. (1959). Attacks on linking. In *Second thoughts. Selected papers on psycho-analysis*. Jason Aronson.

Bion, W. R. (1962). *Learning from experience*. Jason Aronson.

Bion, W. R. (1965). *Transformations*. Jason Aronson.

Bion, W. R. (1970). *Attention and interpretation*. Tavistock.

Bion, W. R. (1979). Making the best of a bad job. In *Clinical seminars and four papers*. Brunner-Routledge.

De M'Uzan, M. (1976). Le travail du trépas. In *De l'Art à la Mort*. Gallimard.

Figueiredo, L. C. (2014). A clínica psicanalítica e seus vértices. In *Cuidado, saúde e cultura*. Escuta.

Figueiredo, L. C., Tamburrino, G, & Ribeiro, M. (2011). *Bion em nove lições*. Escuta.

Freud, S. (1900). A interpretação dos sonhos. In *Obras completas* (Vol. 4). Companhia das Letras.

Freud, S. (1905). O chiste e suas relações com o inconsciente. In *Obras completas* (Vol. 7). Companhia das Letras.

Freud, S. (1917). Luto e melancolia. In *Obras completas* (Vol. 12). Companhia das Letras.

Green, A. (1993). *Le travail du négatif*. De Minuit.

Klein, M. (1932). Psychoanalysis of children. In *The writings of Melanie Klein* (Vol. II). The Free Press.

4. Por um certo elogio da mentira

Roosevelt Cassorla

O paciente procura o analista porque quer alguém que o cure de seu sofrimento. O analista dá a entender que sua função é ajudá-lo a conhecer-se. O paciente aceita a proposta do analista, mas está mentindo. Seu único interesse é que seu sofrimento cesse rapidamente e o "conhecer-se" é sentido como um acréscimo indesejado.

O analista, por outro lado, tem dificuldades para explicar a seu paciente qual é seu trabalho. Seria como descrever uma flor a quem nunca viu uma flor (a metáfora indica tanto a fragilidade como a beleza). Não se descarta a possibilidade de que o analista use termos que imagina que o paciente quer ouvir, no intuito de atraí-lo para o tratamento. Pode ser que, ao final da entrevista, o paciente imagine que convenceu seu analista a curá-lo, enquanto o analista acredita que o paciente compreendeu sua proposta. Ambos estão enganados.

Estamos diante de um dos grandes dilemas da dupla analítica (e de todos os seres humanos): colocar em palavras percepções e sentimentos. As palavras não têm a qualidade e a potência necessária para representar o que se está vivenciando. As sentenças resultantes serão necessariamente incompletas e falsas. As emoções que as acompanham podem dar-lhes uma coloração expressiva, mas essa expressividade tanto pode aproximar da verdade como deformá-la. Artistas e demagogos especializam-se em encontrar meios para que ambas as situações ocorram. Psicanalistas, por outro lado, buscam a *linguagem de êxito (language of achievement)* (Bion, 1970/1973).

Portanto, paciente e analista são, ao mesmo tempo, verdadeiros e mentirosos. Existem meias verdades e meias mentiras ou, para ser mais preciso, porções variadas de mentiras convivendo com outras porções de verdade. Nas extremidades do espectro, teríamos utopias: a verdade absoluta (O) e a mentira absoluta (-O). O símbolo O foi proposto por Bion (1965) para a realidade última, inacessível.

É possível que a mentira de que a análise "cura do sofrimento" seja providencial. Graças a ela, o processo é iniciado abrindo-se para a possibilidade de conhecer como se vai constituindo o espectro entre verdade e mentira, entre crescimento mental e ataques a ele.

Os parágrafos anteriores conduzem a um certo elogio da mentira. Bion (1970/1973), em estilo irônico, dá a entender que sem a mentira a humanidade não teria podido sobreviver. Seu raciocínio não nos surpreende.

> *Os mentirosos mostraram coragem e resolução opondo-se aos cientistas, os quais, com suas doutrinas perniciosas, convidam os crédulos a despir cada partícula de auto--engano, deixando-os sem a proteção natural necessária à preservação de sua saúde mental contra o impacto da verdade. . . . Não é demais dizer que a raça humana deve sua salvação àqueles poucos mentirosos de talento preparados para manter, mesmo em face de fatos indubitáveis, a verdade de suas falsidades. . . . os processos frágeis com os quais muitas vezes os cientistas tentaram manter*

> *suas hipóteses facilitaram aos mentirosos mostrarem o vazio das pretensões dos arrogantes, e assim adiar, senão prevenir, a expansão de doutrinas cujo único efeito seria induzir um sentido de desamparo e insignificância nos mentirosos e seus beneficiários. (Bion, 1970/1973, p. 111)*

Sabemos do prazer que uma criança sente quando descobre que pode mentir. Dá-se conta de que pode ter sua própria intimidade sem se sentir subjugado pelo outro. Mais ainda, pode fazer o outro acreditar no que deseja. Logo descobrirá que as vantagens da mentira são acompanhadas de complicações, caso ela seja descoberta.

Por outro lado, a vida em sociedade mostra à criança a necessidade de mentir. Ela deve ser educada, polida, esconder seus sentimentos e desejos adaptando-se ao que se espera dela. Sem essas mentiras, seria impossível a convivência entre os seres humanos. As fantasias sexuais infantis, o amigo imaginário, a crença de que seus pais são superiores etc. mesclam fantasias defensivas e mentiras necessárias. Quando não se constitui uma mente que possa sobreviver adequadamente, pode desenvolver-se um *self* falso.

Ferro e Stella (2019) propõem considerarmos os humanos como *Homo fraudolens*, mostrando que as mentiras têm funções tanto destrutivas como reparadoras.

Consideremos a seguinte situação: o analista é procurado por uma mulher muito assustada com a ameaça de seu marido abandoná-la. Conta que o desencadeante da atual crise familiar foi o fato de ter sido vista, pelo marido, abraçada a um homem. Tratou-se de uma infeliz coincidência: o marido foi ao mesmo local onde um amigo lhe contava problemas pessoais e ela o abraçou para consolá-lo. Em seguida, surpreende o analista contando-lhe que descobriu, por meio de leituras, que ela é uma personalidade narcísica. Continua: "Eu sei que personalidades narcísicas mentem e enganam seus analistas. O sr. acha que isto pode acontecer com o sr.?". O analista, confuso, percebe que estava frente ao paradoxo de Epimênides (século VI a. C.) retomado por Eubulides de Mileto (século IV a. C.): "Um homem diz que está mentindo. O que ele diz é verdade ou mentira?".

Se for verdade que ele está mentindo, não está sendo mentiroso. Ao mesmo tempo, ele afirma que mente. O psicanalista terá que lidar com paradoxos deste tipo, em que coexistem verdades e mentiras em formas complexas.

Freud foi obrigado a rever suas ideias quando percebeu que as seduções contadas por suas pacientes se referiam à realidade psíquica, e não necessariamente à realidade factual. Portanto, aquilo que é verdade para a primeira pode ser falso para a segunda. Um problema que se acentua, por exemplo, quando o profissional de saúde mental é consultado para esclarecer se abusos realmente ocorreram ou fazem parte de configurações do mundo interno.

Formações de compromisso escondem/revelam a verdade e a mentira por meio de sintomas, sonhos, atos falhos e outras transformações. Estamos diante de mecanismos de defesa. Sua função principal é proteger o indivíduo da catástrofe decorrente da aproximação com a verdade, como veremos adiante.

O campo analítico

O estudo da mentira como se apresenta na sociedade supera a capacidade do psicanalista clínico cuja potência se revela apenas no campo analítico.

O clínico vivencia os fatos que ocorrem entre ele e seu paciente por meio de uma peculiar observação participante que o capacita a entrar em contato com emanações emocionais que revelam a conjunção de aspectos da realidade psíquica de ambos os membros da dupla analítica. Esses aspectos fazem parte de um espectro que inclui variados graus de verdade/mentira.

Consideramos o campo analítico como um espaço-tempo em que paciente e analista compartilham experiências emocionais que buscam ser sonhadas – no sentido proposto por Bion (1962, 1992) – ao mesmo tempo que essa capacidade é atacada. Nesse campo emocional, em que se manifestam sonhos e não sonhos (Cassorla, 2017a, 2017b), nada acontece com um dos membros da dupla analítica que não repercuta no outro. O observador do campo se interessa menos pelos fatos em si, e mais pela relação emocional que transita entre analista e analisando, que, por sua vez, está em constante transformação e movimento. Como o observador faz parte do campo, a observação objetiva não é possível. Os princípios da incerteza e da incompletude nos mostram que a observação será sempre provisória, incerta, parcial e transitória. Aquilo que é observado, enquanto é observado, já se transformou, tanto por estar em constante movimento como porque o próprio processo de observação já transformou o observado. Não será possível, tampouco, decidir sobre o grau de influência do observador no que é observado e vice-versa. Tampouco se pode ter certeza em relação ao que pertence ao paciente ou ao analista, nem ao que é verdadeiro, falso ou mentiroso. Verdade e mentira podem coexistir em variados graus. A suposta paralisia do campo muitas vezes nada mais é que a paralisia da capacidade do observador transitar por variados vértices de observação. Estamos diante de fenômenos complexos (Morin, 2008), em que não fazem sentido as relações causais.

Sendo O incognoscível, a dupla analítica terá contato apenas com suas transformações, na forma em que surgem no campo analítico. Essas transformações (Bion, 1965) são eliciadas pela relação emocional entre os membros da dupla e nomeados como transferência/contratransferência, transformações em conhecimento, transformações em sonho (Ferro, 2009), transformações em não sonho (Cassorla, 2018), transformações em alucinose, transformações em O. Transformações em conhecimento (K) são acompanhadas por ataque a essas transformações (-K). A mentira faz parte de -K, junto com outras defesas.

Estar receptivo às evoluções de O implica um estado de mente sem memória, sem desejo ou intenção de compreender, em que o analista convive tranquilamente com o mistério e o não saber, deixando-se tomar pela imaginação. As transformações em O indicam momentos intuitivos em que o analista se torna O, ainda que não o conheça.

A questão moral

A limitação da percepção para o campo analítico pressupõe ausência de avaliações morais, o que seria permitido se o analista estivesse no campo social. No entanto, elas podem tomar o profissional, e o melhor que pode fazer é deixar que se evidenciem os fatores que tornaram essas avaliações presentes, evitando que elas sejam descarregadas e atuadas.

Existe o risco de considerar a suposta verdade como superior à mentira. Bion (1970/1973) manifesta essa valoração quando se vale do pintor Ruskin, que considera a verdade desejável como vitalizante (*life-giving*). O mesmo Bion nos lembra que o indivíduo pode acreditar que destruir é melhor que criar, como ocorre com o paciente suicida. Sabemos, porém, que o suicida acredita em uma mentira – que sua morte o levará para um estado de tranquilidade total, um outro mundo após a morte (Cassorla, 2021). A maior parte da humanidade acredita nesse fato. Isso é verdadeiro.

Existe outro momento em que Bion (1970/1973) nos provoca saborosamente:

> *supõe que se autorizou continuar uma experiência até um ponto em que o paciente sabe que a formulação é inverídica, mas na verdade ele a mantém porque perturbaria seu desenvolvimento não fazê-lo? A mentira pode ser criada porque – na visão do mentiroso – ela traria proveito para ele ou prejuízo a outrem: é correto em tal caso dizer que é verdade, e verdade importante, que a inabilidade em tirar proveito para si ou prejudicar o próximo leva a um cataclismo psicológico? Tanto quanto acho verdadeiro. (Bion, 1970/1973, pp. 107-108)*

Um paciente pode agradar-nos enquanto nos idealiza. Essa defesa pode esconder terrores de variados tipos. A admiração excessiva é falsa, mas também verdadeira, pois faz parte dos recursos que o paciente descobriu para sobreviver em um mundo ameaçador. Os terrores, por sua vez, são verdadeiros e, ao mesmo tempo, falsos, porque eles não revelam a complexidade das situações.

Como sabemos, a própria ideia de verdade é temerária. Bion, assim como Kant, considera-a inacessível, o *noumenon*, a coisa em si, o O. Podemos captar apenas emanações ou transformações desse O quando elas, em forma turbulenta, interseccionam-se com um pensador que as acolha enquanto continuam transformando-se dentro da relação pensamento-pensador. Bergstein (2020) nos lembra que:

> *a complexidade da realidade psíquica, saturada de contradições, paradoxos, incertezas e dúvidas, subverte o equilíbrio psíquico, ameaçando a personalidade com uma enxurrada de emoções: ansiedade, sexualidade,*

> *frustração, medo, arrependimento, imprevisibilidade e perda de controle, decepção e situações similares. Por outro lado, a realização das próprias esperanças também pode potencialmente trazer uma sensação insuportável de êxtase. (p. 864; tradução livre)*

Em outras palavras, o contato com o não sabido provoca uma catástrofe – nem sempre suportável – em que o supostamente conhecido, ao ser substituído, revoluciona as conexões dentro da rede simbólica do pensamento. Pode-se fugir dessa situação por meio de defesas que transformam a realidade ou evitam contato com ela, incluindo-se a falsidade e a mentira.

A humanidade, buscando lidar com a suposta verdade, criou sistemas como a religião, as artes, as ideologias, a ciência. Alguns têm tido certo sucesso. Comumente servem para consolar o indivíduo desamparado, que não consegue conviver com a ignorância, a incerteza e a dúvida.

O sistema judiciário especializou-se em aplicar leis que, visando ao bem comum, definem as verdades. Fazem sucesso as situações em que um júri busca a verdade entre os indícios e os testemunhos. A atração decorre da curiosidade humana em relação aos testemunhos mentirosos e às pistas interpretadas equivocadamente. Podem ocorrer erros judiciários. Pouco sabemos sobre os erros que não foram identificados. Esses mesmos erros nos defrontam com a fragilidade da mente humana para discernir o falso do verdadeiro e para o entorpecimento da mente quando não consegue se libertar da influência de fortes emoções.

O clássico filme *Rashomon* nos mostra como um evento é visto por diferentes observadores, concluindo-se a impossibilidade de chegar-se à verdade. Bion (1963, 1992) propõe a observação a partir de vários vértices, o *sentido comum (common sense)*, isto é, a conjunção dos vários sentidos, cada um confirmando as percepções dos demais. Bion também propõe o termo *fato selecionado* tomado de Poincaré, indicando a captação intuitiva de uma certa harmonia na confusão e aparente aleatoriedade dos fatos vivenciados. Essa harmonia provoca um sentimento de verdade.

A proposta de Bion aproxima-se de um sistema de antenas parabólicas em que a mente do analista perscruta o universo infinito (O) buscando momentos K (Cassorla, 2018). A intuição psicanaliticamente treinada poderia ainda vivenciar aspectos ultra e infrassensíveis.

Grotstein (2007) propõe que a busca da verdade é instintual. A curiosidade envolve uma busca apaixonada e implacável sobre a verdade da própria pessoa e de suas relações objetais. Freud e Klein já haviam proposto um impulso epistemofílico similar. Não podemos deixar de considerar um impulso oposto que busca evitar essa mesma verdade. Bion (1958/1967a, 1967/1988, 1970/1973) nos alerta para os perigos da curiosidade mórbida, acompanhada de arrogância e estupidez, ilustrando esses fatos com vários mitos.

Bion (1977) coloca a mentira na categoria 2 da grade, que inclui outras defesas que o indivíduo utiliza para fugir do conhecimento. O analista evita a valoração ao considerar que o paciente busca evitar mudança catastrófica porque não tem recursos para lidar com ela.

A mentira pode ser utilizada para recrutar o analista a não perceber a verdade, entorpecendo sua capacidade de pensar (Bion, 1958/1967a, 1961/2001). Estamos na coluna 6 da grade e o analista corre o risco de tomar o expressivo fluxo mentiroso como verdade. Bion (1963) também descreve a *perspectiva reversível* quando o paciente inverte as premissas daquilo que o analista lhe comunica, o *"superego" moralístico* (Bion, 1962, 1970/1973) que substitui a diferenciação entre verdade e mentira pela aprovação ou condenação, o ataque aos vínculos (Bion, 1959/1967b) que impede a comunicação entre partes do *self* e com o analista, e as transformações em alucinose (1965), nas quais a realidade é substituída por criações próprias sentidas como superiores. Negação, cisão, identificação projetiva, recusa, fragmentação e os demais mecanismos de defesa conhecidos fazem parte desse mesmo conglomerado que busca lidar com a ameaça de catástrofe emocional caso se perceba a realidade. As defesas revelam, em última instância, ataques às partes da mente que se conectariam à turbulenta realidade interna e externa.

Espera-se que a mente tenha recursos suficientes – função alfa – para transformar as experiências emocionais em símbolos, sonho e pensamento cujo resultado é a expansão da parte não psicótica da personalidade. No entanto, ela convive com uma parte psicótica. Seria simplista considerar que a primeira revela a verdade e a segunda, a mentira. Ambas são verdadeiras e mentirosas, ao mesmo tempo.

Para que a mentira seja crível, deve existir uma certa congruência com os símbolos que representam a verdade (Meltzer, 1984). Não é possível acreditar que o paciente faltou à sessão por causa de uma invasão da Terra por marcianos, mas um engarrafamento de trânsito pode ser convincente. O analista terá que diferenciar se está diante de uma mentira inocente, um delírio ou uma manipulação. Ou um pouco de cada aspecto. Estamos nos limites entre defesas neuróticas, perversas e psicóticas. Sabemos que uma grande mentira pode ser crível se ela incluir um pouco de verdade, como nos mostram os ditadores e os demagogos.

O pensador e a mentira

Bion nos adverte que a verdade não exige um pensador, enquanto a mentira necessita de um pensador que transforme a verdade em mentira.

> *Todo ato de pensar e todos os pensamentos são verdadeiros quando não existe o pensador. Já para as mentiras e falsidades um pensador é absolutamente necessário. Pelo contrário, para mentiras e falsidades é absolutamente necessário o pensador. Em qualquer situação em que este está presente, os pensamentos formulados são expressão de falsidade e mentiras. O único pensamento verdadeiro é aquele que nunca encontrou um indivíduo para "contê-lo". (Bion, 1970/1973, p. 129)*

Portanto, o mentiroso deve ter uma capacidade simbólica sofisticada para poder pensar a verdade e, em seguida, transformá-la em mentira.

A cor azul do céu, o teorema de Pitágoras, o fato de que a terra gira em torno do Sol ou a ameaça de um animal predador já existiam antes que esses fatos fossem percebidos e pensados por seres humanos. Bion (1970/1973) considera a verdade como o alimento da mente, indispensável para seu desenvolvimento. A relação comensal entre pensamento e pensador promove crescimento. Já a relação entre o pensador e a mentira é parasitária e ambos são destruídos. Ódio à verdade, voracidade e inveja são fatores de -K. O modelo nos auxilia a pensar sobre fingimento, hipocrisia, corrupção, idealização, estupidez, indiferença, fanatismo, crueldade e demais formas de perversão por meio da observação dos complexos vínculos emocionais, cuja notação K, L, H e seus negativos, nos abrem para inúmeras possibilidades. Por exemplo, -H é evidente nas configurações que se manifestam como hipocrisia; -L, na superproteção e possessividade que impede o desenvolvimento; -K no fanatismo e na mentira (Cassorla, 2019).

Pode-se propor uma expansão da coluna 2 constituindo-se uma grade negativa que ajude o analista a pensar nos ataques à verdade que ocorrem durante a sessão. Chuster, Soares e Trachtenberg (2014) propõem:

1. Na coluna vertical: (-A) reversão da função alfa; (-B) vínculo parasitário; (-C) estado confusional; (-D) preconceito; (-E) degeneração e empobrecimento emocional; (-G) morte.
2. No eixo dos usos: (-1) mentira; (-2) simulacro; (-3) mistificação; (-4) dispersão; (-5) Hamlet; (-6) consequências.

Hamlet, a coluna -5, indica a investigação que busca fugir da verdade, ao contrário da coluna 5 da grade positiva que Bion havia nomeado originalmente como Édipo, representando a busca – por vezes, arrogante – da verdade.

A reversão da função alfa gera elementos beta com restos de ego e superego, os objetos bizarros. Os escombros somente podem ser evacuados em forma de ação, perturbações somáticas, transformações alucinatórias, comportamentos de grupo suposto básico.

Existe a possibilidade de que a reversão da função alfa não necessariamente fragmente e destrua os elementos alfa em processo de formação. A mentira os recobre como um manto que, desvelado, reencontra os símbolos verdadeiros (Meltzer, 1986).

Mentira e falsidade

A avaliação do que é verdadeiro, falso ou mentiroso implica levar em consideração as partes da mente que nos fazem entrar em contato com os fatos. Podemos descobrir que a asserção supostamente verdadeira "o céu é azul" torna-se impossível para o cego e confusa ou falsa para certos daltônicos. Podemos supor uma extensão mental dessas dificuldades em que determinadas pessoas não têm capacidade de enxergar aspectos da realidade e, por isso, poderão ser chamados cegos, estúpidos, falsos, hipócritas, mentirosos ou loucos.

Outra possibilidade é que o azul do céu não se mantenha quando nos aprofundamos em seu conhecimento usando instrumentos ou de naves espaciais. Em outras palavras, quando vamos em direção a 'O', o fluxo de transformações amplia ou modifica as percepções, e isso nunca termina. Aproximamo-nos da inefável ideia de infinito. Um termo cuja realização não é possível a não ser, talvez, para alguns místicos. Ou, para certos momentos que ocorrem no campo analítico quando nos sentimos em uníssono com a realidade (*at-one-ment*) (Bion, 1970/1973). Há, no entanto, que se atentar para a possibilidade de que esse vislumbre de 'O' não seja também uma transformação em alucinose, isto é, uma criação muleta da própria mente.

A complexidade da realidade pode levar a mente a se defender atrás de relações causais, reducionistas e moralistas, por vezes acompanhadas de onisciência. Pode ocorrer o oposto e as relações causais se expandem para a complexidade.

Um exemplo da epidemiologia – uma área que tem tido sucesso na compreensão de fatores que levam ao adoecer – nos ajudará. No início do século XX, supôs-se que a icterícia de determinados pacientes que tinham sífilis seria produto da infecção. Em seguida, observou-se que a icterícia aparecia principalmente em quem era tratado com mercuriais, e nova relação causal foi proposta. Outras observações sugeriram que não eram os mercuriais os culpados, mas o fato dos pacientes tomarem injeções com seringas usadas. Em seguida, descobriu-se que elas estavam contaminadas com um vírus que causava hepatite. O aprofundamento na complexidade envolvida nos levaria e examinar aspectos do vírus, sua relação com características do hospedeiro, do ambiente global, do significado da doença, da vida, da morte... caminhando-se em direção a O, cada K sendo útil e necessário, mas nunca se chegando à realidade última.

Bion, em geral, não diferencia falsidade de mentira, ainda que em algum momento considere estas como falsidades "morais".

> *Podemos supor que a ideia messiânica tenha uma contrapartida, a verdade absoluta, O, para a qual não é necessário um pensador. A falsidade caracteriza o pensamento dentro de um continente. Segue-se que todo pensamento, como se entende comumente, isto é, como atributo do ser humano, é falso, e o problema associado com ele é o grau e a natureza da falsidade. A mentira é uma falsidade associada com "morais". (Bion 1970/1973, p. 129)*

Neste texto, considero a mentira como algo intencional e, como vimos, produto de funcionamento adequado da rede simbólica do pensamento. A falsidade, no entanto, decorre de deficiências na capacidade de observar a realidade. Como é impossível ter acesso a sua vastidão infinita, toda afirmação sofre de certo grau de falsidade. Além disso, como vimos, existe a limitação das palavras para descrever as experiências emocionais e suas transformações. Podemos ampliar a ideia de falsidade para as defesas inconscientes, já que o indivíduo não está ciente do que está ocorrendo.

Antes dos telescópios e da mente matemática dos astrônomos, a observação do horizonte nos convenceria, falsamente, que o Sol aparece e se põe girando em volta da Terra. No entanto, muito antes de Galileu essa aparente verdade havia sido questionada. Galileu foi condenado pela Igreja porque ela não suportaria as mudanças catastróficas decorrentes da intrusão do novo conhecimento no supostamente já sabido.

Em outra vertente, o paciente pode acreditar que o analista está disponível para ser maltratado. O paciente não sabe que essa é a forma de manifestação de um predador interno. A identificação projetiva não é propriamente uma mentira. Trata-se de uma transformação onde as invariantes podem ser identificadas, ao contrário das transformações em alucinose quando a distância da verdade se torna imensa.

Mentira e falsidade fazem parte de um espectro similar a tantos outros (consciente ↔ inconsciente, finito ↔ infinito, sonho ↔ não sonho). Os elementos do espectro podem coexistir. A ressonância do termo mentira costuma incluir as falsidades. Essa ampliação tem laivos de mentira e de verdade.

Uma importante verdade do ser humano é seu desamparo terrífico. Sentir-se o centro do mundo passa a ser a mentira necessária para sobreviver. Os outros existem para satisfazê-lo e são sentidos como parte de si mesmo. Estamos em área de realização alucinatória do desejo. O narcísico psicótico mantém a crença alucinada e não percebe que parte de sua vida não é vida, mas há um incômodo entre vida ↔ não vida que pode levá-lo ao analista.

O paciente que considera que a função do analista é deixar-se maltratar permite, de alguma forma, que o analista o faça aprender com a experiência que ocorre no campo analítico. E o paciente poderá dar-se conta de que o fato do analista ter mente própria não implica na existência de um predador entre eles. A mentira se aproxima da verdade.

Esse predador já existia como preconcepção inata, como ocorre com um filhote da ave que foge da sombra das asas de um gavião? Ou se trata de memória, colocada em ato, de experiências vivenciadas antes que existisse a capacidade de simbolização verbal? Ou se trata de vingança de um paciente que transferencialmente (ou na realidade) sentiu-se maltratado por esse analista? Ou todas essas possibilidades, ao mesmo tempo?

Trata-se de um espectro em que variados tipos de falhas na capacidade de perceber e pensar se estendem em recalques, cisões, negações, ataques aos vínculos, falsidades, onisciência, confabulações, simulacros, alucinações, mentiras, reversões de perspectiva, fragmentações, recusas e outros fenômenos ainda não nomeados, porque estão além de nossa capacidade atual de percebê-los.

Mentira e processo analítico

Um paciente mentiroso pode não ser indicado para análise porque o analista deseja um aliado confiável em sua investigação rumo à verdade. No entanto, o analista é complacente com pacientes que evitam o contato com a verdade utilizando outros mecanismos que não parecem ser conscientemente intencionais. O analista pode enganar-se, nas duas situações.

Tomemos o mesmo exemplo que Bion (1970/1973) utiliza em seu texto. O paciente constantemente inventa desculpas em relação a seu atraso para chegar à sessão. O analista se dará conta de que a eventual irritação que sente faz parte do que o paciente tenta comunicar – da mesma forma como vimos com o paciente que maltrata o analista. Outras vezes, o analista poderá perceber que os atrasos do paciente lhe são convenientes e o analista "faz de conta" que nada está ocorrendo. O "fazer vista grossa" (Steiner, 1985, 1993; Cassorla, 2018) envolve um complexo defensivo conveniente que transita entre verdades e mentiras. Trata-se também de uma defesa contra o "cegar-se artificialmente para deixar-se penetrar pela luz", preceito técnico que o analista utiliza para vivenciar evoluções de O (Bion, 1970/1973).

O analista experiente vive a experiência emocional que está ocorrendo e imagina ("sonha") fatores que poderiam ampliar a capacidade de pensar sobre os fatos. Poderá compartilhar seus "sonhos" com o paciente enquanto observa como este reage a tal compartilhamento. Essa reação indicará graus de verdade, falsidade e mentira que se manifestam em um espectro entre "sonhos-a-dois" e "não-sonhos-a-dois" (Cassorla, 2018).

A analista sonha que seu filho pequeno se soltou de sua mão e se perdeu na multidão. Acorda desesperada e a cena do pesadelo se conecta à constatação de que abandonou seu paciente, no dia anterior, indo embora justamente no horário em que a sessão iria iniciar-se (20h30). A analista se dá conta que se equivocara, certa de que a sessão seria às 20h. Esperou por meia hora e, muito cansada, optou por ir para sua casa (Yardino, 2008; Cassorla, 2012). Impossível conhecer toda a complexidade do sonho, mas ele fez a analista entrar em contato com as mentiras (o suposto atraso do paciente) que tinham substituído a verdade (ela havia abandonado o paciente). Abre-se o campo para investigar os fatores que conduziram a essa transformação. Descobre-se que estava ocorrendo um *enactment* agudo desfazendo um *enactment* crônico (Cassorla, 2005, 2008, 2018).[1]

A situação descrita fora antecipada por um conluio dual inconsciente em que ambos acreditavam que estavam transformando fatos indigestos em sonhos, ampliando a rede simbólica do pensamento. Ainda que isso ocorresse em determinadas áreas, a analista não se dava conta, de forma suficiente, de seu recrutamento por aspectos sádicos (*enactment* crônico). Estamos no que se tem chamado de "falsos sonhos", conluios de idealização

---

1 *Enactment crônico* indica um conluio em que ambos os membros da dupla, sem se darem conta, encenam tramas envolvendo idealização e/ou ataques mútuos. Quando esse conluio se desfaz, em forma brusca, ocorre o *enactment agudo*, que reflete o trauma do contato com a triangularidade (Cassorla, 2018).

mútua ou sadomasoquistas que bloqueiam catástrofes potenciais (Cassorla, 2001). O analista sabe que os sonhos que ocorrem no campo analítico tanto estão em busca da verdade como fugindo dela. Sonhos também podem ser mentirosos, como já nos mostrava Freud (1920) descrevendo uma paciente que sonhava o que imaginava que Freud desejava ouvir.

Um paciente obsessivo que, durante anos a fio, chegava exatamente 5 minutos antes de iniciar a sessão, está bastante atrasado. Desculpa-se com uma mentira sobre o trânsito. Em determinado momento, escapa a verdade – ele estava comemorando com amigos e se esqueceu da sessão. O analista se sente satisfeito por descobrir que o paciente, agora, tem amigos. Entre eles, a possibilidade de mentir. Percebe também que o paciente espera que o analista o condene pela mentira, o que, evidentemente, ele não faz. Abre-se a possibilidade de ampliar a rede simbólica do pensamento para além de rígidas exigências e formas de controle. Verdades inexoráveis revelam funcionamento psicótico em que se perdeu a flexibilidade necessária para sonhar e pensar.

Outro paciente sente-se uma fraude. A despeito do suposto desenvolvimento social e familiar, está todo o tempo preocupado em ser descoberto. Não sabe exatamente o que se descobriria, mas tem a impressão de que tudo o que conseguiu na vida foi fraudulento. Durante o processo analítico, percebe que, na infância, mentia para não permitir que objetos vivenciados como intrusivos o subjugassem. Vingava-se de seus pais violentadores roubando dinheiro deles, mentindo quando não ia à escola, enganando-os sobre seus fracassos e conquistas. Os pais acreditavam nele, e esse tipo de comportamento persistiu até a juventude, quando saiu de casa e iniciou uma "outra vida" em que desejava nunca mais mentir. Os resíduos das experiências anteriores, porém, continuaram. O processo analítico tornou-se mais potente quando se aceitou que a fraude não era fraude – era uma verdade... E essa verdade escondia outra fraude que escondia outra verdade, e assim por diante...

A anorexia nervosa constitui um campo precioso para observar a guerra entre o desejo de viver e o desejo de morrer. Como em toda guerra, a primeira vítima é a verdade. O distúrbio de percepção faz a paciente sentir-se linda enquanto, na realidade, seu corpo está esquelético. Mente em relação à alimentação e, muitas vezes, é necessário que o analista "faça de conta" que acreditou – minta para si mesmo – evitando cair em uma armadilha sobre certo e errado. Uma paciente me conta, anos após, que ignorava minhas interpretações porque eu seria gordo (um erro de percepção dela ou meu) e não compreenderia uma pessoa que desejava ser magra. Isso era tanto falso como verdadeiro.[2]

As situações nos conduzem a considerar um "superego" cruel, algo que, para Bion (1970/1973, 1992), não tem as características de um superego. Fruto de ódio e inveja, ataca a capacidade de pensar destruindo os significados. A análise é desnudada de suas funções – a busca da verdade – e é transformada em seu oposto. Há, porém, outra característica desse objeto cruel: o julgamento moral, isto é, a realidade é condenada e considerada errada. A mentira é o certo e ela é superior à verdade. Tudo aquilo que ameaça a mentira será condenada moralmente, atacada, deformada e evacuada. O vínculo emocional é -K, e sua busca compulsiva nos mostra como a verdade (K) é vivenciada de forma traumática.

Bion também especula sobre terríveis sentimentos de culpa de alguns pacientes que não se beneficiam da análise. Tratar-se-ia de uma consciência moral primitiva (Braga, 2020) cuja correspondência mítica seria o pecado original.

---

[2] As vinhetas clínicas são transformações mentirosas que visam à manutenção do sigilo ético.

Se os vínculos com a verdade são atacados e parte da personalidade é evacuada, o paciente se sentirá ameaçado por objetos bizarros que orbitam em seu entorno. Eles podem ser expelidos violentamente, a grandes distâncias alucinadas. Como vimos, o paciente está fanaticamente convencido de que suas transformações da realidade são superiores àquela que a psicanálise lhe mostra. Por vezes, o paciente, arrogantemente, ensina ao analista como ele deve trabalhar e interpretar (Cassorla, 2020). O analista corre o risco de deixar-se recrutar pelas transformações do paciente, abandonando o vértice analítico.

A substituição do espectro verdade ↔ não verdade pelo certo ↔ errado torna-se evidente quando nos encontramos na cesura catastrófica entre as posições esquizoparanoide e depressiva. Quando o processo analítico conduz à discriminação *self*/objeto, o paciente sente-se injustiçado e culpa o analista. Se a realidade for vivenciada como insuportável, o paciente busca retornar à fusão esquizoparanoide que será a "certa", opondo-se ao analista "errado" que, por impedir a fusão, frustra-o. A realidade triangular está "errada" e a relação narcísica está "certa" (Cassorla, 2005, 2018).

O superego descrito pode fazer parte de um conglomerado defensivo que inclui as organizações patológicas (Steiner, 1993). Elas se assemelham a organizações mafiosas (Rosenfeld, 1987), em que uma obediência cega é condição para que a organização proteja o *self* de mudanças catastróficas envolvendo tanto ansiedades persecutórias como depressivas.

Narciso, no mito, ataca a percepção do objeto mantendo-se na posição narcísica. No entanto, a visão de Eco o leva a um vislumbre da triangularidade. Afasta-se horrorizado afirmando que "prefere morrer que ceder a seu amor". Narciso é verdadeiro (não suporta a triangularidade) e é mentiroso (porque não tem amor para ceder). Adiante, Narciso se afogará ao tentar abraçar sua própria figura, um erro de percepção (falsidade) ou um desejo de continuar apaixonado por si mesmo (verdade). A concomitância das duas possibilidades leva-o à morte, mas sua vida continua no Hades.

Bion (1958/1967a, 1970/1973) retoma o mito de Édipo e propõe que a arrogância o impele a buscar a verdade a qualquer preço. Ele nos alerta para que o analista investigue os fatores envolvidos nessa busca, como sadismo, inveja, ressentimento. No meio social, a busca pode terminar em inquisições que transformam mentiras em "verdades" convenientes para o inquisidor ou ditador. Inquisições e guerras sempre usam a busca pela verdade como motivações. Os morticínios resultantes são verdadeiros.

Bion (1992) nos lembra da necessidade de ter compaixão quando se busca a verdade. Verdade sem amor é crueldade.

O psicanalista conhece situações em que não é difícil descobrir a verdade por trás da mentira manifesta. Freud (1925) nos mostra que a frase "não é minha mãe", no relato de um sonho, indica justamente o contrário. Quando a negação é acompanhada por triunfo e desprezo, estamos diante de defesas maníacas (Klein, 1935/2017). A mentira da onipotência evidencia a verdade do desamparo. Freud (1927), em seu estudo sobre fetichismo, mostra a cisão do ego, em que uma parte nega a percepção da castração, enquanto outra a aceita. O fetiche é uma transformação alucinada de percepções que ocorreram antes ou depois da percepção de um fato traumático – no caso, ausência de pênis. Trata-se de pés, pelos púbicos, vestes íntimas, que são deslocados também para outros objetos. Estamos diante da concomitância da verdade (castração) e da mentira (fetiche). No entanto, será o fetiche uma mentira – ou é apenas outra verdade: que existem fetiches para onde podemos deslocar a excitação sexual? A excitação sexual é verdadeira.

O apaixonamento sexual também envolve uma deturpação da realidade, necessária para que seres humanos se reproduzam e constituam famílias. A sentença é falsa, mentirosa e verdadeira, ao mesmo tempo.

Verdade e beleza

A religião nos promete uma vida em outro mundo e não sabemos se estamos diante de verdades, falsidades e mentiras. Criamos mitos para dar sentido ao não saber. Podemos considerar a crença no paraíso similar à criação de um fetiche em que o bebê se "lembra" da vida intrauterina ou da primeira mamada, fatos anteriores e posteriores ao contato com o inferno – quando sofreu terrores sem nome durante o processo de expulsão do paraíso/útero (Cassorla, 2021).

O mesmo ocorre com grupos sociais em que seus mitos de origem revelam fatos heroicos que, compartilhados, criam sua subjetividade grupal. Estamos sempre em busca de um objeto perdido idealizado. Essa busca abre espaço para líderes "donos da verdade" que nos salvarão do sofrimento evitável e inevitável. Estamos em área de negacionismo e fanatismo (Cassorla, 2020; 2023a).

A palavra mito também significa mentira. Psicanalistas usam como construções imaginárias, incluindo preconcepções, que nos fazem dar sentido ao que não sabemos. Criamos mitos sobre nossas origens, nossas famílias, nosso papel no mundo, sobre o que ocorre após a morte. São mentiras nas quais acreditamos, acreditamos em parte e não acreditamos, tudo isso ao mesmo tempo, dependendo de cada um e do momento de nossas vidas.

O psicanalista pode identificar os mitos pessoais de seu paciente e utilizá-los para ampliar a capacidade de pensar, sem se preocupar em denunciar mentiras ou verdades, o que faria parte do superego moralista certo/errado. O mesmo deve ocorrer com os mitos familiares, grupais e aqueles que fazem parte da humanidade. Bion (1970/1973) propõe os mitos da torre de Babel, Édipo, o cemitério de Ur e a morte de Palinuro como modelos descritivos de configurações que ocorrem no campo analítico. Cada dupla analítica cria mitos sobre sua experiência.

Os mitos e as obras de ficção fazem parte do grupo de mentiras criativas e elegantes. Literatura, teatro, cinema e artes afins oferecem ao leitor/espectador mentiras que ele, espectador, sabe que são mentiras e por isso recebem o nome de ficções. As mentiras ficcionais devem ter características tais que poderiam ser "verdadeiras". Biografias, relatos "baseados na realidade" e ficções envolvendo personagens inexistentes (deuses, magos, super-heróis, seres extraterrestres) se aproximam das mentiras/verdades que se manifestam, em nossas mentes, como fantasias, sonhos diurnos, sonhos noturnos e transformações alucinatórias.

Retomemos a frase de Bion (1970/1973), ao referir-se aos mentirosos: "Devotaram a vida – eles e seus seguidores – à elaboração de sistemas de grande complexidade e beleza em que a estrutura lógica era preservada pelo exercício de um poderoso intelecto e impecável raciocínio" (p. 111).

Essa sentença se opõe à conhecida premissa de que a verdade se manifesta por meio belo. Trata-se da utilização da estética com fator de validação (Cassorla, 2023b). Isso ocorre, no campo analítico, pelo menos em duas situações:

1. Quando o analista se dá conta do fato selecionado, isto é, quando consegue harmonizar as variadas e confusas percepções e sentimentos.
2. Quando verifica que seu trabalho estimula um sonhar-a-dois, isto é, quando a rede simbólica do pensamento se amplia a partir do trabalho analítico. Ou, seguindo Bion (1970/1973), quando após um período de paciência necessária (PS), o analista sente-se seguro (D) de que os fatos adquiriram sentido.

Também faz parte desta situação o sentimento de convicção que o paciente mostra diante de uma construção hipotética do analista (Freud, 1937), que inclui os sentimentos manifestados no "aqui e agora".

Por outro lado, existem situações "feias" ou estranhas, nada harmônicas, que Freud (1919) descreve como *Unheimlich*, em que a verdade está se revelando justamente por mobilizar o desprazer no analista. Essa estranheza torna-se bela, retroativamente, quando ocorre simbolização (Cassorla, 2020).

Finalmente, como Bion nos mostrou na sentença já citada, existem sistemas mentirosos esteticamente belos. Os algoritmos nos levam a acreditar que pensamos com nossa própria mente – uma mentira – utilizando instrumentos convincentes (Zuboff, 2019). Podemos emocionar-nos com uma pregação inteligente de um ideólogo extremista, de um religioso fanático ou quando vemos um espetacular desfile militar... que pode convencer-nos da justeza de uma guerra.

Tive a sorte de ter contato com Bion durante sua estada em Los Angeles. Em todas as vezes que nos encontramos, chamou-me a atenção sua obsessão em buscar as formas como a verdade era deturpada.

A frase anterior é mentirosa. Nunca estive pessoalmente com Bion. Mentir é muito fácil e acreditar na mentira também. A propaganda enganosa é construída de forma a penetrar a vítima sem que ela se dê conta. Ter conhecido Bion poderia ser uma alucinação/fantasia coerente com meu desejo, como ocorre nas mentiras de crianças. O autor não saberá se o leitor tomou o experimento como um estímulo para sonhar ou como uma descarga desagradável. Terá que conviver com seu não saber. Isso é verdade.

Evidentemente, não existe qualquer propaganda – verdadeira ou mentirosa – que não vise a beneficiar alguém. A vítima pode "fingir" que não percebe essa intenção para "não perder a oportunidade" de ter vantagens verdadeiras, falsas ou mentirosas. Como já vimos, estamos em área de "fazer vista grossa", tradução de "*to turn a blind eye*", expressão derivada da conduta de Lord Nelson quando usou seu olho cego para "ver/não ver" por uma luneta. Graças a esse fato, manteve as tropas lutando. Esse mecanismo nos conduz às meias-mentiras e meias-verdades de Laio, Jocasta, Édipo, Tirésias, que sabem e não querem saber a verdade (Steiner, 1985, Cassorla, 1993). A própria origem do termo "*to turn a blind eye*" pode ser falsa ou verdadeira.

Proposta de classificação

As mentiras manifestam-se na relação com o outro e, em particular, no campo analítico. Podemos classificá-las tomando como modelo o *continuum* narcisismo ↔ socialismo (Bion, 1992). Em área de social-ismo, onde existe consideração pelo objeto, encontramos a mentira *heroica* e *altruísta* (quando alguém se autoacusa para salvar a vida de outro, por exemplo), a *piedosa* (frente à notícia de uma doença incurável ou algo similar) e a *protetora* (quando se mente para proteger alguém ou um grupo). Caminhando em direção ao narcisismo sadio, encontramos a mentira protetora de si mesmo. Mentiras que atacam a alteridade podem ser nomeadas mentiras *narcísicas*. Elas se estendem para mentiras *perversas* quando resultam em calúnias e outras formas de perversidade. Mais adiante, retornaremos a elas. A classificação proposta inclui as mentiras estudadas por Lemma (2005): a sádica, que controla e humilha o objeto; a de autoconservação, que visa a criar um *self* atraente para um objeto vivenciado como distante; e a mentira que visa a introduzir um terceiro frente a um objeto intrusivo.

Ruskin (1849) descreve algumas funções da mentira:

> *É a mentira brilhante (reluzente) e falada suavemente; a falácia amável; a mentira patriótica do historiador, a mentira previdente do político, a mentira zelosa do partidário, a mentira misericordiosa do amigo e a mentira descuidada de cada homem a si mesmo, que lançaram sobre a humanidade aquele mistério negro, pelo qual agradecemos qualquer homem que perfura, como agradeceríamos a alguém que cavou um poço no deserto. (p. 4; tradução livre)*

As mentiras perversas merecem um estudo separado em razão de seu perigo. Sofisticados sistemas de propaganda convencem as pessoas de "verdades" que interessam ao grupo dominador. A destruição do conhecimento facilita a conquista de algum tipo de poder que "salvará" as pessoas da insegurança. Essas mentiras vão além das *mentiras políticas* – supostamente para o bem do povo – defendidas por Platão e Maquiavel (Arendt, 1967/2005).

Klemperer (2005) estudou como o uso emotivo da linguagem, pelo nazismo, deformava a verdade. Orwell (1949/2009), no clássico *1984*, descreve a "novilíngua". O Dicionário Oxford escolheu, em 2016, "pós-verdade" – a mentira induzida emocionalmente – como a palavra do ano. Atualmente, estamos invadidos pelas *fake news* e pelos algoritmos que influenciam nosso comportamento.

Sedutores perversos atacam a capacidade de pensar. Apresentam-se como pessoas agradáveis e disponíveis, e sua solicitude controla e imobiliza o outro. A empatia é mentirosa e esconde o olhar invejoso. As vítimas preferenciais estão em busca de figuras idealizadas que, supostamente, vão completá-las. Sentem-se envaidecidas por despertarem a atenção de pessoas tão plenas. O algoz, por sua vez, precisa da vítima para suprir sua vaidade. Constituem-se agrupamentos de pessoas estupidificadas que homenageiam seu "deus" infalível, líder ideológico, religioso ou "científico".

O mentiroso perverso continua mantendo a mentira mesmo quando desmascarado. "A mentira não se restringe . . . ao domínio do pensamento, mas tem sua contrapartida no domínio do ser; é possível ser uma mentira e isso impede estar de acordo com O" (Bion, 1970/1973, p. 114).

Desarticulada a organização defensiva, os aspectos psicóticos se manifestam. Acaba a simpatia e a disponibilidade. Projetivamente, os outros serão os mentirosos. A fúria narcísica avança para a violência. O denunciante será ameaçado e prejudicado vingativamente.

Partes perversas da personalidade podem constituir conluios inconscientes de idealização/sedução mútua com seus analistas, sem que estes o percebam. A idealização alterna-se com dominação/submissão constituindo-se os já assinalados *enactments* crônicos.

Não é difícil compreender a mentira maldosa quando ela é função de ressentimento, ciúme e inveja, situações em que o indivíduo é frustrado pela consciência da existência do outro. A alteridade é atacada. Pela mentira, o outro é reduzido a "nada". Desumanizado e desprezível, torna-se dispensável e, dessa forma, o mentiroso vive a completude narcísica. Branca de Neve tem que morrer para que sua madrasta seja a mais bela.

Como os ataques são feitos nas sombras, dissimulados e covardes, impõe-se um complexo modelo sádico-anal (Green, 2010). A mentira se vale de fofocas, intrigas, difamações, *posts* e cartas anônimas. Quando os ataques não abalam a vítima, a inveja torna-se insuportável e, como vimos, a fúria narcísica explode em violência manifesta.

Estamos frente a organizações narcísicas cuja função é atacar a triangulação edípica. Os aspectos perversos dessas configurações predominam quando o objetivo maior é a fruição sádica do sofrimento alheio. A ideologização das condutas torna-as aceitáveis e desejáveis, tornando o Mal em um Bem. É um Bem "obedecer a ordens" como declara Eichmann, o criminoso nazista. Hanna Arendt (1963) considerou Eichmann um "pobre coitado". Arendt não mentia – apenas mostrava os limites do conhecimento.

Retornando ao campo analítico

Quando as configurações descritas se escondem no campo analítico, surge a questão: "Um mentiroso é analisável?" (Bion, 1970/1973; O'Shaughnessy, 1990). Penso que o "bom" mentiroso pode nunca ser descoberto, e a análise poderá torná-lo um "melhor mentiroso".

Mentira e verdade coexistem conscientemente no mentiroso habitual. Quando ocorre cisão profunda do ego, a mentira perde o contato com a verdade, e o paciente acredita na mentira como se verdade fosse. Estas últimas configurações envolvem aspectos psicóticos.

Sabemos que vivências emocionais são transmitidas pelas variações da intensidade vocal, timbre, pausas, tons, como atos da fala, linguagem performativa (Austin, 1962). O mentiroso sabe usar a música que acompanha as palavras – melíflua, sedutora, indignada e/ou ameaçadora – para induzir seu interlocutor a acreditar no que diz. O silêncio, o desafio e a tendência a polemizar fazem parte da indução que, em última instância, visa a destruir a função analítica (Feldman & Spillius, 1989).

O trabalho com mentirosos faz o analista participar de tramas conscientes e inconscientes das quais fazem parte aspectos sedutores, manipuladores, transgressores. O analista se identifica com esses aspectos, ao mesmo tempo que toma distância para significá-los. Nem sempre essa distância é possível, como vimos anteriormente. Mesmo profissionais especializados em criminosos podem deixar-se enganar. Terapeutas ligam-se a criminosos manipuladores que conheceram no sistema prisional tornando-se vítimas. Lord Longford defendeu uma conhecida assassina de crianças por 15 anos, convencido de sua inocência. Seu envolvimento emocional com a criminosa era evidente (Welldon, 2012).

Rosenfeld (1987) conta situações vividas na análise com Caroline, uma psiquiatra que foi diretora de uma clínica especializada no tratamento de drogaditos. Em determinado momento, Rosenfeld percebeu-se preocupado quando Caroline foi interrogada pela polícia em relação à prescrição criminosa de drogas. Ele estava convencido de que ela era inocente e que estava sendo vítima de difamações invejosas. Pouco tempo depois, Caroline foi presa por vender receitas para viciados. Seu advogado queria que Rosenfeld a ajudasse, considerando-a esquizofrênica. Ao mesmo tempo, Caroline lhe escrevia, da prisão, dizendo ser sadia e inocente. Na prisão, Caroline tentou contratar alguém que matasse seu substituto na direção da clínica, acusado de tê-la colocado nessa situação. Caroline foi condenada por tentativa de assassinato e, somente após esse fato, as autoridades diagnosticaram esquizofrenia. Rosenfeld descreve a cisão entre a parte sadia ("médica especialmente desvelada e bem-sucedida") e a parte criminosa, em que a mentira patológica era "tão completa que o analista se deixa levar e não sabe que o paciente está mentindo para ele. Com Caroline, nunca se tinha a impressão que ela estava mentindo" (p. 170).

Uma colega me conta, assustada, do risco suicida de sua nova paciente. Trata-se de uma jovem que mente para a mãe sobre seu namorado e mente para o namorado sobre a mãe. Percebo que a colega se mostra muito compreensiva com a paciente considerando-a vítima de uma situação difícil. Quando me conta que a paciente havia planejado matar a mãe fraudando um medicamento e se matar em seguida, chama a atenção a dissociação entre o impacto da ameaça e o tom desafetado do relato. Em seguida, sou informado de que a paciente havia roubado os medicamentos necessários para o ato.

Ao levantarmos a hipótese de que a paciente poderia estar mentindo, a colega se lembrou de situações que mostravam subterfúgios perversos encenados pela paciente durante as primeiras entrevistas. A colega se surpreende por não ter se dado conta desses fatos. Na sessão seguinte, a paciente conta que descobriu que a mãe estava tendo um caso com seu namorado. A analista não sabe se é verdade ou mentira. O que não deixava dúvidas era a externalização de objetos confusos e confusionantes que faziam a analista duvidar do que ouvia e observava e de sua capacidade analítica. Em seguida, a paciente abandonou o tratamento com uma justificativa mentirosa.

Em outra situação clínica, eu ouvia Katia (Cassorla, 2016), uma adolescente que atendera inicialmente em surto psicótico, quando percebo um relato contraditório. Ao confrontá-la, dou-me conta de que a verdade parcial encobria uma grande mentira. Descoberta, Katia me conta, num relato triunfante, que estava envolvida com um traficante e voltara a usar drogas. Sinto-me irritado e lhe digo, sem pensar, que seria impossível continuar seu tratamento porque a análise lidava com verdades. Percebo que me ouve, interessada. Ao vê-la preocupada, eu me dou conta de que, pela primeira vez, ela me parece humana.

O trabalho com Katia me fez perceber que, naquele momento, tomávamos consciência de aspectos escondidos na trama inconsciente encenada no campo analítico. Uma parte de Katia estava identificada com um objeto perverso que me controlava. Ao mesmo tempo, desejava ardentemente que eu me libertasse de seu domínio. A descoberta das mentiras nos fez correr dois riscos:

1. Reviver traumas primitivos escondidos atrás das mentiras.
2. Acentuar o vínculo sadomasoquista.

Minha conduta (impensada) promoveu uma terceira alternativa: a emergência atenuada de aspectos primitivos, possíveis de serem significados.

No decorrer do processo, percebo que Katia pertencia a uma família orgulhosa de seus comportamentos hipócritas, na qual, por várias gerações, falsas capas éticas escondiam constantes transgressões. Katia se identificava com esses objetos vivendo uma falsa vida excitante. Ao mesmo tempo que buscava objetos vivos verdadeiros, duvidava de sua realidade. Comportamentos autodestrutivos (drogas, direção perigosa, sexo sem cuidados) revelavam simultaneamente: triunfo, autopunição e desesperado pedido de ajuda.

Em outro texto (Cassorla, 2013), foi destacado o poder contagioso das mentiras que envolveram um grupo de supervisão. A analista e o grupo, obnubilados, acreditavam nas terríveis injustiças contadas pela paciente. No entanto, um certo incômodo grupal permitiu que se identificassem pistas – antes alucinadas negativamente – que levaram à identificação das mentiras. O estudo posterior mostrou que a paciente projetava um objeto controlador dentro da analista. Entretanto, em área paralela, aproveitava o trabalho analítico dando significado a traumas precoces. Enquanto introjetava um objeto confiável, a paciente arriscou deixar-se descobrir para verificar se a analista poderia ser realmente verdadeira. O mesmo ocorreu no grupo.

O'Shaughnessy (1990) estuda um mentiroso habitual identificado com um objeto que fingia ser continente, mas na verdade, era distante. O paciente imagina que a suposta honestidade de sua analista era uma fachada. A analista se sentia enganada e não tinha certeza se estava sendo ou não enganada. O paciente se "adaptava" ao que se esperava dele. Ao mesmo tempo, invadia a mente da analista e se sentia poderoso por deixá-la confusa e insegura. A idealização narcísica da destrutividade sedutora era acompanhada por um conluio sadomasoquista erotizado. A excitação servia para evitar temor e culpa, mas também envolvia o desejo de ser descoberto e punido.

Bollas (1987) descreve um mentiroso psicopata que o envolveu num plano homicida sem que Bollas conseguisse saber se era verdadeiro ou mentiroso. A função da mentira era vivenciar um sentimento de triunfo, e o autor a atribui a fantasias que o bebê cria para suprir vazios decorrentes de ausência de experiências com os pais. A mentira compulsiva torna-se uma nova realidade essencial para a existência, manipulando o objeto para gerar a ilusão de vida sendo vivida. O paciente vive à espera de uma situação desagradável e usa o engano para bloquear a experiência tirânica. A alegria que experiencia é o êxtase resultante da derrota da força opressiva. Na transferência, mente para contrapor-se à presença sinistra do objeto primário ao mesmo tempo que recria os traumas que sofreu com os objetos parentais.

Rimano (2021) descreve detalhadamente como sua paciente está consciente de sua mentira ao mesmo tempo que está presa inconscientemente em seu autoengano, mantendo cindida a marca de experiência primitiva devastadora, não simbolizável, que é a única com valor de verdade. À medida que o processo analítico se desenvolve, a paciente inventa estórias que fornecem pistas sobre suas configurações objetais. A mentira torna-se uma forma excitante de repetição e defesa. O paciente observa ativamente como o "outro" não o detecta na sua mentira, isto é, como ignora-o. Ao mesmo tempo, excitado com a fraude, busca controlar ou fugir do objeto não confiável com o qual está identificado.

Os casos descritos vão na mesma direção das considerações de Ogden (1996) e outros autores que consideram a perversão como uma forma de extrair vida de experiências vivenciadas como mortas (*deadness*). A destruição da percepção da experiência de morte psicológica é alcançada por meio de tramas intersubjetivas excitantes, erotizadas e, às vezes, perigosas, no intuito de sentir-se vivo.

Minha experiência também me fez constatar que muitos pacientes se confundem em relação a contar a verdade ou transformá-las em mentiras em função de vivências contraditórias e confusionais com seus objetos primários. Uma "mãe" internalizada que aparentemente protege a filha de situações traumáticas, mas, ao mesmo tempo, coloca-a em risco; que ora sente sua filha bonita e inteligente e, em seguida, ataca-a invejosamente; que diz que a ama, mas a despreza etc., impele a criança a criar defesas em que idealiza a falsa proteção e projeta aquela parte da mente identificada com a confusão e a mentira. No entanto, essa idealização está sempre ameaçada, e o paciente oscila entre uma falsa segurança e um terror confusionante.

As situações estudadas nos fazem perceber que as tramas manifestadas no campo analítico incluem traumas primitivos e defesas contra esses mesmos traumas. As áreas simbólicas que trabalham o conteúdo das mentiras envolvem traumas de áreas não simbolizadas que se manifestam em afetos, atos, descargas e comportamentos. Mais importantes que o conteúdo das mentiras são as funções que exercem na relação com o outro. Nessas situações, revelam-se aspectos caracterológicos não simbolizados.

Concluindo, corremos o risco de reducionismo se esquecermos que mentira consciente pode ser apenas a parte manifesta de complexas configurações inconscientes. Mentira, dissimulação, sedução perversa e as configurações a elas associadas constituem-se como defesas contra a desestruturação psicótica, a revivência de traumas precoces, a sensação de não existência, constituindo-se como um palimpsesto que esconde múltiplos traumas.

Os aspectos estudados nos remetem a complexos processos em que a vida é atacada e substituída por uma pseudovida excitante. No extremo da perversão e perversidade, o objeto, testemunho da verdade, tem que desaparecer sem que exista culpa. Green (2010) ilustra a desumanização em seu nível mais alto quando descreve a função desobjetalizante:

> *Você não existe. . . . Eu não preciso, nem mesmo fechar minhas narinas para me proteger dos cheiros fétidos que de você emanam porque não sinto mais nada que vem de você. Cheirar o que você emite, ver o que você me dá ver, ou escutar o que você deixa ouvir, seria admitir implicitamente a sua existência. Ora, você não a tem. Você não chega a ser nem uma merda. Você é um monte de cinzas, poeira. E sua morte é retroativa. Você existiu somente por acidente, uma falha na humanidade que deve ser reabsorvida. Você não pode tampouco se tornar objeto de memória, culto ou lembrança. O luto do qual você tornar-se-ia objeto, lhe daria uma existência retroativa. Portanto, este luto não pode realizar-se. (p. 118)*

O processo descrito ocorre não somente em regimes totalitários, em que os outros são reduzidos a cinzas, como também com os desaparecidos políticos e a violência dentro de famílias, grupos e instituições.

Mães, pais, professores, religiosos, ideólogos e governantes desenvolvem formas para induzir emoções, tanto para o bem como para o mal. A mentira perversa é utilizada para enganar, corromper, dominar, controlar e manipular. Seu estudo deve levar em conta aspectos moralísticos que impedem ou dificultam a apreciação isenta. No entanto, se recusássemos a percepção da Maldade e suas consequências, seríamos também mentirosos perversos.

Nossa compreensão do desumano deixa a desejar. Frente a ele, nós nos sentimos perplexos, horrorizados e impotentes. Se ficarmos à sua mercê, corremos o impressionante risco de, ingenuamente, imaginarmos que podemos combater o desumano com mais desumanidade. O ideal é "indagar a maldade com sua própria lógica, para que, a partir da denúncia de suas falsas premissas, ela possa vir a se desfazer ou... ser colocada em evidência quando tenta se camuflar" (Chuster, Soares & Trachtenberg, 2014, p. 119).

Referências

Arendt, H. (1963). *Eichmann in Jerusalem: a report on the banality of evil*. Viking Press.

Arendt, H. (2005, fev.). Truth and politics. *The New Yorker*. (Trabalho originalmente publicado em 1967)

Austin, J. L. (1962). *How to do things with words*. Clarendon Press.

Bergstein, A. (2020). Violent emotions and the violence of life. *International Journal of Psychoanalysis*, *101*(5), 863-878.

Bion, W. R. (1962). *Learning from experience*. Heinemann.

Bion, W. R. (1963). *Elements of psychoanalysis*. Heinemann.

Bion, W. R. (1965). *Transformations*. Heinemann.

Bion, W. R. (1967a). On arrogance. In *Second thoughts. Selected papers on psycho-analysis* (pp. 86-92). Heinemann. (Trabalho originalmente publicado em 1958)

Bion, W. R. (1967b). Attacks on linking. In *Second thoughts. Selected papers on psycho-analysis* (pp. 93-109). Heinemann. (Trabalho originalmente publicado em 1959)

Bion, W. R. (1973). *Atenção e interpretação.* Imago. (Trabalho originalmente publicado em 1970)

Bion, W. R. (1977). *Two papers: the grid and caesura.* Imago.

Bion, W. R. (1988). Notes on memory and desire. In E. B. Spillius (Ed.), *Melanie Klein Today? Vol. 2. Mainly practice* (pp. 17-21). Routledge. (Trabalho originalmente publicado em 1967)

Bion, W. R. (1992). *Cogitations.* Karnac.

Bion, W. R. (2001). *Experiences in groups.* Routledge. (Trabalho originalmente publicado em 1961)

Braga, J. C. (2020). Developments on the concept of the super-ego in Bion's work. *International Journal of Psychoanalysis, 101*(4), 757-768.

Bollas, C. (1987). *The shadow of the object.* Routledge.

Cassorla, R. M. S. (1993). Complexo de Édipo, vista grossa, curiosidade e catástrofe psicológica. *Revista Brasileira de Psicanálise, 27*(4), 607-626.

Cassorla, R. M. S. (2001). Acute enactment as resource in disclosing a collusion between the analytical dyad. *International Journal of Psychoanalysis, 82*(6), 1155-70.

Cassorla, R. M. S. (2005). From bastion to enactment: the 'non--dream' in the theatre of analysis. *International Journal of Psychoanalysis, 86*(3), 699-719.

Cassorla, R. M. S. (2008). The analyst's implicit alpha-function, trauma and enactment in the analysis of borderline patients. *International Journal of Psychoanalysis, 89*(1), 161-180.

Cassorla, R. M. S. (2012). What happens before and after acute *enactment*? An exercise in clinical validation and broadening of hypothesis. *International Journal of Psychoanalysis, 93*(1), 53-89.

Cassorla, R. M. S. (2013). When the analyst becomes stupid. An attempt to understand enactment using Bion's theory of thinking. *Psychoanalytic Quarterly, 82*(2), 323-360.

Cassorla, R. M. S. (2016). Stupidity in the analytic field: vicissitudes of the detachment process in adolescence. *International Journal of Psychoanalysis, 98*(2), 371-391.

Cassorla, R. M. S. (2017a). The dreaming field. In S. M. Katz, R. M. S. Cassorla & G. Civitarese (Orgs.), *Advances in contemporary psychoanalytic field theory* (pp. 91-112). Routledge.

Cassorla, R. M. S. (2017b). O campo analítico como campo do sonhar: o lá, o aí, o aqui e o acolá como vértices de observação participante. *Jornal de Psicanálise, 50*(93), 53-65.

Cassorla, R. M. S. (2018). *O psicanalista, o teatro dos sonhos e a clínica do enactment.* Blucher.

Cassorla, R. M. S. (2019). Fanaticism: reflections based on phenomena in the analytic field. *International Journal of Psychoanalysis, 100*(6), 1338-1357.

Cassorla, R. M. S. (2020). When the analytic field became uncanny. In C. Bronstein & C. Seulin (Eds.), *On Freud's "The Uncanny"*. Routledge.

Cassorla, R. M. S. (2021). *Estudos sobre suicídio: psicanálise e saúde mental.* Blucher.

Cassorla, R. M. S. (2023a). Convictions, lies and denialism: psychoanalytic reflections. In F. Busch (Ed.), *Psychoanalysis at the crossroads: an international perspective.* Routledge.

Cassorla, R. M. S. (2023b). Émotions, rêves et non-rêves: réflexions sur la validation dans le champ analytique. In B. Ithier (Ed.), *En séancae, au fil de l'affect et de l'emotions*. Ithaque.

Chuster, A., Soares, G., & Trachtenberg, R. (2014). *W. R. Bion: a obra complexa*. Sulina.

Feldman, M., & Spillius, E. B. (Eds.). (1989). *Psychic equilibrium and psychic change: selected papers of Betty Joseph*. Routledge.

Ferro, A. (2009). Transformations in dreaming and characters in the psychoanalytical field. *International Journal of Psychoanalysis, 90*(2), 209-230.

Ferro, A., & Stella, G. (2019). Contribuição a uma teoria psicanalítica da mentira. *Revista de Psicanálise da SPPA, 26*(2), 209-226.

Freud, S. (1919). The uncanny. In *The standard edition of the complete psychological works of Sigmund Freud* (Vol. 17). Hogarth Press.

Freud, S. (1920). The psychogenesis of a case of homosexuality in a woman. In *The standard edition of the complete psychological works of Sigmund Freud* (Vol. 18, pp. 145-172). Hogarth Press.

Freud, S. (1925). Negation. In *The standard edition of the complete psychological works of Sigmund Freud* (Vol. 19, pp. 233-240). Hogarth Press.

Freud, S. (1927). Fetishism. In *The standard edition of the complete psychological works of Sigmund Freud* (Vol. 21, pp. 147-157). Hogarth Press.

Freud, S. (1937). Constructions in analysis. In *The standard edition of the complete psychological works of Sigmund Freud* (Vol. 23, pp. 255-270). Hogarth Press.

Green, A. (2010). *El pensamiento clinico*. Amorrortu.

Grotstein, J. S. (2007). *A beam of intense darkness: Wilfred Bion's legacy to pychoanalysis*. Karnac.

Klein, M. (2017). A contribution to the psychogenesis of manic-depressive states. In *The collected works of Melanie Klein* (Vol. 1, pp. 262-289). Routledge. (Trabalho originalmente publicado em 1935)

Klemperer, V. (2005). *Language of the Third Reich: LTI*. Bloomsbury.

Lemma, A. (2005). The many faces of lying. *The International Journal of Psychoanalysis*, *86*(3), 737-753.

Meltzer, D. (1984). *Dream-Life*. Clunie Press.

Meltzer, D. (1986). *Studies in extended metapsychology. Clinical apllications of Bion's ideas*. Clunie Press.

Morin, E. (2008). *On complexity*. Hampton Press.

Ogden, T. H. (1996). The perverse subject of analysis. *Journal of the American Psychoanalytic Association*, *44*(4), 1121-1146.

Orwell, G. (2009). *1984*. Companhia das Letras. (Trabalho originalmente publicado em 1949)

O'Shaughnessy, E. (1990). Can a liar be psychoanalyzed? *The International Journal of Psychoanalysis*, *71*(pt. 2), 187-195.

Rimano, V. (2021). ¿Lo infantil puede mentir? *Revista de Psicoanálisis*, *78*(34), 181-193.

Rosenfeld, H. (1987). *Impasse e interpretação*. Imago.

Ruskin, J. (1849). *The seven lamps of architecture*. Smith, Elder & Co.

Steiner, J. (1985). Turning a blind eye: the cover up for Oedipus. *International Review of Psycho-Analysis*, *12*(2), 161-172.

Steiner, J. (1993). *Psychic retreats: pathological organizations in psychotic, neurotic and borderline patients*. Routledge.

Welldon, E. (2012). A transferência perversa e a vinculação maligna. *Bergasse*, *19*(3), 19-36.

Yardino, S. (2008). 'Break point': a significant moment in the transference. *International Journal of Psychoanalysis*, *9*(2), 241-247.

Zuboff, S. (2019). *The age of surveillance capitalism*. Public Affairs.

5. A intuição psicanalítica e a *reverie*: captando fatos ainda não sonhados[1]

Marina F. R. Ribeiro

> *Sugiro que alguém aqui poderia, ao invés de escrever um livro chamado "A interpretação dos sonhos", escrever um livro chamado "A interpretação dos fatos", traduzindo-os em linguagem dos sonhos – não apenas como um exercício perverso, mas a fim de conseguir um tráfego em duas mãos.*
>
> (Bion, 1977/1992, p. 104)

Quando um conceito é citado por vários autores e está presente em um número considerável de textos, podemos dizer que foi uma maneira bem-sucedida de nomear um fenômeno clínico em determinado momento da história da psicanálise. A *reverie* parece ser um dos conceitos da psicanálise contemporânea pós-bioniana que vem erigindo esse imprevisto destino.

---

1 Esse texto foi originalmente publicado em inglês: Ribeiro, M. F. R. (2022). The psychoanalytical intuition and reverie: capturing facts not yet dreamed. *The International Journal of Psychoanalysis*, *103*(6), 929-947. Agradecemos a autorização do IJP para a publicação da versão em português neste livro.

Fundamentado na compreensão de que a psicanálise é uma preconcepção em busca de realização (Bion, 1962/2014c), cada texto escrito é uma realização possível em um determinado momento a partir de uma intertextualidade. Considerando isso, tudo o que temos é a experiência, tanto na sessão, quanto na escrita de um texto psicanalítico: uma mente produzindo efeitos sobre outra mente, um texto produzindo efeitos a partir de outros textos, continente e contido, *reverie* e função alfa, um intercurso mental promovedor de transformações e aberturas de novos campos de indagações.

A proposta deste capítulo é apresentar, aproximar e dialogar alguns conceitos na obra de Bion e no texto de psicanalistas pós-bionianos: intuição psicanalítica, *reverie* e função alfa. Para tanto, inicio apresentando uma experiência perturbadora do analista na sala de análise; em seguida, faço um exercício metaforizante de aproximação dos conceitos com o material clínico. São conceitos e teorias que serão posteriormente cotejados com novas experiências clínicas em um movimento de constante retorno, expansão e criação: um diálogo que se pretende aberto e complexo. O conhecimento é momentâneo, provisório e sempre nos escapa, pois no exato momento em que conhecemos e somos capazes de narrar a experiência analítica, a experiência já passou, já pertence a um passado: mesmo que muito recente, a transformação já ocorreu, a narrativa já se tornou saturada, o texto já foi escrito, tornando-se vivo novamente para um leitor no futuro.

A epígrafe do texto é a inspiração para a reflexão aqui exposta. Afinal, o que Bion quer dizer com a interpretação dos fatos? Traduzindo-os em linguagem dos sonhos? Sigo por essas indagações, lembrando que Bion comentava em vários de seus seminários e supervisões que ele fazia apenas perguntas aos seus analisandos, de modo a expandir continuamente o campo investigado. A reflexão teórico-clínica apresentada a seguir tem a mesma intenção: expandir o campo teórico investigado, sem intenções resolutivas.

Andando com os sapatos de um morto[2]

Ao encontrar Antônio pela primeira vez, sem nenhuma informação a seu respeito, fixo-me incomodamente em seus sapatos e penso: são sapatos de um morto. Como alguém pode usar sapatos de um morto? Percebo-me quase em uma experiência alucinatória: os sapatos produzem o efeito de um campo magnético do qual não consigo desviar os olhos e o pensamento. Vejo a morte e estou paralisada.

Ele começa a falar, fico dividida, observando o que é dito e a intensa sensação de morte na qual estou imersa, sem compreender absolutamente nada do que está ocorrendo, arrastada pela experiência perturbadora. Aguardo em um silêncio receptivo. Ao final do nosso encontro, Antônio relata de forma distanciada e breve os fatos de sua vida que precisavam ser sonhados. Fatos esses que estavam contidos e condensados na imagem dos sapatos de um morto, representação pictórica pela qual fui subitamente abduzida ao encontrá-lo.

Sua única filha nascera com várias malformações, passou por intervenções cirúrgicas e viveu poucos anos. Antônio havia me procurado após um ano da morte da menina ou da sua quase morte psíquica; ele andava com os sapatos de um morto, desvitalizado, um morto ainda vivo. Sua demanda manifesta de análise era expressa, porém, por outras questões: não conseguia encontrar um lugar de reconhecimento profissional e financeiro. A profissão – vida – mostrou-se de uma brutalidade ímpar, e ali estava ele: um homem andando com a morte acorrentada aos seus pés. E, na mesma sala, a analista, tentando sonhar a brutalidade dos fatos de sua vida.

---

2 Este fragmento clínico foi apresentado em duas reuniões científicas online (2020, 2021) disponíveis no Youtube nos links: https://www.youtube.com/watch?v=jWHTWg-Gu9E e https://www.youtube.com/watch?v=Z01HZE_p8jo.

Na vinheta apresentada, a imagem perturbadora que emerge na mente da analista – os sapatos de um morto – surge a partir do estado de *reverie*,[3] um estado de receptividade amorosa, de hospitalidade, uma abertura para sermos habitados pelo outro. A *reverie* também implica a capacidade imaginativa da mente da analista de sonhar a brutalidade da realidade: uma filha que nascera com malformações e faleceu em poucos anos.

A receptividade do estado de *reverie* parece ser, em um primeiro momento, um estado desorganizador para a analista. A analista é abduzida pela experiência, está totalmente à deriva, é arrastada pela imagem pictórica,[4] como um tipo de campo magnético que exerce uma força de atração da qual não é possível escapar, apenas reconhecer e observar o que se desdobrará no *a posteriori* da sessão. Neste momento, é fundamental o ato de fé[5] do analista, referido por Bion (1970/2014h), de que algum sentido irá surgir daquele estado desorganizado e caótico.

Bion não parecia estar ocupado com diferenciações conceituais, que são incertas e imprecisas. Digamos que a conceitos psicanalíticos e a pessoas devemos facultar certa imprecisão. Alguma semelhança com as emanações do inconsciente? O inconsciente apresenta-se por sombras, fachos de escuridão, imagens pouco

---

3 Estou circunscrevendo a discussão do conceito de *reverie* neste capítulo como uma representação pictórica, uma imagem. Civitarese (2016b) refere-se às *reveries* corporais; em razão da complexidade desse debate, que justificaria um texto a parte, permaneço do campo da compreensão da *reverie* como um pictograma ou ideograma, ou seja, como foi postulado por Bion.

4 Uso a expressão imagem pictórica, pois é uma imagem que é "pintada" na mente do analista; sua origem latina é *pictōre*, pintor. Bion (1992/2000), no livro *Cogitações*, usa os termos: ideograma, representação pictórica ou imagens pictográficas praticamente como sinônimos.

5 "Ato de fé: . . . Assim, ele designa um ato que se realiza no domínio da ciência e que deve ser diferenciado do significado habitual de conotação religiosa. . . . Refere-se à necessidade de o sujeito acreditar que há uma realidade que ele não sabe o que é e que não está a seu alcance." (Zimerman, 2004, p. 78)

nítidas e imprecisas. Ogden (2013, p. 145) escreve que "em psicanálise, fazemos bem ao permitir certa inexatidão nas ideias e palavras". Exatidão e precisão são ilusões da consciência e do pensamento racional: o analista trabalha com impressões, aproximações, com sombras e luzes tênues. A luz da teoria não deveria ofuscar o enigmático da experiência clínica, mas favorecer a capacidade da mente do analista em transitar por emoções incertas, imprecisas e voláteis. Sobre isso, Bion (1992/2000) escreve:

> *De qualquer maneira, sinto dúvidas sobre o valor de uma teoria lógica para representar as "realizações" da psicanálise. Penso que se deveria permitir que a teoria "lógica" e as "ilogicidades" da experiência psicanalítica coexistam até que a "evolução" resolva a desarmonia observada. (p. 397)*

A intenção neste capítulo não é eleger um vértice de compreensão em detrimento de outro, ou tentar solucionar ilogicidades teóricas, mas promover um exercício de reflexão conceitual e clínico que apure os instrumentos técnicos do analista, suas matrizes teóricas, expressão de Figueiredo (2020).[6] Ogden (2016, p. 5) escreve que, mesmo a teoria estando ausente dos pensamentos conscientes do analista – e devem mesmo estar durante a sessão –, elas constituem uma matriz, um contexto psíquico, um continente metaforizante. A teoria do analista faz parte do seu acervo inconsciente, precisa estar incorporada e esquecida, assim como os exercícios técnicos de um músico.

As teorias afinam a capacidade de observação do analista, assim como um músico afina seu instrumento. A mente do analista é seu instrumento de trabalho, que desafina ao longo dos atendimentos,

---

6 Comunicação oral (2020).

ao longo do que é vivido no consultório e na sua vida privada. O exercício de elucidação teórica seria uma das maneiras de o analista afinar seu instrumento nos momentos em que não está em sessão, e refletir sobre o que nela aconteceu usando conceitos para compreender um encontro com o paciente que já faz parte do passado. Desse modo, trabalha a teoria e os conceitos, preparando-se para a sessão de amanhã, afinando seu instrumento de trabalho, sua própria mente e sua capacidade de observação.

Penso que o continente teórico do analista é um exercício conduzido como uma espécie de preparo para a sessão que ainda não aconteceu. Trata-se, também, de uma forma de reparar sua própria mente após as sessões de um dia de trabalho, ou de anos de exercício clínico. A teoria pode exercer, então, uma função de continência para a mente do analista, em constantes turbulências geradas na sala de análise pelo encontro desorganizador de duas personalidades, como escreveu Bion (1979/2014k). A partir desse vértice da função da teoria como um continente metaforizante para o analista, faço a seguir uma reflexão sobre o conceito de *reverie*, a partir e além de Bion, ou seja, refiro-me aos autores pós-bionianos.

Sobre reverie e função alfa a partir e além de Bion

A experiência de *reverie* é sempre um elemento desorganizador para o analista, que ele tende a descartar, e muitas vezes se envergonha por considerar uma inabilidade, uma falha técnica, como na situação clínica que inspira este capítulo. Ao mesmo tempo, é a bússola emocional do analista, se ele tiver a condição e a liberdade psíquica de considerá-la, o que não é tarefa fácil (Ogden, 2013).

Importante termos em mente que essa compreensão de Ogden do termo *reverie* descrita anteriormente é apenas uma, entre outras, distintas do conceito original postulado por Bion em 1962.

O termo *reverie* ganhou sentidos mais amplos e diversos na pena de psicanalistas pós-bionianos, como Thomas Ogden, Antonino Ferro e, no Brasil, o casal Elias e Elisabeth Rocha Barros e Arnaldo Chuster, entre outros autores.[7]

Considero um surpreendente fenômeno que uma expressão apresentada de forma pouco evidente pelo seu autor de origem, quase *en passant*, ganhe proporções diversas em textos posteriores, acredito que por sua pregnância clínica. O mesmo ocorreu com o conceito kleiniano de identificação projetiva, que aparece discretamente no texto de 1946, "Notas sobre alguns mecanismos esquizóides". Klein nomeava informalmente esse texto seminal como o seu artigo sobre cisões. Inusitadamente, a identificação projetiva foi, posteriormente, o conceito kleiniano que gerou inúmeras ressonâncias (Cintra & Ribeiro, 2018).

Considerando-se que são conjecturas, qual teria sido, de fato, a intenção de ambos os autores ao nomear esses fenômenos? Impossível dizer, mas a expansão deles no texto de outros psicanalistas indica que o destino de um conceito comporta diferentes compreensões e apreensões, como apresentando no livro *Projective identification: the fate of concept* (Spillius & O'Shaughnessy, 2012). O fato é que o conceito de *reverie* vem fazendo história na psicanálise, por meio de diferentes vértices de compreensão, no texto de diversos psicanalistas.

A conexão que faço aqui entre o destino do conceito de identificação projetiva e a *reverie* tem também outras ligações, além do explicitado pelo próprio Bion (1962/2014c). A saber:

7 Em 2019, Fred Bush publicou o livro *The analyst's reveries. Exploration in Bion's enigmatic concept*, dedicado ao conceito e suas diversas compreensões em três principais autores pós-bionianos: Thomas Ogden, Antonino Ferro e o casal Rocha Barros.

> *O termo reverie aplica-se a todos os conteúdos. Reservo-o entanto apenas àquele que se infunde de amor ou ódio. Nesse sentido estrito, a reverie é estado mental aberto a receber quaisquer "objetos" do objeto amado e, portanto, acolher as identificações projetivas do bebê, se boas ou más. Em suma, a reverie é fator da função alfa da mãe. (p. 303)*

Esse pequeno parágrafo no texto *Learning from experience* (Bion, 1962/2014c) é quase tudo que temos sobre *reverie* na obra de Bion. Nessa breve articulação que o autor escreve, temos dois outros conceitos: identificação projetiva e função alfa. Sendo a *reverie* um fator da função alfa que acontece via identificação projetiva, seguiremos esses indícios no texto de Bion.

Também nessa direção, Rocha Barros e Rocha Barros (2019a) consideram que o conceito de *reverie* pode ser compreendido como um passo na história da psicanálise que se segue ao estudo da identificação projetiva. A identificação projetiva marcou uma compreensão intersubjetiva da constituição do sujeito, que, principalmente a partir da obra de Bion, foi considerada uma forma primitiva de comunicação. Além disso, corroborou a compreensão da complexidade da interação entre as mentes do analista e do analisando na sessão, como desenvolvido em trabalhos anteriores (Cintra & Ribeiro, 2018; Ribeiro, 2020). Em outras palavras, há sempre uma comunicação que acontece de forma inconsciente, questão que intrigava Freud (1915/2010) quando escreveu sobre a comunicação entre inconscientes, sendo a *reverie* uma forma de captar esses processos, compreensão feita a partir da teoria dos sonhos de Bion, apresentada brevemente a seguir.

O termo *reverie* aparece pela primeira vez na obra de Bion em 1959, quando escreve que em pacientes psicóticos não encontrou capacidade para *reverie* (Sandler, 2005). Bion (1962/2014c) refere-se à *reverie* de forma passageira, como já dito, e ligada à díade mãe-bebê, e não diretamente à díade analista-analisando. Em uma pequena nota encontrada em publicações inéditas de Bion de 2014,[8] *The complete works of W.R. Bion*, o autor escreve que os pensamentos são perturbadores e antecedem o pensar, sendo que a *reverie* é importante para o analista, pois é ela que fabrica os "pensamentos" que ainda serão pensados.

Na situação clínica apresentada, o pensamento de que a analista estava vendo os sapatos de um morto foi algo perturbador e desorganizador. Contudo, no *a posteriori* da sessão, foi possível refletir que a imagem representava e condensava o sofrimento psíquico do paciente. A capacidade de *reverie* da analista "fabricou", ou melhor, gerou o pensamento/imagem (lembrando que pensamos primeiramente por imagens).

Seguindo essa publicação de referência, *The complete works of W. R. Bion* (2014a até 2014k), encontramos um comentário do organizador André Green (2014) referindo-se ao livro *Cogitações* (1992/2000):

> *Uma das partes mais enriquecedoras dessas Cogitações deve, certamente, ser a concepção de Bion do trabalho dos sonhos. Encontramos aqui o germe que o autor mais tarde chamou de capacidade para reverie. Isso significa que o trabalho dos sonhos constitui apenas uma pequena parte deste tipo de atividade encontrada no sonhador. Este trabalho é um contínuo processo que se mantém durante a atividade diurna, mas permanece inobservável*

---

8 No original: "*'Thoughts are a nuisance'. Thoughts logically and epistemologically, prior to thinking. 10. Importance of Reverie. Importance for analyst because he thus manufactures 'Thoughts'.*"

> *(exceto na fantasia consciente), exceto por sua ausência no psicótico. A capacidade de reverie é apenas o aspecto visível de uma forma de pensamento amplamente inconsciente.*[9] *(p. 355)*

Retomando, a imagem que surge a partir da capacidade de *reverie* do analista é apenas o aspecto visível de uma forma de pensamento amplamente inconsciente. Em outras palavras, refere-se à capacidade do analista de tornar visível o invisível da experiência, de tornar apreensível o pensamento onírico da vigília, função diuturna da mente. A *reverie* é a captação do inaudível e do imperceptível da experiência. Algo é captado pela intuição psicanalítica e transformado pela função alfa em uma forma, uma imagem sensorial: a *reverie*. Essa é a argumentação teórica que estou construindo neste capítulo.

Os pensamentos oníricos ocorrem tanto na vigília, quanto no sonho da noite. Ferro (2003) expressa sua compreensão da teoria dos sonhos de Bion por meio da seguinte analogia: durante o dia, temos um *cameraman* filmando diversas cenas, captadas por meio do funcionamento contínuo da função alfa. Durante a noite, temos uma meta função alfa que faz o trabalho de direção, organizando as cenas em um enredo onírico, em um trabalho contínuo de metabolização das experiências emocionais. Ogden (2009), a partir da sua leitura do texto de Bion, compreende que os pensamentos

---

9 No original: "*One of the most enriching parts of these Cogitations must surely be Bion's conception of the dream work. We find here the germ of what the author was later to call the capacity for reverie. What this means is that the dream work constitutes only a small part of this type of activity as found in the dreamer – that this work is a continuous process which also goes on during daytime activity, but remains unobservable (other than in conscious fantasy) except through its lack in the psychotic. The capacity for reverie is merely the visible aspect of a largely unconscious form of thought*" (p. 355).

oníricos da vigília são como as estrelas, sempre presentes, mas visíveis apenas na escuridão da noite.

Segundo Ferro (2003), temos duas maneiras de captar o pensamento onírico da vigília: pela capacidade de *reverie* e pelo *flash* visual. Para esse autor, o pictograma é uma fantasia visual que sincretiza o que é experienciado na sessão. O *flash* visual[10] é a projeção do pictograma para o exterior, para fora da mente; assim ele é "visto" quase que de forma alucinatória.

Figueiredo (2020) compreende a *reverie* como um estado de receptividade da mente do analista. O autor acompanha a descrição de Bion: "é um estado mental aberto a receber quaisquer 'objetos' do objeto amado" (Bion, 1962/2014c, p. 303). Figueiredo também faz uma interessante conexão ao aproximar o conceito freudiano de construção em análise (Freud, 1937/2018) do conceito de *reverie* de Bion. Em um texto de 1996, ou seja, antes que a discussão sobre a *reverie* se tornasse significativa na psicanálise contemporânea, o autor escreve: "O que responde à escuta do inaudível e à visão do invisível é a fala 'fenomenalizadora'" (Figueiredo, 1996, p. 85).

Além disso, Figueiredo (2020) destaca a analogia feita por Freud (1937/2018, p. 343) ao final do texto *Construções em análise:* "Deixe-me seduzir por uma analogia. Os delírios dos doentes se apresentam, para mim, como equivalentes às construções que fazemos nos tratamentos analíticos". Em outras palavras, Freud escreveu em um dos seus últimos textos sobre o aspecto alucinatório das construções do analista.

Civitarese (2016a, p. 298) também faz um paralelo entre a *reverie* e a resposta quase alucinatória do paciente à construção do

---

10 O *flash* visual é uma expressão de Meltzer (1994/2009). Refere-se a uma imagem que é "vista" externamente, ou seja, que tem um componente alucinatório mais intenso. O que a diferencia de uma alucinação é que o sentido da imagem emerge *a posteriori*.

analista, descrita por Freud (1937/2018) no mesmo texto. Desse modo, Freud observou que algo de uma experiência quase alucinatória se manifesta na sessão, seja na construção do analista, seja na resposta do paciente a essa construção. Nessa direção, mas por outros caminhos, Bion escreve (1967/1994):

> *O estado adequado para intuir realizações analíticas . . . pode comparar-se aos estados que supostamente propiciam condições para que haja alucinações. O indivíduo que alucina aparentemente está tendo experiência sensorial sem nenhum substrato da realidade sensorial. É necessário que o analista seja capaz de intuir uma realidade psíquica que não tenha nenhuma realização sensorial conhecida. . . . Não penso que o paciente ao alucinar esteja comunicando uma realização que tenha substrato sensorial; não julgo, igualmente, que a interpretação feita em análise se origine em fatos acessíveis ao aparelho sensorial. Como explicar, então, a diferença entre uma alucinação e uma interpretação de uma experiência analítica intuída? (p. 183)*

A partir dessa questão levantada por Bion, penso que a sensação, na mente do analista, produzida pelo pictograma emotivo-sensorial (Ferro, 1995) ou pictograma afetivo (Rocha Barros, 2000) gerado do estado de *reverie*, tem aspectos que se aproximam de uma experiência de alucinação: a analista "alucinava" ao ver os sapatos de um morto, não há nenhum apoio sensório perceptível. A experiência só é compreensível *a posteriori*; o analista precisa tolerar esse estado de desorganização e desorientação, tendo um tipo de fé psicanalítica de que um sentido surgirá daquela experiência com aspectos alucinatórios, na própria sessão, ou depois de muitas sessões. Portanto, é preciso tolerar não saber, trata-se da capacidade negativa (Bion, 1970/2014h) do analista, uma capacidade virtuosamente expectante (Chuster, 2019).

Cabe aqui uma distinção entre a *reverie* ocorrida na sessão que pode ser usada para compor uma interpretação ou construção narrativa e aquela que é apenas uma apreensão e compreensão por parte do analista do sofrimento psíquico inconsciente do paciente, sendo que essa não se transformará em uma interpretação. A *reverie* como uma bússola[11] para o processo analítico é justamente o que ocorreu na sessão com Antônio: a imagem "alucinada" dos sapatos de um morto condensa e revela o mais íntimo e intenso sofrimento do paciente. A *reverie*, nesse caso, serviu como um norte para o processo analítico que estava iniciando. Quando a *reverie* é usada para compor uma interpretação, a imagem tanto pode ser revelada diretamente - diria que essas situações são mais raras - como a imagem produzida exige um extenso trabalho de elaboração por parte do analista para que se torne narrável para o paciente na forma de uma interpretação ou construção analítica.

Contemporaneamente,[12] o termo *reverie* tem sido usado tanto como um estado mental de abertura ao outro, um estado sem pensamento, quanto como produto desse estado mental (Ogden, Ferro, Rocha Barros entre outros), o que se fenomenaliza a partir desse estado, como os pictogramas emocionais e/ou afetivos, exemplificados aqui com os sapatos de um morto. Essa compreensão também está presente nas notas inéditas de Bion (1968/2014g) supracitadas, a *reverie* seria uma forma de fabricar um pensamento, ainda sem pensador. O pensamento/imagem dos sapatos de um morto puderam ser pensados apenas no final da sessão e, também, após o seu término, no momento de reparação da mente da analista, ou seja, a função continente do exercício teórico, referida no início deste capítulo.

---

11 Expressão de Ogden (2013).

12 Conforme o livro *From reverie to interpretation. Transforming thought into the action of psychoanalysis* (Blue & Harrang, 2016).

O casal Rocha Barros (2019a) compreende que o conceito de *reverie* está associado à compreensão intersubjetiva do processo analítico e ao entendimento de como são captados os processos inconscientes. Destaco que, para os autores, a *reverie* acontece via identificação projetiva, que é a intuição kleiniana de que há uma via que conecta o inconsciente de duas mentes e veicula protopensamentos,[13] captados primeiramente como imagens pictográficas (Bion, 1992/2000), pictogramas afetivos (Rocha Barros, 2000) ou pictogramas emotivo-sensorial (Ferro, 1995).[14]

Rocha Barros e Rocha Barros (2019a) trazem uma especificação conceitual que corrobora de forma significativa com a compreensão da *reverie:* são os aspectos de expressividade e evocação:

> *Deveríamos dizer algo mais a respeito de "expressividade". Esse termo vem de R.G. Collingwood (1938) e Benedetto Croce (1925/2002), e se refere a um aspecto da arte que não só pretende descrever ou representar emoções, mas principalmente transmiti-las,* produzindo-as *no outro, ou em si próprio, baseado na evocação de uma representação mental colorida de emoção. Esse atributo de* produzir *emoção no outro da expressividade nos parece essencial para entender não apenas a arte, como também a memória afetiva e a função das formas simbólicas na vida psíquica e o processo por meio do qual atuam as identificações projetivas.* Uma das funções da expressividade é a de ativar a imaginação.[15] *(p. 109)*

---

[13] Protopensamentos é uma expressão adotada por Bion (1948-1951/2014a) ao se referir a algo que ainda não é um pensamento, mas tem a potencialidade de ser, um ideograma.

[14] Considerando que a distinção entre esses termos exigiria um outro trabalho.

[15] Destaques dos autores.

A partir desses aspectos estéticos de expressividade e evocação, retomando o fragmento clínico, quando sou capturada pela imagem, só vejo a morte e estou paralisada. Nesse instante, o excesso sensorial da cena onírica da vigília, a *reverie*, tem uma intensa expressividade e evocação (Rocha Barros, 2000, 2015; Rocha Barros & Rocha Barros, 2011, 2019a, 2019b), neste momento não é possível uma narrativa. A sensação é de um "campo magnético", algo que evoca e convoca, assim como uma pintura em uma galeria de arte em que somos abduzidos pela imagem, ficando à deriva da experiência, aguardando o tempo do *a posteriori* para compreender o que aconteceu, cientes de que nem sempre isso é possível. Quando se torna possível narrar a experiência, por meio de um processo de metabolização, a narrativa é parcial, podemos apenas fazer uma aproximação da experiência.

Para Rocha Barros e Rocha Barros (2019a, 2019b, 2002), é necessário transformar a *reverie* do analista em uma forma simbólica passível de ser comunicada ao paciente. Trata-se, pois, do início de um processo de apreensão de uma experiência sensorial. Após um trabalho de reflexão autoanalítica por parte do analista, é possível transformar a *reverie* em algo passível de comunicação: o analista torna a experiência da *reverie* algo possível de ser pensado, transforma-a em uma comunicação que pode ser geradora de transformações da dupla analítica. Esse processo exige do analista uma grande habilidade e criatividade na construção de uma comunicação advinda da experiência da *reverie* e, além disso, uma comunicação que favoreça as transformações do campo analítico (Ribeiro, 2019). Na situação clínica apresentada, a *reverie* favoreceu a compreensão do sofrimento psíquico do paciente, não se transformou em uma interpretação ou construção da analista.

Chuster (2019, 2020) apresenta outro detalhamento conceitual singular, conforme abordado em texto anterior (Ribeiro, 2019), que compreende a *reverie* e a função alfa como vértices de um espectro. O autor expõe que os conceitos de *reverie* e função alfa fazem parte da contribuição de Bion para a teoria dos sonhos, como já exposto aqui. O sonho é uma função diuturna da mente para processar e metabolizar as experiências emocionais, o que foi denominado como pensamento onírico da vigília (*day-dream*). A *reverie* é predominantemente sensorial, e a função alfa é predominantemente simbólica: ambas são compreendidas como vértices de um espectro de infinitas possibilidades. Vale considerar que, quando compreendemos um conceito de forma espectral, há um ponto do espectro no qual não há uma distinção entre um e outro, isto é, um ponto no qual não conseguimos distinguir a *reverie* da função alfa, um ponto de indecibilidade.

Arnaldo Chuster (2020, p. 40) também privilegia e destaca o termo imaginação "por ser mais próximo linguisticamente do termo *reverie* (devaneio) usado por Bion, e por contemplar mais adequadamente, em meu entender, a questão da cesura entre dois estados mentais". A cesura (Bion, 1976/2014i)[16] entre o pensamento onírico da vigília e o estado do sonho da noite. Em outras palavras, a *reverie* seria esse estado de penumbra, esse lusco-fusco da mente, no qual estamos parcialmente acordados, mas ainda sonhando, um estado de transicionalidade, como descreve, Rocha Barros e Rocha Barros (2019a).

Compreender a *reverie*/função alfa como vértices de um mesmo espectro (Chuster, 2018, 2019, 2020) parece ser uma posição conceitual que expande e especifica a discussão dos fenômenos clínicos. O que se fenomenaliza na situação clínica, que tem o potencial de se tornar uma narrativa, construção ou interpretação, percorre o espectro entre experiências predominantemente sensoriais e experiências predominantemente simbólicas.

---

16 "Bion – inspirado em Freud – utilizou esse termo em seus estudos sobre a continuidade que existe entre a vida pré-natal e a pós-natal . . . Assim, a palavra *cesura* também designa, na obra de Bion, uma espécie de ponte que, na situação analítica, representa a passagem de um estado mental para outro". (Zimerman, 2004, p. 79). O conceito de cesura será abordado adiante no texto.

Podemos pensar em uma progressão no espectro, iniciando no vértice sensorial, a imagem pictográfica, e seguindo para o vértice simbólico, a narrativa. O uso da *reverie* em uma narrativa do analista ou simplesmente para a sua compreensão do processo analítico, como uma bússola, é o ápice de um complexo processo de trabalho psíquico. Na situação clínica apresentada, foi possível compreender que o processo analítico iniciado era um caminhar por terrenos mortos, mortos pelo excesso de dor psíquica, desvitalizados, e que necessitavam da capacidade de "ensonhamento" da analista.

No entanto, que estranho fenômeno é esse da analista alucinar os sapatos de um morto? Sem nenhum apoio sensório? Aquém ou além do sensorial, temos a intuição psicanalítica. Conforme Bion escreve (1967/2014f), a intuição não é sensória, mas parece encontrar algum apoio indiscernível e não identificável no mundo sensório.[17] Bion (1992/2000) escreve sobre aspectos infra e suprassensoriais, ou seja, o amálgama intuição e *reverie* se abre como uma questão a ser pensada, ainda que brevemente.

Reverie: uma evolução da intuição psicanalítica?

Como podemos pensar a conexão entre intuição e *reverie*? Será que o estado de *reverie* da mente do analista tem como esteio, além e aquém do sensorial, supra ou infrassensorial (Bion, 1992/2000), a capacidade de intuição do analista? Em outras palavras, a intuição psicanalítica parece ser um fator primordial da função psicanalítica da personalidade (Bion, 1962/2014c), aquilo que não se fenomenaliza, o inaudível e o imperceptível. Essa é a habilidade necessária ao analista, ver e escutar o que não é visível aos olhos e

---

17 Bion, no livro *Cogitações* (1992/2000), usa os termos infrassensorial e ultrassensorial; podemos fazer uma analogia com os raios ultravioletas que são imperceptíveis aos olhos, mas que produzem efeitos.

ouvidos, mas é visível pela imaginação, a capacidade de *reverie* do analista sustentada pela intuição psicanalítica.

Partindo da etimologia da palavra intuição, segundo Zimerman (2012, p. 167), temos:

> *a palavra intuição é composta dos étimos in (com o significado de dentro de) + o verbo latino tuere (= olhar, enxergar), e denota que essa capacidade de intuição consiste no fato de o analista conseguir "olhar para dentro de si", numa espécie de "terceiro olho", que lhe permita enxergar além daquilo que nossos órgãos dos sentidos captam.*

Aquilo que pode ser retratado a partir da intuição psicanalítica, ocorre além e aquém de qualquer sensorialidade, ou de forma infra e suprassensorial (Bion, 1992/2000), como já dito. As angústias não têm cheiro, não são visíveis, não podem ser tocadas, são intuídas pela mente do analista, como escreve Bion (1967/2014f). Precisamos de um facho de intensa escuridão (Bion, 1967/2014f) para intuir no aqui e agora da sessão, tornar visível o invisível da experiência. E, a partir da *reverie* e sua construção imagética, o analista ainda precisa ser capaz de colocar em uma narrativa a experiência da *reverie*, isto é, ir em direção ao polo mais simbólico da função. Ressaltando que a narrativa é parcial, precária e provisória, apenas uma aproximação do vivido, pois a experiência ou o fato em si é incognoscível na sua totalidade.

Dessa maneira, temos a narrativa possível de cada sessão, as emoções que podem ser contidas, reveladas, criadas pelas palavras: os sapatos de um morto, de alguém vivo que pisa sob terrenos psíquicos desvitalizados, mortos, fatos brutos ainda não sonhados. Sendo que aquilo que se torna palavra é saturado e finito, e abre-se novamente para o campo do insaturado, das emoções que ainda não são palavras, em um ciclo sem fim, na procura incessante do sentido e da verdade da experiência, na busca humana da possibilidade de sonhar o enigmático da experiência.

Continuando a reflexão, a imagem produzida pelo estado de *reverie* traz a inebriante sensação de que estamos quase alucinando, pois não há nenhum apoio sensório identificável. A *reverie* é um pictograma emotivo-sensorial (Ferro, 1995) ou pictograma afetivo (Rocha Barros, 2000) primeiramente "alucinado" pelo analista. No entanto, nossa alucinação encontra um sentido que nos resgata do caos, que é paradoxalmente enlouquecedor e seminal.

Lembrando que Freud (1937/2018) fez uma analogia entre as construções do analista e o delírio dos pacientes. Será essa uma intuição freudiana? Talvez. E o que será que pode favorecer a intuição do analista? Justamente a complexa proposição técnica de Bion (1967/2014f): a mente do analista deveria estar em um estado de abertura para o desconhecido, estado esse que implica na opacidade de memória, desejo e compreensão prévia.

Bion (1967/2014f) compreende que memória e desejo são derivados da sensorialidade, intensificados por esta, e não parecem favorecer intuição e *reverie*, motivo pelo qual Bion faz essa sugestão técnica de difícil compreensão ainda hoje. Uma analogia feita por Bion (1970/2014h) nos auxilia a compreender essa proposta metodológica. Memória e desejo são como a luz que entra precipitada no processo de revelação de imagens e queimam o filme. Memória e desejo, passado e futuro, impossibilitam que, na penumbra da mente, no lusco-fusco do estado de *reverie*, um estado de transicionalidade (Rocha Barros & Rocha Barros, 2019a), revelem-se imagens que possam ser sonhadas no aqui e agora da sessão, no presente vivido, único tempo da experiência.

Ao refletir sobre o texto de Bion "Notas sobre memória e desejo" (Bion, 1967/2014f), Ogden (2016, p. 79) escreve que se trata de um artigo sobre o pensamento intuitivo na situação analítica:

> *Para mim, a reverie . . ., o sonho diurno, é paradigmático da experiência clínica de intuir a realidade psíquica de um momento de análise. Para entrar em um estado de reverie, que no cenário analítico é sempre, e em parte, um fenômeno intersubjetivo, o analista deve se engajar em um ato de auto renúncia. Refiro-me ao ato de permitir-se tornar-se menos definitivamente si mesmo, a fim de criar um espaço psicológico no qual analista e paciente possam entrar em um estado compartilhado de intuição, e de estar em uníssono em uma realidade psíquica perturbadora, que o paciente sozinho é incapaz de suportar.*[18]

Compreendo a *reverie* como um estado de mente, uma abertura amorosa ao outro, uma hospitalidade, que produz ou favorece a emergência de uma imagem pictográfica. Penso que a imagem que surge é uma evolução da intuição do analista, essa é a hipótese sustentada neste capítulo. A *reverie* como um pensamento/imagem que ainda não pensados, e que são favorecidos pela intuição psicanalítica. A intuição como algo não sensorial, mas com elementos infra e suprassensoriais (Bion, 1992/2000), como já dito, uma capacidade fundamental da mente humana.

Retomando o fragmento clínico apresentado, a imagem pictórica que surge na sessão (os sapatos de um morto) tem

---

18 No original: "*For me, reverie ..., waking dreaming, is paradigmatic of the clinical experience of intuiting the psychic reality of a moment of an analysis. In order to enter a state of reverie, which in the analytic setting is always in part an intersubjective phenomenon, the analyst must engage in an act of self--renunciation. I mean the act of allowing oneself to become less definitively oneself in order to create a psychological space in which analyst and patient may enter into a shared state of intuiting and being-at-one-with a disturbing psychic reality that the patient, on his own, is unable to bear.*". (Tradução livre)

como esteio a intuição psicanalítica e a capacidade de *reverie* da analista. Além disso, a imagem também tem outros sentidos: passa a ser o fato selecionado[19] (Bion, 1963/2014d) de todo o processo terapêutico que se desdobrará; uma memória para o futuro da análise que se inicia. Um processo analítico no qual analisando e analista andarão por terrenos mortos, terrenos desvitalizados, sem contato com a verdade emocional, nos quais a dor ainda não foi sofrida (Bion, 1970/2014h), os fatos não foram sonhados, permanecem sem sentido, sem narrativa, apenas uma dor cega e bruta.

Bion (1992/2000, 1963/2014d, 1967/2014f) propõe a denominação "fato selecionado" baseada na obra do matemático Poincaré (1946). Um fato selecionado colocaria uma certa ordem na complexidade dos elementos, tornando apreensível aquilo que inicialmente era uma experiência desorganizada. Bion (1967/2014f) faz uma analogia do fato selecionado com uma imagem que se fixa em um caleidoscópio, atribuindo um sentido momentâneo aos elementos desorganizados e em movimento; uma imagem que evolui a partir da sessão.

Britton (1998) aborda uma discussão que se aproxima, em alguns aspectos, do que estou discorrendo: o fato selecionado, no fragmento clínico exposto, uma *reverie*, evolui a partir da capacidade de intuição da analista, e inicialmente, a sensação é de algo alucinatório.

O fato selecionado orienta o analista na sessão e o coloca próximo da realidade psíquica do paciente. No entanto, Britton (1998) problematiza: como distingui-lo de uma ideia supervalorizada?

---

19 "Fato selecionado: este importante conceito – inspirado no matemático Poincaré – se refere à busca de um fato que dê coerência, significado e nomeação a fatos já conhecidos isoladamente, mas cuja inter-relação ainda não foi percebida" (Zimerman, 2004, p. 86).

Justamente na posterioridade da sessão é que poderemos saber se é uma intuição ou uma alucinação do analista. A ideia supervalorizada é um fato pré-selecionado, e não algo que evolui da experiência com o paciente na sessão. As teorias do analista podem ser usadas como fatos pré-selecionados, supervalorizados e alucinados, que podem tornar o analista impermeável às emoções desorganizadoras geradas pela turbulência do encontro de duas personalidades, a do analisando e a do analista.

Britton (1998) escreve que a emergência de um fato selecionado envolve três sequências transformacionais: da posição esquizoparanoide para a depressiva; do elemento não contido para o contido; e da preconcepção à concepção. A ideia supervalorizada seria um fato pré-selecionado, ou seja, a impossibilidade psíquica do analista de aguardar a emergência do fato selecionado, que implica em paciência e tolerância ao não saber, a capacidade negativa da mente do analista. O fato pré-selecionado seria o apego do analista à teoria psicanalítica pela predominância de memória e desejo. Britton (1998, p. 108) conclui: "o problema é que o analista será encorajado a acreditar que suas ideias supervalorizadas são o fato selecionado, pois o acordo consensual é mais valorizado do que a verdade".[20]

No fragmento clínico, o fato selecionado é a *reverie* dos sapatos de um morto. Um pictograma que organizou momentaneamente a turbulência emocional do encontro com Antônio. A imagem dos sapatos de um morto favoreceu a compreensão do sofrimento psíquico do paciente, não se transformou em uma interpretação ou construção. E não foi apenas um fato selecionado desse primeiro encontro, foi um pictograma ícone

[20] No original: *"the problem is that the analyst will be encouraged to believe that his overvalued ideas are the selected fact, as consensual agreement is valued more highly than the truth."*. (Tradução livre)

de todo o processo analítico que se desdobrou a partir daquele momento. Por anos, a análise caminhou por áreas psíquicas mortas e desvitalizadas que voltaram gradativamente à vida, possibilitando a Antônio uma experiência realizadora consigo mesmo e com as pessoas às quais ele estava vinculado.

Considero incomum um fragmento clínico com essas características, que se oferecem de forma generosa para uma compreensão desses complexos processos mentais que ocorrem na turbulência emocional dos encontros analíticos. Nenhum apoio sensório identificável pôde ser destacado.[21] A sensação inicial para a analista era de uma imagem com características alucinatórias, como já dito, e justamente por isso permaneceu como um fragmento clínico a ser metabolizado teoricamente.

A intuição psicanalítica e a reverie: alguns apontamentos

Podemos pensar, tendo como referência a obra de Bion, em um conhecimento imediato, intuído,[22] semelhante a uma alucinação, pois se apresenta como uma visão que não passa pelos processos

---

21 Os sapatos concretos do paciente não tinham nenhuma peculiaridade que pudesse ser um apoio sensório para a imagem dos sapatos de um morto. Além disso, não havia nenhuma informação sobre o paciente anterior ao encontro, o que torna esse fragmento clínico interessante para uma aproximação com os conceitos de intuição e *reverie*.

22 Com relação à localização na obra de Bion do termo intuição, ele aparece no livro *Transformações* (1965/2014e); na conferência ministrada em 1965 em Londres intitulada *Memória e desejo*; no pequeno, porém notável texto *Notas sobre memória e desejo* (1967/2014f); nos *Comentários* ao livro *Estudos psicanalíticos revisados* (1967/1994); nos *Seminários em Los Angeles* (1968) e nos primeiros capítulos de *Atenção e interpretação* (1970/2014h), e, também no livro *Cogitações* (1992/2000).

que costumamos validar como processos de pensamento – dedução, associação, comparação, análise, constatação etc. –, mas algo que aparece como uma imagem, criada de forma imaginativa, sem apoio sensório identificável.

A hipótese que levanto é de que a intuição acontece entre cesuras em constante oscilação: finito/infinito;[23] eu/outro; o formar/desformar, as transformações em K/as transformações em O.[24] Também podemos pensar a cesura intuição/alucinação,[25] construção que faço sucintamente neste texto.

Cesura é sinapse, é conexão, é o vínculo, escreve Bion (1977/1981). O termo originalmente se refere a um espaço no poema, na estrofe, que promove ritmo, cria conexão, ruptura e movimento. Bion (1977/1981) escreve:

> *Reformulando a afirmação de Freud, para minha própria conveniência: Há muito mais continuidade entre quanta autonomamente apropriadas e as ondas de pensamento consciente e sentimento do que a impressionante cesura da transferência e contratransferência nos fariam acreditar. Então . . .? Investigar a cesura; não o analista; não o analisando; não o inconsciente; não o consciente; não a sanidade; não a insanidade. Mas a cesura, o vínculo, a sinapse, a (contra-trans)-ferência, o humor transitivo-intransitivo. (p. 10)*

Podemos pensar na cesura entre diferentes estados mentais. Por exemplo, o lusco-fusco ao acordarmos, momento no qual

---

23 Bion sugere os termos finito para consciente e infinito para inconsciente.

24 Mais adiante no texto, articulo a intuição com a teoria das transformações de Bion (1965/2014e).

25 Sugestão feita por Evelise de Souza Marra em reunião científica (2021).

temos uma cena onírica em mente e por um instante não há diferenciação entre a cena e o mundo da vigília. Temos a impressão de que aquilo foi vivido, e subitamente acordamos e percebemos que a cena foi experienciada em um sonho que rapidamente se evapora na luz do dia. Na cesura entre o sonho e a vigília, há conexão, há continuidade e há ruptura entre dois estados mentais. A partir da compreensão que a mente funciona em uma oscilação contínua entre estados mentais, proponho a cesura intuição/alucinação.

A intuição é um fenômeno, uma afetação enigmática,[26] que emerge entre cesuras. Acontece na oscilação entre a área indiferenciada da mente, ainda sem forma, e a área diferenciada, evoluindo para uma *reverie*. Por esse motivo, podemos ter a impressão de uma alucinação, pois é uma criação imaginativa (Chuster, 2019, 2020), portanto, uma forma que encontra sentido apenas no *a posteriori*. Precisamos do tempo para saber de qual lado da cesura estamos, se da alucinação ou da intuição, como no fragmento clínico dos sapatos de um morto, que inicialmente é vivido como uma alucinação, mas, posteriormente, realiza-se como uma *reverie* a partir da intuição da analista.

A intuição pode ser favorecida pela disciplina de observação do analista no campo analítico. A observação analítica é treinada a partir da proposta metodológica de Bion (1965/2014e, 1967/2014f): sem memória, sem desejo e sem compreensão prévia. A experiência é percebida, primeiramente, como um elemento bruto (beta), enigmático (Figueiredo, Tamburrino & Ribeiro, 2011).

Penso que a proposta de Bion no artigo *Notas sobre memória e desejo* (1967/2014f) pode ser compreendida como uma cesura na metodologia analítica. Representa tanto uma continuidade da proposta freudiana da atenção flutuante como uma ruptura, pois

26 Expressão de Luís Claudio Figueiredo (2021), comunicação oral.

convoca a capacidade intuitiva do analista, o seu pensamento associativo, analítico e imaginativo:[27] a imaginação criadora (Chuster, 2019), a capacidade de ser afetado pelo enigmático da experiência e construir um pensamento, a *reverie*.

Memória (passado), desejo (futuro) e compreensão prévia são opacidades que obstruem a capacidade de intuição do analista e a observação psicanaliticamente treinada. Bion (1992/2000, p. 324) escreve que a intuição opera entre opacidades e transparências, ou seja, na cesura entre esses dois elementos.

Bion (1970/2014h)[28] faz uma analogia que nos ajuda a compreender esse processo psíquico, já referida neste capítulo: os negativos da fotografia antes da época digital. Faço uma apropriação sutilmente diversa dessa analogia: o negativo é uma película transparente escura que recebe quaisquer impressões, ou poderíamos dizer, afetações enigmáticas. A mente do analista precisaria ter essa qualidade negativa, uma qualidade de recepção, de hospitalidade, de continência a qualquer afetação.

No processo de revelação, ou melhor, de realização[29] da imagem, feito por elementos que precisam de um período para produzirem efeito e uma sala escura para que a afetação do negativo se realize, há uma composição complexa e única de elementos. Memória, desejo e compreensão prévia podem ser a luz precipitada que queima o filme antes da realização da imagem. A imagem é criada a partir da afetação no polo negativo da mente do analista, sua capacidade negativa, e pela observação psicanalítica, sob a égide da função

---

27 Pensamento imaginativo foi uma denominação que surgiu ao longo da escrita deste capítulo.

28 Retomada por Chuster (1996).

29 Realização no sentido de tornar visível o invisível, estou usando o termo de forma laica. Realização é um conceito de Bion que tem diferentes compreensões ao longo da obra.

transformadora alfa que torna o enigmático da experiência em um elemento psíquico sensório passível de ser pensado, a *reverie*.

A observação psicanaliticamente treinada é a disciplina do analista para não queimar o filme com a sua equação pessoal (Bion, 1992/2000).[30] O treinamento do analista é sua análise pessoal e sua ética analítica.

A partir de Bion, os conceitos são compreendidos de forma espectral. Dessa forma, a intuição teria tanto um polo na capacidade de observação psicanalítica, como um polo inconsciente, no qual a função alfa trabalha: a transformação da experiência emocional em estado bruto, o enigmático da experiência, em um elemento onírico, a imagem produzida pela *reverie*, um pensamento imaginativo. Em outras palavras, há um trânsito constante, absurdamente rápido, fugaz e sempre instável entre a cesura do finito (consciência, forma, área de diferenciação da mente) e do infinito (inconsciente, sem forma, área de indiferenciação da mente). Na oscilação constante das diversas cesuras, a intuição emerge como um raio em céu azul, a afetação enigmática, inevitavelmente turbulenta.

A intuição opera em um trânsito constante entre cesuras, na qual a capacidade de *reverie*/função alfa do analista se sustenta, uma capacidade imaginativa e de criação de elementos psíquicos. Dessa forma, a intuição psicanalítica é favorecida pela capacidade treinada de observação do analista, sua capacidade negativa.

Em outras palavras, a intuição psicanalítica acontece entre cesuras, a passagem contínua entre estados mentais: o não sensorial/sensorial; finito/infinito; transformações em K/transformações em O; conhecido/desconhecido; eu/outro. Além de considerarmos uma contínua oscilação, a partir de uma compreensão espectral dos

---

30 Lembrando que, para Bion, a contratransferência é sempre inconsciente.

conceitos, há sempre um ponto de indecibilidade, ou seja, um ponto no qual não é possível saber em qual dos dois polos do espectro estamos. E, talvez, o ponto possa ser, também, uma área, um território de indiferenciação conceitual e fenomenológico. A imprecisão e a indecibilidade fazem parte das nuances das cesuras constitutivas do psíquico, com suas opacidades e transparências. Por isso, precisamos facultar uma certa imprecisão aos conceitos psicanalíticos. Os conceitos de intuição, função alfa e *reverie* estão imbricados, sendo epistemologicamente inviável uma diferenciação nítida entre eles.

Se pensarmos sob o vértice da teoria das transformações de Bion (1965/2014e), a intuição seria estar em O, em uníssono com o paciente, e a imagem produzida pela *reverie* seria uma transformação em K, um pensamento imaginativo em busca de um pensador. A narrativa que pode ser construída a partir da *reverie* é a construção do analista.

Retomando Bion, a origem de toda e qualquer transformação é incognoscível, é O compartilhado igualmente, mesmo que de forma diversa, pelo paciente e pelo analista na sessão: "postulo que O em qualquer situação analítica está disponível para transformação por analista e analisando igualmente"[31] (Bion, 1965/2014e, p. 169). A turbulência gerada pelo encontro com Antônio – o encontro entre duas personalidades é sempre um mau negócio, como escreve Bion (1979/2014k) – rapidamente evolui por meio de uma representação pictórica, uma *reverie* na mente da analista: a imagem dos sapatos de um morto, que também passa a ser um fato selecionado da sessão, como já explicitado. A imagem pictórica já é o produto de um processo de transformação, do qual não temos acesso à origem.

[31] No original: "*I therefore postulate that O in any analytic situation is available for transformation by analyst and analysand equally.*". (Tradução livre)

A analista em estado de capacidade negativa é arrastada pela experiência emocional, momentaneamente sem sentido. A capacidade negativa é o estado de mente sem memória, sem desejo e sem compreensão prévia, estado receptivo a O, e, também, favorecedor da intuição psicanalítica. É preciso ter paciência (estado de mente esquizoparanoide) e fé (Bion, 1970/2014h) de que algum sentido emergirá na posterioridade da situação, algo que gere um estado de segurança (estado de mente depressivo), que propicie uma evolução em K, um conhecimento do sofrimento psíquico do paciente por meio de uma imagem pictográfica, a *reverie*.

As compreensões de *reverie* como a capacidade imaginativa da mente (Bion, 1968/2014g), uma imaginação criadora (Chuster, 2019) ou um pensamento imaginativo são nomeações e transformações bem-sucedidas a partir das primeiras postulações de Bion (1959/2014b, 1962/2014c). Sob essa perspectiva, podemos pensar na cesura intuição/alucinação, sendo que há um ponto de indecibilidade, um momento que não sabemos se aquela imagem que nos arrebata na sessão, a *reverie* – os sapatos de um morto – é uma alucinação ou intuição.

À guisa de uma conclusão

Os fatos, a experiência em si, aquilo que é incognoscível, pode ser transformado parcialmente em sonhos, escreve Bion na epígrafe deste capítulo. A experiência precisa ser sonhada pela função alfa, essa função transformadora e criadora de sentido. Os fatos precisam ser sonhados, "inconscientizados", a outra via da interpretação dos sonhos. Os sonhos são uma forma de interpretar os fatos, uma transformação da brutalidade da vida em elementos oníricos, que encontram um sentido por meio de imagens e posteriormente narrativas, interpretações e construções do analista na sessão.

A intuição não é sensória, mas tem algum apoio indiscernível e dificilmente identificável no mundo sensório. Fazendo uma analogia, podemos compreender os elementos infrassensorial e ultrassensorial, referidos por Bion (1992/2000), como as sonoridades que não são captadas pelo ouvido humano. Podemos também pensar naquelas pessoas que têm "ouvido musical" e escutam notas musicais que poucos escutam. Essa é uma boa metáfora para o analista: aquele que capta, por meio da intuição, elementos psíquicos inaudíveis e imperceptíveis para alguns. Para os que têm ouvido analítico intuitivo e capacidade de observação treinada, é possível captar notas inaudíveis ou o silêncio imperceptível entre as notas. E, se não estamos alucinando, estamos intuindo elementos psíquicos em estado bruto.

Concluindo, penso que a intuição psicanalítica seja uma afetação enigmática que ocorre de forma fugaz no trânsito contínuo e oscilante entre diferentes cesuras, e que evolui para uma imagem, a *reverie*, por meio de uma imaginação criadora. A expressão imaginação criadora (Chuster, 2019) é exitosa: uma imagem em ação, em movimento, um elemento psíquico, uma *reverie*, um pensamento (Bion, 1968/2014g) em busca de um pensador na dupla analista-analisando.

Sucintamente, compreendo a *reverie* como um pensamento imaginativo que evolui na sessão a partir da capacidade de intuição do analista que ocorre na oscilação constante entre cesuras.

Termino este capítulo com a epígrafe do texto de Thomas Ogden (2013), *Reverie e interpretação*, citando o poeta Henry James (1884/1984), pois acredito ser esta uma definição conceitual muito bem-sucedida, apreendida pela capacidade de *poiesis* da mente, ou seja, a *reverie* por si mesma:

> *A experiência nunca é limitada, e nunca é completa; é uma imensa sensibilidade, um tipo enorme de teia de aranha de finíssimos fios de seda suspensos na câmara*

> *da consciência, capturando todas as partículas voláteis do ar em seu tecido. É a própria atmosfera da mente; e quando a mente é imaginativa . . . capta os mais tênues sinais de vida. (p. 146)*

Referências

Bion, W. R. (1981). Cesura. *Revista Brasileira de Psicanálise, 15*(2), 123-36. (Trabalho originalmente publicado em 1977)

Bion, W. R. (1992). *Conversando com Bion. Quatro discussões com W. R. Bion em Nova Iorque e em São Paulo*. Imago. (Trabalho originalmente publicado em 1977)

Bion, W. R. (1994). *Bion. Estudos psicanalíticos revisados.* Imago. (Trabalho originalmente publicado em 1967)

Bion, W. R. (2000). *Cogitações.* Imago. (Trabalho originalmente publicado publicado em 1992)

Bion, W. R. (2014a). Experiences in groups. In *The complete works of W. R. Bion*. Karnac. (Trabalho originalmente publicado em 1948-1951)

Bion, W. R. (2014b). Attacks on linking. In *The complete works of W. R. Bion*. Karnac. (Trabalho originalmente publicado em 1959)

Bion, W. R. (2014c). Learning from experience. In *The complete works of W. R. Bion*. Karnac. (Trabalho originalmente publicado em 1962)

Bion, W. R. (2014d). Elements of psychoanalysis. In *The complete works of W. R. Bion*. Karnac. (Trabalho originalmente publicado em 1963)

Bion, W. R. (2014e). Transformations. In *The complete works of W. R. Bion*. Karnac. (Trabalho originalmente publicado em 1965)

Bion, W. R. (2014f). Notes on memory and desire. In *The complete works of W. R. Bion*. Karnac. (Trabalho originalmente publicado em 1967)

Bion, W. R. (2014g). Unpublished papers/further cogitation. In *The complete works of W. R. Bion*. Karnac. (Trabalho originalmente publicado em 1968)

Bion, W. R. (2014h). Attention and interpretation. In *The complete works of W. R. Bion*. Karnac. (Trabalho originalmente publicado em 1970)

Bion, W. R. (2014i). Four papers. In *The complete works of W. R. Bion*. Karnac. (Trabalho originalmente publicado em 1976)

Bion, W. R. (2014j). Two papers/caesura. In *The complete works of W. R. Bion*. Karnac. (Trabalho originalmente publicado em 1977)

Bion, W. R. (2014k). Making the best of a bad job. In *The complete works of W. R. Bion*. Karnac. (Trabalho originalmente publicado em 1979)

Blue, D. & Harrang, C. (2016). *From reverie to interpretation. Transforming thought into the action of psychoanalysis*. Karnac.

Britton, R. (1998). The analyst's intuition: selected fact or overvalued idea? In *Belief and imagination explorations in psychoanalysis* (pp. 97-108). Routledge; Taylor & Francis Group.

Bush, F. (2019). *The analyst's reveries. Exploration in Bion's enigmatic concept*. Routledge; Taylor & Francis Group.

Chuster, A. (1996). *Diálogos psicanalíticos sobre W. R. Bion*. TipoGrafia.

Chuster, A. (2018). *Simetria e objeto psicanalítico. Desafiando Paradigmas com W. R. Bion*. Ed. do autor.

Chuster, A. (2019). Bion e Laplanche: função alfa e função tradutiva. Um encontro que celebra a psicanálise. In A. Rocha Barros & T. Candi (Orgs.), *Diálogos psicanalíticos. Bion e Laplanche: do afeto ao pensamento*. Escuta.

Chuster, A. (2020, fev.). Intuição psicanalítica no sonho e na vigília. Cesura, imaginação e linguagem de *êxito*. *Conferência no Encontro Internacional BION2020*. Barcelona.

Cintra, E. M., & Ribeiro, M. F. R. (2018). *Por que Klein?* Zagodoni.

Civitarese, G. (2016a). *Truth and the unconscious in psychoanalysis*. Routledge; Taylor & Francis Group.

Civitarese, G. (2016b). *Reverie* and the aesthetics of psychoanalysis. In D. Blue & C. Harrang (Orgs.), *From reverie to interpretation. Transforming thought into the action of psychoanalysis* (pp. 39-53). Karnac.

Ferro, A. (1995). *A técnica na psicanálise infantil. A criança e o analista: da relação ao campo emocional*. Imago.

Ferro, A. (2003). *O pensamento clínico de Antonino Ferro. Conferências e seminários*. Casa do Psicólogo.

Figueiredo, L. C. (1996). Pensar, escutar e ver na clínica psicanalítica. Uma releitura de "Construções em análise". *Revista Percurso*, *16*(1), 81-89.

Figueiredo, L. C. (2020, 1º semestre). *Reverie* e continência: uma exploração na clínica bioniana. *Curso ministrado na PUCSP*. São Paulo.

Figueiredo, L. C., Tamburrino, G., & Ribeiro, M. F. R. (2011). *Bion em nove lições. Lendo Transformações*. Escuta.

Freud, S. (2010). O inconsciente. In *Freud (1914-1916). Ensaios de metapsicologia e outros textos.* Companhia das Letras. (Trabalho originalmente publicado em 1915)

Freud, S. (2018). Construções em análise. In *Freud (1937-1939). Moisés e o monoteísmo, compêndio de psicanálise.* Companhia das Letras. (Trabalho originalmente publicado em 1937)

Green, A. (2014). Review of "Cogitations". In C. Mawson (Org.), *The complete works of W. R. Bion.* Karnac.

James, H. (1984). The art of fiction. In *Henry James literary criticism: Vol. 1. Essays on literature, American writers, English writers.* Library of America. (Trabalho originalmente publicado em 1884)

Meltzer, D. (2009). *Dream-Life.* Karnac. (Trabalho originalmente publicado em 1994)

Ogden, T. (2009). *Rediscovering psychoanalysis: thinking and dreaming, learning and forgetting. New Library of Psychoanalysis.* Routledge.

Ogden, T. (2013). *Reverie e interpretação.* Escuta.

Ogden, T. (2016). *Reclaiming unlived life. Experiences in psychoanalysis.* Routledge.

Poincaré, H. (1946). *Science and method.* Dover. (Trabalho originalmente publicado em 1914)

Ribeiro, M. F. R. (2019). Alguns apontamentos sobre a função psicanalítica da personalidade. A narrativa do escritor e a do analista. *Cadernos de psicanálise (Círculo Psicanalítico/RJ), 41*(40), 169-187.

Ribeiro, M. F. R. (2020). Da identificação projetiva ao conceito de terceiro analítico de Thomas Ogden: um pensamento psicanalítico em busca de um autor. Ágora *(PPGTP/UFRJ), 23*(1), 57-65.

Rocha Barros, E. (2000). Affect and pictographic image: the constitution of meaning in mental life. *International Journal of Psychoanalysis*, *81*(pt. 6), 1087-1099.

Rocha Barros, E. (2002). An essay on dreaming, psychical working out and working through. *International Journal of Psychoanalysis*, *83*(5), 1083.

Rocha Barros, E. (2015). O processo de aquisição de formas simbólicas e sua relação com aspectos expressivos da mente. In T. Candi (Org.), *Diálogos psicanalíticos contemporâneos. O representável e o irrepresentável em André Green e Thomas H. Ogden* (pp. 93-116). Escuta.

Rocha Barros, E. M., & Rocha Barros, E. L. (2011). Reflections on the clinical implications of symbolism. *International Journal of Psychoanalysis*, *92*(4), 879-901.

Rocha Barros, E. M., & Rocha Barros, E. L. (2019a). Una ri-fondazione del concetto di controtransfert – reverie. *Rivista Di Psicoanalisi*, *LXV*(3), 595-614.

Rocha Barros, E. M., & Rocha Barros, E. L. (2019b). A clínica contemporânea do sonho: sonhando em diálogo com Laplanche, Bion e Ogden. In T. Candi (Org.), *Diálogos psicanalíticos contemporâneos. O representável e o irrepresentável em André Green e Thomas H. Ogden* (pp. 91-121). Escuta.

Sandler, C. (2005). *The language of Bion. A dictionary of concepts*. Karnac.

Spillius, E. B., & O'Shaughnessy, E. (2012). *Projective identification: the fate of a concept*. Routledge.

Zimerman, D. (2004). *Bion da teoria à prática. Uma leitura didática*. Artmed.

Zimerman, D. (2012). *Etimologia de termos psicanalíticos*. Artmed.

6. A questão do ódio à realidade em Bion: uma reflexão

Elisa Maria de Ulhôa Cintra

Esse texto é uma nova versão de um artigo publicado na *Revista Percurso* (1988), que teve sua origem em um debate de psicanalistas no qual foram levantadas críticas à noção de ódio à realidade no pensamento de Wilfred Bion. Nesse debate, questionou-se a ideia de que, em seu desenvolvimento, a criança deva ir se aproximando cada vez mais de uma posição de "aceitação da realidade". Argumentava-se então que tal ideia conduziria a uma perspectiva adaptativa e normativa, tanto no desenvolvimento infantil quando no processo que poderia ocorrer durante uma análise.

Na verdade, acho que tal leitura é realmente possível a partir dos escritos de Bion ou de Freud, quando a palavra *realidade* é entendida como "meio ambiente que circunda um organismo". Mais do que isso, esta leitura acaba muitas vezes sendo feita, gerando um modelo de análise autoritária e obscurantista, com o analista ocupando a posição daquele que sabe, diante de aprendizes submissos que acreditam piamente nas fantasias que seu analista nutre a respeito da indiscutível "realidade". No entanto, esta é uma interpretação equivocada diante da qual se pode pensar em alternativas.

Meu interesse é propor uma aproximação mais correta das ideias bionianas relativas à aceitação da realidade ou ao ódio à realidade, inspirando-me no pensamento de um Bion freudo-kleiniano, das décadas de 1950 e 1960 e, sobretudo, a partir das obras *Elements of psycho-analysis* (1963/1983b) *e Learning from experience* (1962/1983a). Veremos, assim, não apenas uma alternativa à interpretação normativa e adaptativa, mas uma interpretação totalmente antagônica a ela.

Penso que o contexto das teorias de evolução do século XIX, que alimentou o pensamento científico de Freud e Bion, e até hoje constitui uma das tradições dentro da qual compreendemos a noção de realidade, torna-se um obstáculo para a elucidação da ideia de realidade tal como foi desenvolvida pela psicanálise. Embora tendo um forte débito com esta tradição, o termo *realidade* em psicanálise não pode ser confundido com a ideia de meio ambiente que circunda um organismo, interagindo com ele. Sem negar, é claro, que o meio ambiente social pode ser entendido como uma "realidade" que exerce imensa influência na constituição do sujeito psíquico e na manutenção e transformação da vida psíquicas ao longo da vida. Inicio minha argumentação apresentando algumas citações de Bion que pertencem a diferentes momentos de sua teorização em dois itens: *Da realidade ao princípio de realidade* e *Oposição e imposição.*

Da realidade ao princípio de realidade

Uma das coisas para a qual desde cedo a psicanálise chamou a atenção é que, além dos estímulos do meio ambiente que circunda o organismo, há também um "meio interno", gerador de qualidades de prazer e dor, mundo do conflito pulsional. O sujeito teria então que se defrontar com estas duas fontes de estímulos geradoras de impressões sensoriais, que exigem algum processamento; uma fonte externa e outra interna.

Bion escreve sobre isso em *Learning from Experience* (1962/1983a). Ele se inspira no trabalho *Os dois princípios do funcionamento mental* (1911/1981a) de Freud, que é amplamente mencionado na citação de Bion que reproduzo a seguir. A ênfase, como se poderá ver, recai sobre a compreensão das impressões sensoriais, independentemente da sua proveniência. A questão da realidade transforma-se em "o que faz o indivíduo com as impressões sensoriais que chegam a ele de fora e de dentro?". A preocupação com a realidade como um espaço ambiental passa a ser a preocupação com o princípio que rege a resposta do sujeito:

> *Descrevendo a instituição do Princípio de Realidade, Freud disse: "A crescente significação da realidade externa aumentou também o significado dos órgãos sensoriais voltados para o mundo externo, e para a consciência, ligada a eles. Os últimos aprenderam então a compreender as qualidades sensoriais, além das qualidades de prazer e dor que haviam sido até então o seu único interesse". Eu enfatizo "os últimos aprenderam a compreender"; por "os últimos", Freud presumivelmente queria dizer "a consciência ligada às impressões sensoriais". A atribuição de compreensão à consciência eu discutirei mais adiante. A função da compreensão em si mesma é a preocupação imediata; compreensão das impressões sensoriais e compreensão das qualidades de prazer e dor são ambas investigadas nesta discussão. Considero impressões sensoriais, prazer e dor, como igualmente reais, portanto, descartando a distinção que Freud faz entre o "mundo externo" e prazer e dor, como irrelevante para o*

> *tema da compreensão. Irei agora discutir o peso do Princípio de Realidade sobre a escolha que um paciente pode fazer entre modificar a frustração ou esquivar-se dela. (Bion, 1962/1983a, p. 4; tradução livre)*

Nesta citação, o ponto importante encontra-se neste final, quando Bion indica dois caminhos para lidar com as impressões sensoriais internas ou externas: um dos caminhos seria o "circuito curto", ou seja, a tendência a livrar-se do desconforto, da dor ou da frustração de forma mais imediata, quando o paciente está funcionando sob o Princípio de Prazer. Este funcionamento é o que predomina na posição esquizoparanoide, descrita por Melanie Klein.

A ideia é que, desde o nascimento, o aparelho psíquico é regido pela tendência a buscar um estado de satisfação pleno e duradouro, o que exige a eliminação de quaisquer estímulos e impressões sensoriais produtoras de desprazer e dor. O modo mais primitivo de funcionar seria então esse do circuito curto, da posição esquizoparanoide, com seus mecanismos de defesa radicais e com a busca por eliminar o desprazer e encontrar rapidamente a homeostase perdida. Queremos satisfação imediata e completa, realização imediata do desejo. Sempre que encontramos a satisfação, criam-se e reconstituem-se as nossas reservas narcísicas, e o sentimento de integridade narcísica é recuperado. Sempre que encontramos a frustração e a dor, nosso narcisismo fica ferido.

Entretanto, desde o início da vida, as frustrações acontecem e encontramos o duro limite de um mundo que se opõe à realização imediata do desejo e nos faz entrar em angústia. A necessidade de esperar a satisfação do desejo obriga a entrar na posição depressiva para responder à exigência de que é preciso aceitar alguma margem de frustração e realizar um trabalho psíquico para lidar com a angústia, o medo e a dor psíquica.

Se formos capazes de entrar neste trabalho psíquico, começamos a funcionar segundo o Princípio de Realidade. Se quisermos ser e ter tudo imediatamente e de forma onipotente, continuamos a funcionar segundo o Princípio de Prazer, o que nos leva a recusar a passagem do tempo, a desejar viver em um tempo narcísico infinito, onde não há morte, doença, envelhecimento nem perdas.

O trabalho psíquico é um trabalho de transformação da angústia e da experiência de frustração e de dor, criando uma capacidade de pensar e sentir a dor, e é este trabalho do pensamento que vai nos capacitar a conviver com a realidade interna e com a realidade externa. Este funcionamento, típico da posição depressiva é regido pelo Princípio de Realidade: nesse caso, aumenta a tolerância à frustração, e o paciente consegue entrar mais profundamente em contato com as impressões sensoriais, tornando-se capaz de compreendê-las e transformá-las por meio de um trabalho de elaboração psíquica. É esta transformação que permite esperar e adiar a realização do desejo e aumentar a tolerância à falta, à frustração e à dor.

Oposição e imposição

Entretanto, muitas vezes, a instância de onde provém um limite à realização imediata de desejo é chamada de "realidade externa". A realidade seria, então, aquilo que exerce uma oposição à realização imediata do desejo. E o que esta realidade impõe? A realidade seria aquilo que impõe a realização de algum *trabalho* – seja os limites que a realidade externa impõe, seja a realidade interna das pulsões e sua exigência de trabalho ao aparelho psíquico. A pulsão seria a realidade interna.

Se um estado de plena satisfação vem a ser impossível desde o nascimento do indivíduo, sendo interrompido pela experiência de frustração, esta não seria vivida como uma experiência puramente negativa, de falta, mas, em razão da angústia, seria vivida como um acréscimo de energia difícil de suportar, ou como um corpo estranho", no sentido descrito por Laplanche (1988): "corpo estranho que invade, perfura, incomoda e cobra um trabalho. Junto com a exigência de trabalho, surge também a necessidade de postergação e, com ela, tornam-se mais nítidas as ideias de tempo, transitoriedade, limite e inevitabilidade da morte.

Mesmo quando consideramos a existência de uma grande continuidade entre mãe e filho, desde o início da vida, esta é uma "continuidade descontínua", havendo intervalo entre seio e boca; é neste intervalo que se insere o mundo. A experiência de frustração e suas consequências psíquicas é também uma ideia de Bion, na qual se podem perceber os traços do pensamento kleiniano.

A experiência de frustração como aquilo que exerce o corte

Uma das questões que pode ser levantada às ideias de Bion é: onde estaria, nas formulações bionianas, o terceiro que faz o corte, o elemento negativo, que seria o pai para Freud? Podemos aqui apontar o trabalho de Melanie Klein acerca de um complexo de Édipo precoce, que se iniciaria na época do desmame. Para Klein (1928/1975), desde este mais remoto início haveria a fantasia de um terceiro que estaria usufruindo do seio ansiado enquanto o sujeito experimenta a frustração. Dessa maneira, o elemento negativo – que teria por função exercer o corte na relação simbiótica com a mãe – estaria em uma fantasia que nasce da experiência de frustração a qual não pode ser vivida como ausência, pois a criança ainda não simboliza a falta.

Esquiva da frustração

Diante da frustração, o bebê tentaria livrar-se do acréscimo de energia gerado em seu interior, por meio de uma descarga motora, do choro, do espernear e debater-se, expressando, assim, seu estado desorganizado com movimentos parcialmente ineficazes para dar conta do seu mal-estar. Acaba ocorrendo também a alucinação, pela qual o bebê imagina-se satisfeito para eludir o desconforto.

Com Melanie Klein aparece o conceito de "identificação projetiva", que seria uma forma de se livrar da perturbadora angústia, inoculando nos personagens externos a fonte do desconforto e passando a percebê-las como uma fonte de perigo. Estas primitivas formas de reagir podem ser concebidas como tentativas de solucionar rapidamente a situação de desprazer, com o mínimo de esforço possível, ou seja, livrando-se o mais cedo possível do problema.

A desvantagem destas formas de reação é que não dão possibilidade para o exame mais cuidadoso da situação. Para isto, seria necessário desenvolver uma tolerância à dor, à frustração e à necessária espera para o atendimento de suas necessidades e desejos.

Modificando a frustração

Na medida em que a situação não chega a ser conhecida pelo sujeito, este não desenvolve um conjunto de experiências a respeito de si e do mundo. Não chega a aprender com a experiência. Para aprender com a experiência, é necessário, antes de tudo, tolerar a própria ignorância, os estados de desorganização e angústia que decorrem das experiências de falta, insuficiência e demora no atendimento de desejos e necessidades.

Inspirados na química, podemos imaginar esses estados como o que se passa em situações de alta temperatura e ebulição, quando vários reagentes são colocados em contato e quando ocorrem transformações. A presença do fogo remete à elevação do potencial de energia livre (em estado de utilização) que é necessária para desencadear os processos de transformação. A ideia seria de que a manutenção destes estados altamente energéticos é contrária à tendência do aparelho psíquico, que é de descarga, de "resfriamento", retorno ao potencial de cargas mais baixo.

A ideia de Bion, baseada no Freud de *os dois princípios do funcionamento mental*, é a de que o sujeito pode desenvolver maneiras mais elaboradas e sofisticadas de responder às exigências internas e externas, e é isso que ele chama de "aproximar-se da realidade". Aqui, "aproximar-se da realidade" significa "poder estar com" seus estados desorganizados e caóticos para desenvolver respostas que são elaborações. Estas constituem propriamente um trabalho, em que a percepção do ambiente passa a ser mais sistemática, desenvolvendo-se a atenção como uma função que examina e faz sondagens periódicas no ambiente. Esta atividade vai ao encontro das impressões sensoriais, em vez de simplesmente esperar por elas. Dessa forma, a discriminação das qualidades sensoriais torna-se mais importante que a simples diferenciação entre o prazer e o desprazer. Cresce, portando, a importância dos órgãos sensoriais e da consciência ligada a estes.

Bion toma de Freud a ideia de que a consciência é uma espécie de órgão sensorial para captar a "qualidade psíquica".

Tomar consciência ou admitir à consciência?

Seria interessante confrontar esta concepção de consciência como órgão sensorial para captar a qualidade psíquica com o termo usado por Freud no caso de Elizabeth Von Ritter. O termo é *Annahme* ou *Aufnanhme*, que tem a ver com a palavra alemã *nehmen*, que significa tomar, pegar para si, admitir, assimilar; o que implica em uma admissão ou readmissão à consciência da representação reprimida.

Estou me baseando em um artigo de Monique Schneider (1973), para contrastar o primeiro termo – "tomar consciência" – com este "admitir à consciência". Tomar consciência implica um movimento de distanciamento, uma ideia de domínio, de captura, de posse, como nas expressões de guerra: "tomar uma cidade", cuja consequência é "passar a governá-la". O sujeito seria, assim, soberano frente a um objeto que seria por ele domado.

Vou retomar uma ideia de Monique Schneider:

> *Como abordar a noção de tomada de consciência sem assistir a sua anexação por um movimento reflexivo que vê nela (tomada de consciência) um movimento de transcendência, de visão, de distanciamento? Tomar consciência chama, convoca inevitavelmente todas as metáforas do olhar, da captura, da objetivação. A tomada de consciência de uma realidade realizaria um movimento de libertação frente a esta realidade. E não é de certa forma uma libertação deste tipo que se pediria à Psicanálise que operasse? Tomar consciência de seu passado, de suas motivações, seria não mais ser escravo deles, mantê-los à distância, a distância que é considerada como sendo a distância do olhar. A tomada de consciência seria este movimento de ruptura que instaura um espaço capaz de tornar possível o ato de ver. (Schneider, 1973, p. 121)*

Tomada de poder ou movimento de admissão?

Neste caso, poder perceber algo exige que haja uma certa distância; assim, pensar a consciência como o órgão sensorial para a qualidade psíquica pode levar a pensá-la como o órgão da visão, o que implica certa distância em relação à coisa percebida. Por outro lado, naquelas noções *Annahme/Aufnahme*, há uma conotação mais visceral, de assimilar, de trazer para dentro, incorporar. Nesta perspectiva, não há mais um sujeito soberano que se apodera de algo, mas um sujeito que se deixa penetrar e modificar por algo que ele admite à sua consciência. Nas palavras de Monique Schneider, "é um movimento que implica o ser ao invés de desimplicá-lo, conforme a metáfora distanciadora do olhar". E ainda:

> *Não se trata apenas de constatar o processo, mas de esposá-lo, de acolhê-lo em si, fazer surgir um lugar para ele; quando se trata de representações apreendidas como insuportáveis, este movimento de readmissão evoca mais a ideia de uma abdicação do que a ideia de uma tomada de poder. (Schneider, 1973, p. 72)*

Penso que este movimento, em que o sujeito não é tanto o agente que apreende numa síntese o seu objeto, mas é, pelo contrário, penetrado, impregnado, transformado por algo que ultrapassa a visada de sua compreensão, é comparável à noção que está presente no modelo continente/contido na obra de Bion.

O modelo continente/contido

Quando Bion analisa a relação da mãe e do bebê, tenta estabelecer um paralelo entre o modelo biológico e o psíquico (Lino da

Silva, 1988), falando de um seio psicossomático e de um conduto alimentar psicossomático infantil que estariam envolvidos no *aspecto psicológico* deste relacionamento, ou seja, na digestão e na metabolização da frustração, da segurança e do amor. Como no início da vida o bebê não estaria "aparelhado" com este tubo digestivo psicossomático, teria que primeiro constituí-lo por meio do relacionamento com sua mãe, auxiliado pela capacidade de *reverie* desta, a qual forneceria o continente adequado às vivências do bebê. No entanto, é preciso pensar esta relação entre continente/contido de modo dinâmico e dialético, porque o resultado do desenvolvimento seria a constituição da própria continência e do aparelho psíquico do bebê, mediante a introjeção da continência da mãe. O que aproxima essas concepções – continente/contido e *Annahme/Aufnahme* – são os movimentos dialéticos de passividade/atividade e a metáfora gestacional que podemos ver em um e no outro modelo.

Como lidar com os estímulos: dois modelos

Com inspiração, como vimos, em Freud e Melanie Klein, encontramos na obra de Bion dois modelos mais ou menos esquemáticos de como o psiquismo lida com os estímulos internos e externos que chegam a ele. O primeiro seria o da descarga, do arco reflexo, da identificação projetiva, que poderíamos chamar de modelo "evacuativo", pois tenta dar conta do acréscimo de excitação livrando-se dela. Isso seria o processo característico da posição esquizoparanoide, como já mencionado. O outro modelo seria mais "gestacional", implicando a conservação do acréscimo de excitação para transformá-la, trabalhá-la, forjá-la, o que acaba resultando *em ser transformado, ser trabalhado, ser forjado para fazer caber e dar espaço psíquico*. Este é o movimento que caracteriza a travessia da posição depressiva – um processo no qual o sujeito encontra no ambiente figuras maternas capazes de oferecer continência e *reverie* a seus estados desorganizados de falta e de angústia e, em consequência da introjeção da continência e da *reverie*, aprende a constituir um aparelho psíquico capaz de perceber, registrar e transformar as qualidades sensoriais do mundo externo e interno.

Modificação da frustração: atenção, memória e pensamento

Retomo a questão da modificação da frustração, que foi intercalada pelos comentários a respeito de duas concepções de consciência presentes na obra de Freud.

Bion inspira-se na ideia de Freud de que a consciência é uma espécie de órgão sensorial para captar a qualidade psíquica. Ou seja, da mesma maneira que os órgãos sensoriais estão voltados para o exterior, desenvolver-se-ia uma função que se chama de atenção, cujo objetivo seria fazer sondagens sistemáticas do ambiente. Além da atenção, ter-se-ia desenvolvido um sistema capaz de anotar os resultados desta atividade periódica da consciência, que em parte chamamos de memória. Estas funções, que na formulação freudiana são assimiladas às funções do ego, constituiriam o que Bion chama de primórdios de um aparelho para pensar. Este aparelho não se resume a estas funções, mas é considerado como o conjunto dinâmico destas funções operando em correlação com o inconsciente de modo a produzir uma visão binocular da realidade. Como se o psiquismo fosse um conjunto no qual os dois modos de funcionamento estivessem presentes: modo de funcionamento primário – evacuativo e secundário – transformador, articulados como na representação de figura e fundo.

Assim, a relação entre os dois modos de funcionamento é que permitiria a visão em perspectiva, que se expressa numa fala com ressonâncias para o ouvinte, algo que está ausente no funcionamento psicótico. Bion ressalta a existência deste "aparelho para pensar" como necessário para a resolução de problemas. Contudo, a progressiva adaptação do analisando e da criança em desenvolvimento não seria a adaptação a uma realidade externa pré-definida, mas ao modo de funcionamento do aparelho psíquico caracterizado no modelo "gestacional". Isso implica uma certa capacidade para se expor aos problemas da vida pulsional e às frustrações, o que resultaria em uma atividade de elaboração intensificada.

Adaptar-se, ou (ad)aptar-se

Se pensamos que a realidade última do psiquismo é o conflito pulsional a exigir trabalho permanente, aceitar que esta é a "lei" poderia ser visto como "adaptativo". Entretanto, isto seria equivalente a adaptar-se à revolução permanente, pois estas elaborações e re-elaborações contínuas das experiências exigem tolerância a estados de desorganização inesperados e desconhecidos. Aqui seria interessante lembrar que *adaptar-se* passou a ter uma conotação pejorativa, na medida em que o associamos a passividade, conformismo e falta de originalidade. Nesta via de associações, aparece a ideia de conformar-se ao que já existe, parecendo não haver lugar para a livre expressão da criatividade. A ideia de trabalho psíquico, no entanto, permite resgatar um aspecto mais ativo do processo em questão. Em vez de "adaptar-se", teríamos "aptar-se ad" ou capacitar-se a; tornar-se apto a lidar com o conflito pulsional e com as infindáveis exigências da realidade.

Bion considera que o hábito do indivíduo dar sempre as mesmas respostas a novas situações seria consequência de uma espécie de lei da inércia do psiquismo, comparável à lei da gravidade para os corpos físicos. O desenvolvimento, portanto, seria penoso como é o movimento antigravitacional, e se daria no sentido de sair do estabelecido, do institucionalizado, do conhecido, rumo ao desconhecido. Assim, o analista nunca poderia saber de antemão em que direção caminha o seu analisando, nem se ele deveria necessariamente chegar a um certo ponto "x", que ele chamaria de "realidade".

Ódio à realidade

Como vimos, com a realidade implicada em um certo modo de funcionamento mental (o da realização do trabalho proposto pelo conflito pulsional), coloca-se a questão: o que dificulta e o que ajuda o sujeito a empreender este trabalho? A função do analista seria de apontar onde e como, movido por "memórias do passado", o sujeito tenta solucionar seus problemas evitando-os, fugindo deles, acusando os outros, em uma palavra, usando todos os meios possíveis para não realizar o seu próprio trabalho, único, intransferível e imprevisível. Por que "memórias do passado"? A suposição de que o modo mais primitivo de lidar com a frustração seja esquivando-se dela leva a situar no passado do paciente, na sua infância, o momento no qual ele lançou mão com maior frequência deste tipo de estratégia. Modificar o mundo externo por meio de um trabalho e modificar-se internamente ("aptar-se a") pela elaboração psíquica é a opção mais difícil, contra a qual resistimos, por natureza.

A ideia de ódio à realidade corresponderia a esta resistência a funcionar segundo o Princípio de Realidade sendo, portanto, resistência a sofrer as modificações que as experiências de frustração impõem. Nos casos em que o ódio à realidade é extremo, Bion fala de psicose: "Neste aspecto se qualifica como um dos critérios de Freud para a psicose

– ódio à realidade. Mas a realidade que é odiada é a realidade de um aspecto da personalidade do paciente" (Bion, 1965/1983c, p. 77).

Se aquilo que chamamos "tornar-se apto a" implica a capacidade de elaboração psíquica, e ódio à realidade, segundo Bion, é "ódio a um aspecto da personalidade do paciente", teríamos que alguns pacientes podem destruir, pelo ódio, a sua capacidade de elaboração psíquica, impedindo o seu próprio acesso ao simbólico.

A função do analista: sem memória e sem desejo

A função do analista seria sempre a de restituir a capacidade de elaboração psíquica, por meio da criação de um espaço interno, no qual as experiências emocionais e as representações possam ser incluídas e simbolizadas.

Ficou conhecida a expressão "sem memória e sem desejo" de Bion como uma recomendação ao analista, o qual deveria manter-se tanto quanto fosse possível em um estado de máxima abstinência, que seria uma forma de garantir o estado de atenção flutuante na escuta. Acredito que esta é uma "ideia reguladora", ponto de referência para se pensar, e não um estado que possa ser realmente atingido. Penso que não seria possível atingir um estado psíquico completamente isento de desejos e memórias. Na verdade, podemos notar que o emprego do termo "desejo" por Bion acha-se sempre relacionado a um modo de funcionamento psíquico cujo paradigma seria o "ego de prazer purificado", apresentado por Freud em *As pulsões e suas vicissitudes* (1915/1981b), ou seja, funcionamento que visa à discriminação entre o agradável e o desagradável. Esta primitiva forma de discriminação desconhece várias qualidades sensoriais do percebido, captando única e exclusivamente a sua capacidade de causar prazer ou desprazer.

> *A asseveração de que se deve conduzir uma análise em uma atmosfera de privação é entendida geralmente no sentido de que o analista deve resistir a qualquer impulso próprio de gratificar os desejos de seus analisandos ou de desejar afanosamente sua própria gratificação. Para limitar a expressão deste enunciado sem circunscrever a área que compreende, nunca devem nem o analista nem o paciente perder o sentido de isolamento dentro de uma relação íntima de análise. (Bion, 1963/1983b, p. 34)*

O objetivo desta recomendação é de que a experiência analítica possa ser um momento de escuta ao movimento do desejo, e não momento de gratificação deste. Desta não gratificação partilhada por analista e paciente, nasceria o sentido de isolamento de que fala Bion na citação.

Por "memória", Bion refere-se a todos os registros de experiências anteriores que poderiam funcionar de modo defensivo, reduzindo a possibilidade de exposição ao conflito atual e seus novos desdobramentos. Bion fala da necessidade de que tanto o paciente quanto o analista possam se libertar de um sentimento de familiaridade de um para com o outro e, a cada novo encontro, mantenham a suspeita de que já não estão se encontrando com a mesma pessoa da sessão anterior.

> *Não existe razão alguma para que o analisando acredite que o analista é a mesma pessoa que no dia anterior. Tal crença é sintoma de relacionamento conivente que pretende prevenir o aparecimento de um vazio desconhecido, incoerente, informe. (Bion, 1970, p. 59)*

De volta à noção de realidade

Para encerrar estes comentários sobre a noção de realidade em psicanálise, gostaria de apresentar algumas ideias que Paul Ricoeur desenvolveu sobre o tema, em seu texto *Técnica e não técnica na interpretação* (1968).

Ricoeur fala do trabalho do analista como um manejo analítico que corresponde, no analisando, ao trabalho de consciência, e sugere que estas duas formas de trabalho revelam todo o psiquismo como um trabalho – trabalho do sonho, trabalho do luto, trabalho da neurose. Por que a análise seria um trabalho? Porque é uma luta contra as resistências, e aquelas resistências que se opõem à análise seriam as mesmas que estariam na origem da neurose. Por isso, não basta comunicar ao doente o conteúdo de uma interpretação para curá-lo, já que, do lado do analisando, a compreensão não passa de um segmento de seu próprio trabalho. Assim, a análise não consistiria em substituir a ignorância pelo conhecimento, mas em provocar um trabalho de consciência mediante um trabalho sobre as resistências. Essa tomada de consciência envolve aquilo que Freud chama de *Durcharbeiten*, perlaboração.

Desconhecimento e reconhecimento

Também no âmbito da metapsicologia, que seria a teoria correspondente a esta práxis do manejo analítico, a noção de trabalho é central. Tomando como ponto de partida a interpretação dos sonhos, Ricoeur pondera que, se o sonho pode ser considerado como satisfação de um desejo, é porque os pensamentos inconscientes aí estão distorcidos, e esta distorção é interpretada por Freud como um trabalho – o trabalho do sonho. Considera que os procedimentos que concorrem para isso são também formas de trabalho: trabalho de condensação e trabalho de deslocamento. Toda a metapsicologia seria, segundo Ricoeur, a elaboração conceitual que torna possível a compreensão do psiquismo como *trabalho de desconhecimento*, como técnica de distorção que suscita o *reconhecimento como trabalho*. O objeto da psicanálise seria, portanto, o psíquico enquanto processo de formação e distorção – aplicado a todos os representantes afetivos e ideativos de seus mais antigos desejos, daqueles desejos indestrutíveis, intemporais e fora do tempo.

O narcisismo: fonte de resistência à verdade

Ricoeur afirma que devemos atribuir ao narcisismo o valor de um obstáculo epistemológico, por ser, em última instância, a origem de nossa resistência à verdade. O trabalho contra as resistências seria sempre um trabalho contra o narcisismo; "o teste de realidade" não se associa a uma técnica de ajustamento, mas é correlativa ao trabalho de liquidação de resistências narcísicas no esforço de autoconhecimento.

Quando Bion fala em aproximar-se mais da realidade, trata-se desta verdade pessoal a ser revelada/constituída, mediante o próprio trabalho do pensar.

Referências

Bion, W. R. (1983a). *Learning from experience*. Jason Aronson. (Trabalho originalmente publicado em 1962)

Bion, W. R. (1983b). *Elements of psycho-analysis*. Jason Aronson. (Trabalho originalmente publicado em 1963)

Bion, W. R. (1983c). *Transformations*. Jason Aronson. (Trabalho originalmente publicado em 1965)

Bion, W. R. (1970). *Attention and interpretation: a scientific approach to insight in psycho-analysis and groups*. Tavistock.

Freud, S. (1981a). Los dos princípios del funcionamento mental. In *Obras completas II* (L. Lopez-Ballesteros y de Torre, Trad., 4a ed., pp. 638-641). Biblioteca Nueva. (Trabalho originalmente publicado em 1911)

Freud, S. (1981b). Los instintos y sus destinos. In *Obras completas II* (L. Lopez-Ballesteros y de Torre, Trad., 4a ed., pp. 638-641). Biblioteca Nueva. (Trabalho originalmente publicado em 1915)

Klein, M. (1975). Early stages of the Oedipus conflict. In *The writings of Melanie Klein* (Vol. I, pp. 186-198). The Free Press. (Trabalho originalmente publicado em 1928)

Laplanche, J. (1988). É preciso queimar Melanie Klein? In *Teoria da sedução generalizada e outros ensaios* (pp. 50-59). Artes Médicas.

Lino da Silva, M. E. (1988). *Pensando o pensar com W. R. Bion*. MG Editores.

Ricoeur, P. (1968). Técnica e não técnica na interpretação. In *O conflito das interpretações*. Imago.

Schneider, M. (1973). Affect et langage dans les premiers écrits de Freud. *Tópique*, (11-12), 71-146.

Segundo ato

Entrelaces dialógicos entre a clínica e a teoria bioniana

7. Deslocamentos: uma odisseia bioniana

Thaís Mariana Arantes Ferreira
Davi Berciano Flores
Renato Trachtenberg
Evelise de Souza Marra

Introdução (ou "para fins de abertura")

Thaís Mariana Arantes Ferreira

A psicanálise sempre se ocupou em estudar formas de deslocamento: o deslocamento da energia entre as instâncias do aparelho psíquico, o deslocamento do investimento libidinal do Eu ao objeto (ou entre objetos), o deslocamento de vivências infantis para a relação analítica pela forma da transferência, o deslocamento de conteúdos da mente do analisando para a mente do analista pelas vias da linguagem, da identificação projetiva, da intuição psicanalítica etc. Afinal, a psicanálise também trata disso: os deslocamentos, a impermanência, as transformações, a transitoriedade, o movimento. Como tudo o que há carrega em si o seu oposto, a psicanálise acaba abordando também o que se apresenta como impasse aos deslocamentos: aquilo que fixa, que paralisa, que enrijece, que entrava, que enclausura, que impede.

Na sala intitulada "Deslocamentos - Uma odisseia bioniana", do evento *Diálogos bionianos I - Vastas emoções e pensamentos imperfeitos*, o estímulo clínico apresentado pelo psicanalista Davi Berciano Flores foi brindado por um riquíssimo estímulo teórico apresentado pelo também psicanalista Renato Trachtenberg e, sob a atenta e cuidadosa facilitação da psicanalista Evelise de Souza Marra, pôde se deslocar entre os participantes da sala, que contribuíram brilhantemente com as discussões, compartilhando os impactos emocionais, mnêmicos, teóricos e associativos que as apresentações provocaram em suas mentes.

O fragmento clínico apresentado por Davi conduziu o grupo de discussão a uma desordem inicial: a montanha-russa, o surto, a guerra, as tempestades climáticas (chuva) e as tempestades internas (explosões de raiva). Todos esses estilhaços de caos, apresentados como coisas-em-si, levaram o grupo a uma experiência emocional deveras conturbada. Entretanto, quando Davi relatou uma breve intervenção realizada na sessão - "são histórias de deslocamento!" - a experiência emocional do grupo pôde se transformar. O fato selecionado que ali se apresentou começou a empregar sentido aos elementos que vinham sendo evacuados na sessão pela fala do analisando e, ao ser relatado no grupo de discussão, serviu como um convite para que cada participante começasse a encontrar sentido na experiência emocional para a qual a escuta do caso estava nos transportando. Cada sujeito ali presente pôde se deslocar da mente receptiva da escuta do fragmento clínico para a mente associativa das rememorações pessoais, da metabolização da experiência emocional, da teorização que dá continência ao *a posteriori* da vivência clínica.

O final da narrativa do estímulo clínico presenteou o grupo com uma revelação que, obviamente, não será antecipada nesta Introdução, mas que devolveu ao grupo o estado de caos inicial: a experiência quase paranoide do sugerido-não-explícito, da dúvida, da suspeita, lançou o grupo à desorganização do não saber, tão cara à prática psicanalítica. E, assim, estivemos (in)segura(mente) enraizados na psicanálise: por meio de seu transitar, de seu ir-e-vir impactante e transformador, de seus deslocamentos.

O estímulo teórico apresentado por Renato Trachtenberg forneceu ao grupo uma continência na qual pudemos repousar. Entretanto, a articulação conceitual ali apresentada não intencionou fazer *links* lógicos e explicativos (ufa!) para a narrativa da sessão analítica, tampouco para a experiência emocional do grupo na escuta do fragmento clínico. Explicações lógicas e conclusivas encerram, fixam, enrijecem – atravancam os deslocamentos. Ao contrário disso, as articulações teóricas apresentadas por Renato delimitaram com muita clareza o terreno que percorreríamos (a psicanálise e, em seu bojo, mormente o pensamento de Bion revisitado por Renato) e mantiveram o grupo a pleno vapor: remansados sim, mas apenas no conforto de estarmos habitando um solo confiável que assegurava à nossa mente: "pode se deslocar sem medo, para onde for! Coragem!". E assim fizemos.

Evelise de Souza Marra abriu os diálogos colocando-se de forma bastante ética e generosa: referindo-se emocionalmente desafiada pelas dificuldades que se impunham a partir dos estímulos clínico e teórico ali apresentados, convidou o grupo a partilhar de seu desafio e a saltar à difícil tarefa de unir clínica e teoria pela troca das experiências individuais na escuta das falas anteriores. A contribuição de Evelise deslocou-se pela história da psicanálise de Freud a Bion, pelo desenvolvimento do ser humano dos registros pré-natais à vida adulta, da interpretação do inconsciente para o aprender da experiência emocional e, por fim, deslocou a palavra por entre os participantes do grupo.

A partir daqui, *à la* Evelise, espero deslocar o leitor para adentrar em uma odisseia bioniana partilhada entre mentes que se somaram – e seguirão se somando *ad aeternum*, com a publicação deste capítulo – na louca tarefa de pensar o impensável da experiência humana. Uma odisseia é grande demais para ser engarrafada na experiência de um pequeno grupo. Ela exige mais espaço e mais mentes que possam dar-lhe continência e sentido. Recebam nossa odisseia que, a partir de agora, também lhes pertencerá. Boa leitura!

Deslocamentos

Davi Berciano Flores

Bernardo inicia a sessão dizendo que tem se sentido em uma montanha-russa e logo brinca: "ou seria ucraniana?". Estávamos, então, no início dos conflitos entre Rússia e Ucrânia, com imagens recentes de refugiados ucranianos cruzando as fronteiras a pé.

Bernardo conta que teve um surto. Eu, de pronto, fico preocupado. Penso que, desde que parou de tomar as medicações, segue em frequentes oscilações. Será que ele está demenciando? Imagino Bernardo definhando, enlouquecido, curiosamente um grande pavor seu.

Bernardo diz que ansiava chegar em sua casa após uma série de dias viajando com um grupo de amigos. A viagem havia sido boa, proveitosa, salvo o momento de chegada, em que viveu o mesmo que numa outra ocasião, em seu sítio: um medo terrível de que o tempo ficasse ruim, de que chovesse. Em ambas as ocasiões, olha para o céu no início da viagem e teme que nuvens venham, o tempo nuble e um grande infortúnio, um azar de recorrentes dias ruins se instale sobre os céus, arruinando sua viagem.

Quando estava próximo de chegar em casa, nota que pegou um caminho equivocado. O caminho errado, o pior caminho, o engano do aplicativo de localização, já que o trajeto durará muito mais para chegar em sua casa. Ali, conta que não aguentou. Surtou. Começou a gritar, irritado, enquanto seus amigos passaram a temer que pudesse bater o carro, tamanho seu destempero. O que mais lhe deu raiva era o fato de que já havia pego este caminho errado e não se atentou. Indagou-se, no momento, como alguém o aguentava naquela situação.

Diante dessa fala, tenho a impressão de que a raiva de Bernardo se expande, incontinente, como um cogumelo atômico. Estoura dentro dele e, de repente, sente que ninguém é capaz de suportá-lo. Nada digo, sigo escutando.

Bernardo diz que teve um outro momento de irritação, quando foi servir um café para um cliente em seu escritório e, ao pegar a bandeja descuidadamente, derrubou-a no chão. Novamente, sente um profundo ódio e não se contém. O pior, diz ele, é que havia pensado que deveria tomar cuidado antes de pegar a bandeja, mas não sabe o que acontece que, no momento seguinte, descuida para pegá-la. Diz que sabe não ser nada de mais, que é só um café, mas algo mais forte do que ele o faz estourar.

Eu então digo:

– Parece que sua raiva se dá porque, mesmo pensando, você não tem o controle das coisas. Mesmo sabendo, mesmo ouvindo um aviso dentro de você, às vezes o controle das coisas te escapa.

Bernardo diz que pode ser, e minha fala o faz lembrar de uma outra viagem, muito tempo atrás, na qual ele também se estressou, só que, naquela ocasião, com um trânsito insuportável que durou mais de três horas, por conta de um acidente na estrada. Eu sou invadido pela lembrança recente de uma outra viagem que fizera e se atormentara no carro, por conta de um excesso de barulho de seus filhos. Digo:

– Curioso isso que você diz! Salvo a história do café, o resto são histórias de deslocamento!

Bernardo diz que faz muito sentido e que, de fato, deslocamentos para ele são muito custosos. Primeiro porque tem que se preparar: colocar diversos remédios em sua mala, levar todos os tipos de roupa. Chegando na cidade que visitou esta última vez, diz que sente como se fosse um bicho que tem que mijar nos lugares por onde passa, para só então se sentir à vontade, mas, até então, sente-se muito ansioso, muito angustiado. Eu digo:

– Bernardo, você nota que parece se preparar muito para uma coisa que você consegue fazer naturalmente? Se ambientar! É como se tivesse que se preparar mais para o deslocamento do que para o destino!

Bernardo mais uma vez concorda, diz que é verdade, e que a única coisa que sente que verdadeiramente precisa é sua garrafa de chá. De resto, toda essa parafernália que ele leva, ele traz de volta. Diz que quando chega num lugar, caminha, olha as ruas ao redor e já se sente seguro novamente. Começa, então, a se indagar por quê será que essas viagens são tão atormentadoras.

Eu me dou conta de que estou há alguns minutos, na sessão, invadido por uma imagem repetida de nuvens cobrindo o céu, como se estivesse vendo o céu nublado do Sétimo Selo, de Ingmar Bergman, em *looping*. Fico intrigado, penso que é incrível como um terror de sua mente alcança as nuvens.

Lembro-me de súbito de uma outra cena, em que Bernardo se mudara de casa quando pequeno. Fico ansioso e digo quase sem pensar se devo dizer:

– Bernardo, tem uma história de você se mudando com seus pais quando pequeno, uma coisa angustiante... não tem?

Bernardo diz que não identifica nada.

"Será que estou confundindo o paciente?" – penso. "Misturo histórias?"

Digo, convicto, sem nenhuma confiança:

– Não é possível. Estaria me confundindo? É sua história...

Bernardo então diz que tem, sim, uma história, de quando era bebê, de que seu pai perdera o emprego e toda sua família teve que se mudar, subitamente, para um lugar menor. E então diz, espantado:

– Minha mãe dizia que chovia muito aquele dia! Caramba... Mas será que uma coisa dessas ficou marcada em mim, mesmo sem eu lembrar de nada disso? Bom... dizem que essas coisas acontecem.

Eu me mantenho em silêncio, penso que tantas vezes Bernardo parece ser um bebê agitado, inquieto, com cólicas, fome, sono, um caos de sensações dentro de si. Por fim, digo:

– Talvez sua família tenha se mudado sem poder se preparar muito...

Bernardo fica introspectivo e passa a dizer que gosta muito de seu apartamento. Que se sente bem ali, que sabe que poderia mudar para um lugar menor, mas teme jamais conseguir realizar isso. De repente, diz que vai abrir a câmera para me mostrar uma coisa, eu consinto e abrimos. Ele, então, anuncia:

– Ó, só vou te mostrar isso porque você é meu psicólogo.

Ergue então, do chão, uma garrafa grande, de plástico. E diz:

–Ela fica sempre do meu lado, fica aqui escondida. Então, se eu estou numa reunião, desligo o microfone, coloco ela aqui embaixo e ó...

Bernardo sorri para a câmera fazendo uma posição de quem está com a garrafa encaixada no meio de suas pernas. Fico um tanto aturdido, pensando que enquanto ele sorri fazendo essa simulação de que nada está acontecendo, eu imagino tudo acontecendo para além da câmera.

Espanto-me com a primitividade, penso o quanto ele talvez tenha ficado, de fato, aprisionado no céu nublado daquele dia, daquela mudança, e digo, meio desbaratinado:

– Marcando território, né, Bernardo?

Deslocamentos e des-louca-mentes

Renato Trachtenberg

Frente a um material clínico complexo (qual não é?), vou ter que produzir uma *cisão instrumental* (Bion) para poder escolher um caminho possível para teorizar, encontrar conceitos. Isso resulta em luto pelos caminhos não escolhidos.

Os conceitos

Os conceitos que me vêm à mente são: modelo espectral, cesuras, simetrias heterogêneas, barreiras de contato, invariantes. Esses poderiam ser metaforizados pelas palavras viagens, deslocamentos, fronteiras, separações, continuidades, idas e vindas.

Shibboleth, palavra originária do episódio bíblico narrado em Juízes XII, é utilizada muitas vezes como uma senha que delimita, identifica e circunscreve os iniciados em um campo determinado de estudos, seguidores de alguma teoria, partidários de uma seita, adeptos de um partido político etc. De acordo com alguns dicionários, *shibboleth* é definido como uma palavra usada como teste para detectar pessoas de outro distrito ou país por meio da sua pronúncia; uma palavra ou som muito difícil para os estrangeiros pronunciarem corretamente.

Preocupado com o estabelecimento do *status* científico da psicanálise, Freud foi buscar na metáfora bíblica do *shibboleth* (espiga, em hebraico) o modelo para a definição de quem seria um psicanalista. O inconsciente, a teoria dos sonhos, a sexualidade infantil e o complexo de Édipo são, para Freud, os *shibboleths* que definem uma identidade: ser psicanalista. Estabelecem fronteiras demarcadas, não transitáveis, dividindo os partidários dos adversários da psicanálise (Freud, 1905/1978), os seus adeptos daqueles que devem renunciar para sempre compreendê-la (Freud, 1933/1986).

Inspirado na famosa frase de Freud em *Inibição, sintoma e angústia* – "existe muito mais continuidade entre a vida intrauterina e a primeira infância do que a impressionante cesura do nascimento poderia nos fazer acreditar" (Freud, 1926/1959, p. 131) –, Bion desenvolveu o conceito psicanalítico de cesura e o transformou em um fundamental instrumento de sua teoria do funcionamento mental e do encontro analítico. Historicamente, surge como resposta de Freud a Otto Rank e sua noção do trauma do nascimento. Com sua frase sobre a cesura, Freud inclui, de certa forma, a noção de continuidade (que não está presente em Rank). Contudo, para Freud, esta surge, apesar da "impressionante cesura". Bion dirá mais tarde que a continuidade faz parte da cesura, e não ocorre apesar dela. Essa continuidade, presente no conceito de cesura, inclui o que Bion havia denominado invariantes em sua teoria das transformações e em seu conceito de mudança catastrófica. O uso do termo "impressionante" na frase de Freud será questionado por Bion. A cesura só é impressionante na sua impossibilidade.

A cesura marca a própria constituição da mente (interno/externo, inconsciente/consciente, vigília/sonho etc.). Para Bion, porém, é uma constituição que se dá a todo o momento. O analista tem que observar um trânsito entre diferentes estados mentais antes de qualquer interpretação. A importância da cesura expressa-se tanto no campo teórico como na prática analítica. Falhas em sua concepção na mente do analista (e de qualquer pessoa) deterioram sua capacidade negativa, intuição e criatividade, favorecendo preconceitos, racionalizações e todo tipo de concretudes. Como é possível observar, a cesura implica um modelo de fronteiras que se insere no paradigma da complexidade, sendo ele, em si mesmo, um paradoxo.

As cesuras nos permitem viver simultaneamente em pelo menos dois mundos (mental/protomental, simbólico/não simbólico, adulto/infantil, psicótico/não psicótico etc.), mesmo que um deles predomine como vértice de observação. Os diferentes lados de um mesmo fenômeno são como dois pólos em que cada par implica uma cesura e cada cesura implica a possibilidade de uma perspectiva espectral (Bion, 1948). O primeiro modelo espectral, sinalizado por Bion pela dupla flecha, é o espectro narcisismo ↔ social-ismo. A cesura é uma expansão de um modelo mental de tipo espectral. É um requisito epistemológico desse modelo.

Na configuração espectral, não existe lugar para causas ou resultados. O modelo espectral nos ajuda a entender por que a cesura não é um lugar ou alguma espacialidade definitiva ou definível. A cesura é movimento e agenciadora de movimento. Implica uma ideia de movimento que se define por suas possibilidades de oscilação, com sua ausência produzindo inibição no desenvolvimento. Em outros trabalhos, utilizei a gangorra como metáfora dessa oscilação: o jogo se sustenta pela instabilidade, não pelo equilíbrio (Trachtenberg, 1998, 2005, 2008, 2012, 2013a, 2013b, 2017a, 2017b, 2018, 2019, 2022a, 2022b, 2022c, 2022d).

Como referido, quando retomou a frase de Freud sobre a cesura, Bion incluiu a continuidade, o que une e o que separa simultaneamente, transformando-a em conceito. Bion (1977) modificou substancialmente as implicações e o significado da frase de Freud ao dizer: "Investigar a cesura; não o analista; não o analisando; não o inconsciente; não o consciente; não a sanidade; não a insanidade, mas a cesura, o vínculo, a sinapse, a (contra-trans)-ferência, o humor transitivo-intransitivo." (Bion, 1977, p. 56).

Como refere Chuster, os aspectos criativos da mente, resultantes ou representantes da função psicanalítica da personalidade, revelam-se na radicalidade do conceito de cesura.

> *Se não nos deixarmos impressionar pelos elementos da memória, do desejo, da necessidade de compreensão e da impressão sensorial, nossa mente recupera a plasticidade de movimento transitando pela cisão temporal, estabelecendo vínculos insuspeitados, criando conjecturas, enfim, exercendo a imaginação. (Chuster, 2001, p. 106)*

Para Bion, ficou claro que corte e continuidade, ausência e presença, vida e morte, mente e corpo etc., eram somente diferentes lados do mesmo fenômeno, e que a dificuldade em sustentar esses aparentes opostos refletiam a dificuldade humana em manter o paradoxo.

Construindo pontes

> *Parece-me que os poucos livros que pude escrever são somente passos incertos que me conduzem alternativamente*

> *de uma margem a outra sem que eu queira permanecer em nenhuma. Rechaço de estar destinado a uma residência, rechaço das oposições definidas... Quantas vezes me fizeram notar que a palavra "entre" figurava nos títulos e capítulos de meus livros a tal ponto de fazer de mim "um especialista do entre-dois"! Não sabem que se desgraçadamente eu fosse o "especialista" do entre, cessaria imediatamente de me produzir prazer . . . Poderia ser que passar livremente de uma margem a outra, cruzando as pontes ou, melhor ainda, as passarelas como a da Pont des Arts, vagando daqui para lá sem permanecer ligado a um ponto fixo, me assegure de que não há ida sem volta e que toda travessia se efetua nos dois sentidos. (Pontalis, 2007, p. 106)*

Bion (1992) refere, apoiando-se em Martin Buber, que uma das fraquezas da linguagem articulada é demonstrada ao se usar um termo como "onipotência" para descrever uma situação que, de fato, não pode ser descrita de modo totalmente preciso apenas por intermédio de um tipo de linguagem. "Onipotência" deve sempre significar também "desamparo" – não pode haver alguma palavra isolada que descreva uma coisa sem descrever também a sua contraparte. É o que denominamos simetrias heterogêneas. Toda palavra inclui seu outro lado. Martin Buber, citado por Bion, diz:

> *A atitude do homem é dupla, em concordância com as duas palavras básicas que pode falar. As palavras básicas não são termos singulares, mas pares de palavras. Uma palavra básica é o par de palavras "Eu-Tu". O que tem significado, quando alguém fala sobre "Eu-Tu", não são os dois objetos relacionados, mas a Relação – ou seja,*

uma realidade em aberto, na qual não existe término. (Bion, 1992, pp. 382-383)

Nessa citação, Buber descreve o modelo espectral e, simultaneamente, a cesura e a simetria heterogênea. Toda palavra é um casal de palavras. É um casal complexo como qualquer casal. O ser humano é um ser múltiplo. Nossa identidade é heterogênea e móvel. Somos muitos em nós, viajando constantemente de um eu ao outro, em si e no outro. Nenhuma palavra isolada pode descrever ou definir alguém. Nenhum diagnóstico é válido, mesmo o de psicanalista.

O desenvolvimento da mente humana ocorre por infinitos acordos entre os diferentes binômios que costumamos colocar como polos opostos. Quando colocamos parte psicótica e parte não psicótica em um espectro, o movimento não é de evolução da primeira em direção da segunda. O movimento não é linear, as flechas duplas indicam bi ou multidirecionalidade, simetrias heterogêneas. O mesmo em relação ao modelo espectral posição esquizoparanoide ↔ posição depressiva (em atenção e interpretação: paciência ↔ segurança). Tampouco o espectro narcisismo ↔ social-ismo (Bion, 1948) indicaria uma evolução. Indica, sim, que, nos extremos, um sujeito se retira do social, do grupo, ou se dissolve/dilui no grupo (massificação; Freud, 1921/1984). O modelo espectral foi resgatado por Chuster, que o desenvolveu em diferentes trabalhos. O modelo evolutivo (flecha unidirecional) resulta, quase sempre, de/em perspectiva moral, em que à direita colocamos o superior, o melhor, e à esquerda o inferior, o pior. Toda ida é um progresso e todo regresso é uma regressão. Isso vale também para o infantil > adulto. Fundamental para o desenvolvimento mental, emocional, é colocarmos entre eles flechas bidirecionais. O mesmo é dito na antropologia atual quando questiona a flecha única descrevendo uma "evolução" de povos chamados "primitivos" para povos "desenvolvidos". Ou natureza > civilização em lugar de diferentes civilizações. O modelo espectral, juntamente com a cesura e as simetrias heterogêneas, sustenta uma ética complexa (Morin, 2005), e não delírios autorreferenciais.

> *Vou recorrer a uma expressão que considero útil, tomando emprestado um termo dos matemáticos: "iniciativa absoluta". Por "absoluta", me refiro a ambas as direções – a iniciativa de retornar e a iniciativa de seguir adiante. O ponto importante é a iniciativa, não o rumo... Digo "iniciativa" para expressar uma área neutra, intermediária, entre ambas as direções. Quem dá a luz a um bebê? A mãe ou o feto a termo? O feto a termo de algum modo indica que já não quer mais estar dentro da mãe? Ou a mãe indica que já não quer mais levar consigo este peso? (Bion, 1978, p. 101)*

Indecidibilidade da origem, causalidades destituídas, encontros nas pontes dos nascimentos. A ideia de que a mãe é quem recebe a um bebê é transformada em "é o nascimento que recebe aos dois" (Tortorelli, 2009). No dizer de Mia Couto, a vida, ela toda, é um extenso nascimento. E Bion quase disse: a vida, ela toda, é uma extensa cesura do nascimento.

As viagens: renascimentos

Com os conceitos formulados, podemos conversar sobre suas poesias. Deslocamentos, continuidades, separações, idas e vindas. Cesuras. Sobre o *e* em lugar de *ou*. A Odisseia (Homero, 2011), um trajeto não linear, uma demora de mais ou menos 10 anos (o tempo de uma análise?) com peripécias, seduções, ameaças, encantamentos, violências, para finalmente (?) voltar à casa, ao lugar de onde se partiu, mas também nos partimos ao sairmos para conhecer, viver, enfrentar o mundo estrangeiro em nós. A casa não será a mesma. O re-conhecimento não será completo. Não será uma volta, e sim uma re-volta. A casa também se faz estrangeira. Odisseu (ou Ulisses) será estrangeiro em sua própria casa, como somos e seremos todos, em nossas próprias mentes, como Freud e os poetas antes dele já nos haviam dito. A busca interminável de si mesmo, algo que experimentamos quando como analistas/analisandos empreendemos nossas viagens de idas e voltas, muitas voltas, re-voltas para não chegarmos jamais onde o porto nos partiu e o parto nos pariu. O umbigo do mito, parafraseando Freud com seu umbigo do sonho, o inalcançável do sonho. Pontalis diz que o sonho é uma tentativa de retorno ao início, ao corpo da mãe, o reencontro do impossível, ao fim e ao começo de tudo. A viagem é infinita enquanto dura. Essa volta re-voltada é o que nos faz seguir viagem, onde o porto é apenas um lugar transitório de repouso antes que novas cesuras nos desafiem. *Evolve* é rodar, dar voltas, volvo é voltar, como os pneus/rodas de um carro (Sandler, 2013). Bion usa *evolve* e não *evolution* para falar de *O* e de suas transformações.

O fato selecionado permite a Odisseu sair por momentos da turbulência, do caos, das ameaças e encontrar calmarias que logo se transformam em novas tempestades. A viagem é interrompida momentaneamente, desfruta-se de momentos de segurança, e logo temos que seguir nessa viagem de encontros e desencontros. A capacidade negativa é nosso timoneiro permitindo-nos tolerar as incertezas, meias-verdades e mistérios sem uma procura ativa de explicações ou "do fato e razão" até que alguma musa nos inspire no encontro sempre transitório de um novo estar-sendo.

No Hades, Odisseu vai se aconselhar com Tirésias antes de uma nova tentativa de retorno. Nesse inferno espectral, podem-se encontrar os mortos e os vivos, deuses e homens têm relações muito próximas. No Hades, alguns deuses/as são filhos/as de humanos e alguns humanos são filhos/as de deuses. Os mortos falam com vivos e vice-versa. Mas não é isso que ocorre em nossos sonhos? Não é isso que Bion nos mostra na Trilogia? As cesuras entre vida e morte, entre deuses e homens, são constantemente atravessadas nos mitos e sonhos, e também em nossas análises. Os mortos e os deuses não configuram opostos, e sim auxiliares, objetos internos inspiradores, em nossa permanente busca de nós mesmos. Quando falamos de Odisseu, falamos de esperanças de encontros de algo que nunca será o que foi e nunca será o que será. As crenças e as expectativas não se sujeitam a isso e acreditam piamente e plenamente que algo sempre será o que foi e sempre será o que será. No entanto, a viagem de volta, o eterno retorno, é também uma reconciliação, uma reparação, um perdão, com o que foi e com o que é. Esses são os diferentes sentidos da palavra *atonement* (*atonement day* = dia do perdão). A reconciliação, estar em uníssono com O, *at-one-ment.*

A viagem nos mitos e sonhos é sempre uma viagem de re-volta, de uma volta também para um futuro. A viagem da psicanálise, como a viagem da vida. Em cada sessão, estamos, analisandos/analistas, começando uma nova viagem. Não sabemos como irá começar e nem terminar, nem os monstros violentos que veremos nem os cantos sedutores que escutaremos. Cada viagem de cada sessão tem o gosto de uma primeira vez. Não sabemos com quem viajaremos, não sabemos se voltaremos. Essa *Odisseia* é única, irrepetível. Bion propôs o trabalho sem memória, desejo e necessidade de compreensão para cada uma dessas nossas *Odisseias.* A viagem será muito mais arriscada, mas será, também, muito mais verdadeira. Essa re-volta, que transforma o nosso próprio caminhar, é a re-volução que faz do sujeito o seu jeito. A travessia da análise é re-evolucionária, é espectral, cesural, e não evolutiva.

Esse caminhante espectral das travessias, esse *travesso*, estaria mais próximo daquilo que os franceses chamam de *flanêur*, um passeador, aquele que caminha sem sentido, além do prazer com(n)-sentido do próprio caminhar. Se tentarmos, nessa caminhada, aproximar-nos a O, simultaneamente em mim e no outro – esse Eu-Tu de que nos falava Buber e Bion –, teríamos que, além de carregar o menor peso possível, ou seja, sem memória, desejo e necessidade de compreensão, levar também uma boa dose de capacidade negativa e um razoável ato de fé e esperança, sem datas de vencimentos muito próximas. Essas condições para a viagem nos ajudarão em momentos de trânsitos interrompidos, "caminhando contra o vento, sem lenço, sem documento, nada no bolso ou nas mãos".

Penso no modelo espectral Ilíada ↔ Odisseia como um modelo mítico que descreve as viagens (cesuras) que fazemos entre direções diferentes, o que não significa oposições. Para o paciente do material clínico apresentado, as viagens significavam idas e vindas para um mesmo lugar, o lugar do abandono, da perda de referências, não encontradas nem em suas saídas e tampouco em seus retornos. Nenhum caminho o leva à Roma, à mãe Ítaca. Obstáculos, engarrafamentos que desencadeiam fúria e desespero, desesperança. Seu retorno impossível a um "útero primordial", ao umbigo do sonho, à casa primeira, somente era "possível" pelas fantasias masturbatórias *engarrafadas* (numa garrafa!), tão expressivas de sua onipotência como de seu desamparo. Ser olhado pelo psicanalista era a sua demanda nesses *engarrafamentos* que marcam territórios que nunca serão o que já não foram, se o trabalho de sonho alfa, a mãe em si mesmo, não for *marcada* territorialmente, como a casa da infância, reencontrada em cada ida e em cada retorno. Até então, cada viagem será somente a primeira e última. Assim, seus des-louca-mentes não implicam, ainda, movimentos, expansões, deslocamentos. A mente do outro, como a garrafa, é o seu quarto de despejos, do livrar-se de vivências de loucura, de terrores insuportáveis, de retornos impossíveis, de gritos engarrafados, buscando por oceanos sem fim algum *abri-dor*, alguma *mão* que o leve mais leve, um renascimento. Somente assim, como nos diz Mia Couto, a casa da infância será como um rosto de mãe: contemplamo-lo como se já existisse antes de haver o Tempo.

Trânsito/chegada

Evelise de Souza Marra

Coordenar uma mesa em que, de um lado, temos um apresentador de "imaterial clínico" (termo cunhado por A. C. Eva) e, de outro, a apresentação de ideias resultantes de uma, ou a combinação de mais do que uma, teoria sobre o funcionamento mental é lidar com o fosso, com o salto, com a passagem, com a cesura. Se tivéssemos duas apresentações clínicas ou duas teóricas, também teríamos que lidar com o fosso, dada a natureza singular da psicanálise e a forma como entendemos que operamos por meio de "transformações" resultantes de uma lente implantada e própria (modelo sugerido por A. C. Eva).

Como tudo aqui se refere à essência do trabalho psicanalítico, especialmente o clínico, agradeço sinceramente a oportunidade deste exercício.

Bion enfatiza que a psicanálise nos remete às questões práticas da vida, enquanto a filosofia se ocupa de temas próximos, porém, no plano das ideias. Também nos lembra que se, numa análise, não lidamos com as questões da vida, devemos nos perguntar para que estamos nos encontrando com um analista. Ao lado disso, como Renato já de início destaca, o que distingue um psicanalista é o seu "*shibboleth*", uma teoria norteadora sobre o funcionamento mental na base de conceitos embasados no psiquismo. Em Freud, a teoria foi delimitada pela ideia de consciente-inconsciente, trauma, conflito (instinto sexual/conservação, vida/morte, id/ego/superego), sexualidade infantil, repressão e um método assentado na análise da "transferência". Hoje, o que norteia um psicanalista que, além de Freud, teve contato com Klein e Bion? Isto é, o que norteia este psicanalista que tem que lidar com as noções de mundo interno--externo introjetado no jogo das pulsões de vida e morte com o objeto seio desde o início e a revolução, introduzida com "transformações", que aloca o psiquismo do analista, com seu inconsciente, na relação analítica?

O método escolhido foi da apresentação "completa" da clínica e das considerações teóricas do comentador. Estive confortável nesta mesa pois, na medida do possível, compartilhamos nossas teorias – o que facilita a comunicação, desde que prevaleça o grupo de trabalho sobre o de pressupostos básicos.

Cesura tem se revelado, também para mim, uma preconcepção na qual encontramos muitas realizações. Cesura implica separação e continuidade, capacidade negativa para tolerar a suspensão de razão e suportar as conjecturas, respeitar o quanto de "sonho", "função alfa" e "imaginação" (A. Chuster) movimenta nossas "observações", "intuições", "interpretações", tom de voz, ritmo, gestos etc. A clínica apresentada por Davi se coaduna com isso. Um analista sereno, calmo, que tolera a ideia de que o analisando pode enlouquecer e que, sem saber o que, e quando, é "surto", prossegue em vínculo A (amor) e K (busca de conhecimento). Também tem paciência com uma revelação secreta e provocativa do que o analisando faz, privativamente, no contato com os outros. Paciência para não se precipitar em formulações de símbolos fixos e aguardar os próximos passos. Basta ao analista propor que o analisando delimite o terreno. Talvez um limite ao contato, exposição e mesmo intimidade, revelando que sempre pode resguardar um segredo, um não dito, e triunfar.

Renato, ao enfatizar a cesura como um suporte para pensar, salienta também a inserção da psicanálise nas teorias da complexidade, nas quais causa e objetivo não se coadunam. Costumo dizer que somos analistas do trânsito, e não do destino.

Penso que a escolha não poderia ser mais feliz: "montanha russa ou ucraniana", vítima ou algoz, surto vem de fora ou de dentro, experiência (aprendizado pós-natal) ou primordial, adquirida ou genética?

O analisando reafirma a queixa de perda de controle nos receios de chegar, medo de turbulências, de errar e provocar desastres. De novo, as cesuras: medo de chegar onde? Lá, onde organiza o fato, ou aqui, que é movido a compartilhar seus segredos e os meios que usa para se aliviar dos apertos? De errar e derrubar a oportunidade de, na análise, "aprender com a experiência analítica"?

O analista introduz a cesura pensamento/controle e, poderíamos dizer, pensamento/não pensamento, parte pensante da mente/parte psicótica.

O analisando pode sempre contar histórias ou estórias (o analista também) com diferentes funções. Aqui as histórias enfatizam seu sofrimento, reiterando seus sintomas obsessivos na tentativa de controle e a descoberta da inoperância deles. Precisa de uma garrafa, e não só uma colher de chá. Enfim, parece que sofre e deseja uma cura, ou uma companhia nos seus deslocamentos ou des-louca-mentes (Renato).

O analista organiza-se pelo "deslocamento", essencial no que é vivo, e aponta que, afinal, há o destino, mesmo que provisório, o que inevitavelmente nos remete ao destino final. É levado por sua função sonho para memórias (não buscadas) que oferece ao analisando. São memórias da história ou estória psicanalítica, de um contato atento, concentrado e afetivo. Em análise, a dupla oferece um ao outro um tempo de vida, um tempo finito, portanto precioso, que requer toda consideração. O analista vive e trabalha no encontro e põe fé nas ressonâncias surgidas. Se surgiram e ele está em sintonia e presente, existe a fé que tem a ver com a dupla e não só consigo mesmo.

Parece-me que, com essa formulação, deparamo-nos com uma cesura inescapável e desafiante ao analista pós-moderno, ou "pós-Freud, Klein e Bion", que considero a vertente teórica em ação neste encontro. A cesura trauma-experiência passado/novo-nunca-vivido; memória/intuição; revelação/criação; experiências precoces/experiências atuais; pré-natal/pós-natal; proposição de sentido/descoberta do sentido; transformações cognitivas/transformações no sendo; TK/TO; interpretação reveladora do sentido/interpretação criadora de sentido; mesmo paradigma/novo paradigma etc.

Sempre nos assalta a indagação de Bion em sua última sessão com Klein de "o que afinal é Psicanálise?", à qual acrescento: "o que faz um psicanalista?".

Bion enfatizou em psicanálise a presença e a primazia do desconhecido, isto é, fazemos aproximações, propomos ideias, versões, nunca a verdade em si. E o desconhecido sempre excede o conhecido, daí a preferência pelo par finito-infinito ao par consciente-inconsciente. Alerta continuamente para o inefável da experiência, o trânsito, o movimento inerente ao que é vivo. Enfatiza a dimensão do ser na sua relação com o conhecer; isto é, o conhecimento ganha outra dimensão se realmente transforma o ser, ou se transforma em ser.

O fato é que, no final das contas, psicanálise é uma experiência apoiada, em grande parte, em conversa, de preferência tendo a ver com a vida real, e inclui, inevitavelmente (deste nosso vértice teórico), o alucinado. Os assuntos propostos envolvem questões prosaicas ou grandiosas. O analista, ora sem palavras, ora se expressando coloquialmente, muitas vezes de forma próxima ao "senso comum" ou com as "teorias fracas" no dizer de Cecil

Rezze, fará sua parte com o recurso de suas elaborações no contato com teorias extremamente sofisticadas, o preparo emocional que pode desenvolver na sua própria análise pessoal, seu arsenal de experiências pessoais e uma ética que privilegia o atendimento ao cliente, e não a si próprio (Evelise Marra).

Nos dizeres de W. Bion, no encontro analítico, os dois estarão assustados frente ao desconhecido e à turbulência inerente à experiência emocional do encontro, mas espera-se que o analista não seja o primeiro a correr! Os dois analistas apresentadores – Davi e Renato – não correram e nos ofereceram uma preciosa oportunidade de usarmos suas exposições no nosso contínuo evolver psicanalítico.

Referências

Bion, W. R. (1948). *Experiencias en grupos*. Paidós.

Bion, W. R. (1977). Caesura. In *Two papers: the grid and caesura*. Karnac.

Bion, W. R. (1978). Seminário realizado em Paris, 10 jul. 1978. Transcrição de Francesca Bion, set. 1999. Tradução de Wellington Dantas (SBPRJ), abr. 2000.

Bion, W. R. (1992). *Cogitations*. Karnac.

Chuster, A. (2001). Comentários sobre a conferência de Bion em Paris em 1978. *Revista de Psicanálise da SPPA*, *8*(1), 103-106.

Freud, S. (1978). Tres ensayos de teoría sexual. In S. Freud, *Obras completas* (J. L. Etcheverry, Trad., Vol. 7, pp. 109-224). Amorrortu. (Trabalho originalmente publicado em 1905)

Freud, S. (1984). Psicología de las masas y análisis del yo. In S. Freud, *Obras completas* (J. L. Etcheverry, Trad., Vol. 18, pp. 63-136). Amorrortu. (Trabalho originalmente publicado em 1921)

Freud, S. (1959). Inhibitions, symptoms and anxiety. In S. Freud, *The standard edition of the complete psychological works of Sigmund Freud* (J. Strachey, Trad., Vol. 20, pp. 75-175). Hogarth Press. (Trabalho originalmente publicado em 1926)

Freud, S. (1986). Nuevas conferencias de introducción al psicoanálisis. In S. Freud, *Obras completas* (J. L. Etcheverry, Trad., Vol. 22, pp. 1-168). Amorrortu. (Trabalho originalmente publicado em 1933)

Homero. (2011). *Odisséia*. Companhia das Letras.

Morin, E. (2005). *O método 6: ética*. Sulina.

Pontalis, J. B. (2007). *El que duerme despierto*. Adriana Hidalgo.

Sandler, P. C. (2013). Verbal and visual approaches to reality. In *Clinical application of Bion's concepts* (Vol. 3). Routledge.

Tortorelli, M. A. (2009). Entre. *Conferência em Buenos Aires*, 4 abr. 2009.

Trachtenberg, R. (1998). A gangorra. *Revista do CEPdePA*, (7), 137-154.

Trachtenberg, R. (2005). El modelo ético-estético de Bion/Meltzer: de la pasión por el psicoanálisis ↔ por el psicoanálisis de la pasión. *44º Congresso da IPA, Painel "Un modelo ético-estético basado en Bion y Meltzer"*. Rio de Janeiro, 28-31 jul. 2005.

Trachtenberg, R. (2008). As fronteiras: uma proposta para pensar diferenças entre ética e moral. *Revista do Instituto de Psicologia (Ipsi)*, *2*, 26-32.

Trachtenberg, R. (2012). Cesuras e des-cesuras: alguns pensamentos sobre o lado oculto da lua. *Berggasse 19 – Revista da Sociedade Brasileira de Psicanálise de Ribeirão Preto*, *3*(1), 97-121.

Trachtenberg, R. (2013a). Caesura, denial and envy. In H. Levine & L. Brown (Eds.), *Growth and turbulence in the container/contained: Bion's continuing legacy*. Routledge.

Trachtenberg, R. (2013b). Cesuras e des-cesuras: as fronteiras da (na) complexidade. *Revista Brasileira de Psicanálise*, *47*(2), 55-66.

Trachtenberg, R. (2017a). O rio, a ponte e o outro lado do rio: alguns pensamentos sobre estrangeiros, fronteiras e psicanálise. *Psicanálise – Revista da Sociedade Brasileira de Psicanálise de Porto Alegre*, *19*(1).

Trachtenberg, R. (2017b). Supervision D11commentary. In J. A. Junqueira de Mattos, G. Mattos Brito & H. B. Levine (Eds.), *Bion in Brazil: supervisions and commentaries*. Karnac.

Trachtenberg, R. (2018). Sem Título. *Berggasse 19 – Revista da Sociedade Brasileira de Psicanálise de Ribeirão Preto*, *9*(1), 74-94.

Trachtenberg, R. (2019). The impressive caesuras: some thoughts about complexity and paradoxes. In A. K. Alisobhani & G. J. Corstorphine (Eds.), *Explorations in Bion's "O": everything we know nothing about*. Routledge.

Trachtenberg, R. (2022a). Intuition in a spectral model of the mind. On caesuras, bridges and other crossings. In A. Grimalt (Ed.), *Bion, intuition and the expansion of psychoanalytic theory*. Routledge.

Trachtenberg, R. (2022b). El puente de la infinitud. *Psicoanálisis – Revista da Asociación Psicoanalítica de Buenos Aires*, *XLIV*(1), 83-94.

Trachtenberg, R, (2022c). W. R. Bion: um pensador da (na) complexidade. In: Gradiva Grupo Atlântico de Psicoterapia Psicanalítica (Org.), *Gradiva e suas andanças*. TGE.

Trachtenberg, R. (2022d). O lado oculto da lua: alguns pensamentos sobre pontes, cesuras e ética complexa. *Revista Brasileira de Psicanálise*, *56*(2), 143-163.

8. Meu corpo, meu palco

Júlio Conte
Maysa Marianne Silva Bezerra
Cláudia Mazzini Perrotta

Introdução

Compartilhamos neste texto as ressonâncias surgidas na discussão do caso clínico Íris, apresentado na sala intitulada "Meu corpo, meu palco" do evento online *Diálogos bionianos I – Vastas emoções e pensamentos imperfeitos*, ocorrido em agosto de 2022 sob coordenação do Laboratório Interinstitucional de Estudos da Intersubjetividade e Psicanálise Contemporânea (LipSic).

Trata-se de um caso clínico efervescente, que impactou de variadas maneiras o público presente, composto de analistas de diversas instituições. Múltiplas leituras foram se sobrepondo, sem que uma solapasse ou eclipsasse a outra. Durante o encontro, dançamos entre os embalos da vida e da morte. Todos fomos protagonistas no mesmo palco, povoado de sonhos, emoções e pensamentos. Plateia cheia.

Muitas imagens se constituíram em elos entre as mentes de nossos interlocutores. A da corda, que enforca, prende e estreita, mas também emana som, vibração e vida, fazendo-nos lembrar do cordão que une mãe e bebê. Fios de Eros ou de Tânatos? A do arco-íris: há em Íris, essa que convoca o olhar pela sua exuberância de sedução e sofrimento, o vir a ser de um arco-íris? Íris mira na morte e acerta na vida, no colorido.

E o que dizer da analista? Pode ela ser curada por essa incitação de cores? Incandescência ou luz no meio da escuridão?

Primeiro ato

Personagens

- Íris, a paciente.
- Maysa, a analista-narradora.

Cenário

- Sala de atendimento.

Era um dia quente na cidade. Eu estava em uma sala minúscula com o ar-condicionado na temperatura mínima, na tentativa de me proteger – inutilmente – de uma das maiores estrelas do universo. O sol não dava descanso. As paredes e os móveis da sala, cobertos com tons frios e sóbrios, pareciam, de uma forma muito singela, apaziguar o calor da minha pele.

O choque térmico entre o muito quente de fora e o muito frio de dentro tentava se entender para desfazer essa briga que não ia a lugar algum. Entre o instante em que o meu olhar captava, pelos vidros, a paisagem das ruas (no meu lado esquerdo); a estante que dava sustentação para o relógio (no meu lado direito) e o visual de um quadro na parede que ainda não estava lá – mas que eu já sonhava com a imagem que poderia abrigá-lo – (à minha frente), escuto alguém bater à porta. Decerto, eu sabia que tinha alguém por vir, mas há sempre um susto que ocorre no momento da espera e o da chegada de alguém. O susto do encontro. Pergunto brevemente em silêncio: "será ela?".

Abro a porta e Íris estava com o cabelo ligeiramente bagunçado, um ar de que estava correndo e que, por isso, chegou esbaforida na sessão. Suas roupas me deixavam confusa sobre o lugar em que ela poderia ter circulado. Breve agonia. Seu corpo pesava a sala, a tal ponto de sua curvatura triplicar de tamanho. Era como se tivesse várias Íris comigo – do passado, do presente e do futuro. Chegou carregando pastas nas mãos, não sei exatamente do que se tratava, mas naquele instante sou despontada por um clima de seriedade e, subitamente, tenho um breve contentamento de que aquele objeto, e os papéis que estavam dentro dele, poderiam apontar para alguma organização na vida da jovem, algo do qual ela sempre se esquivou. Sou inundada de um alívio criado pela minha própria imaginação. Sonho rapidamente que Íris poderia estar cuidando de si, resolvendo papeladas do seu trabalho ou dos estudos – quem sabe? Após se sentar na cadeira, ainda buscando uma posição confortável, para si e suas pastas, escuto:

– Preciso de um remédio! – bradou, muito agitada. Enquanto falava, olhava para cima ou para os lados, como se quisesse desviar o olhar do meu. – Será que sou hipocondríaca? Estou sempre procurando alguma doença...

Tomo um susto. Aquela sensação de organização do início caiu encarrilhada na minha frente. A maré estava agitada. Nesse momento, o calor do sol irradiou ainda mais dentro da sala, os feixes de luz atravessavam o vidro, como se tentassem cortar as paredes e os nossos corpos. Ainda não sangrávamos. Ainda.

Desta vez, Íris supunha estar com câncer na boca; de repente, seus lábios secam e sangram, contou, fazendo-a sentir uma agonia por precisar hidratá-los constantemente. Uma busca no Google a fez concluir que se tratava, em suas palavras, de um "câncer incurável", levando-a a afirmar categoricamente: "Eu tenho algum problema!".

Permaneci quietamente inquieta. Meus pensamentos acelerados aumentavam o calor do meu corpo. Tentava me concentrar no vento frio e oscilante da sala para recuperar uma boa oxigenação. Naquele momento, eu só necessitava respirar bem. Sem o movimento do diafragma, não conseguimos respirar, pensar ou sonhar. As coisas se tornam como eternos socos no estômago. Eu deveria me organizar, aos poucos, como pastas com divisórias.

Depois de alguns anos acompanhando-a em tratamento, segui como sempre fazia quando Íris trazia temas trágicos, e sem uma aparente saída, em nossas sessões: perguntei como havia sido sua semana e o que a fazia supor que necessitava de medicação. Íris me contou então da nova briga que tivera com o marido, também pai de sua filha, e com a sogra. Os conflitos familiares, incluindo a violência física e emocional, sempre fizeram parte da vida dessa paciente. Senti uma profunda tristeza e desesperança. Parecia que o encontro de Íris com o mundo era sempre tomado de susto. Aquele susto seguido de afastamento e terror. E não aqueles que se desdobram em riso e partilha.

– Como você ficou depois dessa situação? – perguntei.

Depois do deserto de sentidos que se instalou entre nós, algo cintilante dava indícios de aparecer. Seria uma miragem? Íris me respondeu que estava muito perturbada e triste, pois não queria ter rompido com a sogra, uma figura que, muitas vezes, dedicava-lhe um afeto maternal. Fui levada por um caminho não imaginado. Naquele momento, era preciso ter coragem. O pedaço de fio partido que a jovem trouxera na mão precisava ser remendado com o fiapo que ainda existia no final.

– Será que você pensa ter um problema quando, impulsivamente, briga com as pessoas que ama? – questionei.

– Sim, provavelmente sim..., mas não entendo por que sou tão agressiva em determinados momentos.

Eu não recuei. Era preciso avançar. Juntas.

– Por que será que você está procurando uma doença? – continuei.

Lembrou-se então das vezes em que ficou doente na infância e do quanto gostava de faltar na escola e ficar enroladinha na cama, recebendo comidinhas gostosas de sua tia, sendo "paparicada" e cuidada. Nesses momentos, sentia-se amada por uma pessoa adulta, o que era raro, pois Íris havia sido abandonada pelos pais ainda pequena.

O afeto apareceu e o horror sangrento foi estancando aos poucos.

– Será que não é desse cuidado que você carece nesses momentos de angústia? Será que não é esse tipo de remédio que você está buscando? – questionei, enquanto Íris concordava com um meneio de cabeça, e enfatizando mais uma vez o quanto estava se sentindo mal com os últimos acontecimentos.

A agitação inicial foi acalmando ao longo da sessão, e a temperatura da sala foi ganhando um novo equilíbrio. Passamos a brincar com a expressão "remedinho para alma" – o que, na vida de Íris, poderia ser "encaixado" nessa categoria? Quais outros possíveis "medicamentos" ela poderia buscar para cuidar de seus problemas, que não necessariamente uma cartela de comprimidos?

A cada fim de atendimento, Íris me fazia lembrar da sua dura história. E continuar tecendo seu passado, presente e futuro. Na adolescência, Íris tentou suicídio de inúmeras formas, além de se automutilar e fazer uso constante de drogas ilícitas, colocando sua vida em risco. Sempre muito provocadora, utilizava seu corpo como palco, tanto de sedução quanto de sofrimento. Sua história é marcada por desamor, abandono e violência.

No balanço entre continuidades e descontinuidades, desorganizações e organizações, movimentos de morte e vida, Íris seguia.

Segundo ato

Personagem

- Júlio, o pensador-psicanalista-dramaturgo onírico.[1]

---

1 Júlio Conte é psicanalista, médico, diretor de teatro, ator, dramaturgo etc. O etcétera é a parte mais significativa, conjunto vazio, rumo ao futuro e ao desconhecido. No passado, formou-se em Medicina e Direção Teatral pela Universidade Federal do Rio Grande do Sul. No presente, é membro pleno do Centro de Estudos Psicanalíticos de Porto Alegre e membro fundador do Instituto W. R. Bion. No outro mundo do teatro, escreveu e dirigiu inúmeras peças entre elas *Bailei na curva*, que permanece em cartaz com temporadas intermitentes há 39 anos. Ganhou prêmios de teatro adulto e infantil, melhor espetáculo, melhor diretor, Troféu Açorianos, Troféu Mambembe, que embalaram a vaidade e a ilusão de ter relevância em futuro incerto. No mundo onírico, sonha nas articulações entre a psicanálise e o teatro em trabalhos como *O rei da escória*, sobre paciente no manicômio; *Latidos*, um enlutado café da manhã entre mãe e filha; e *Beckett-Bion: gêmeo imaginário*, no qual explora a impressionante relação analítica travada entre Samuel Beckett e Wilfred Bion nos anos 1930. Publica, com Arnaldo Chuster e o grupo de Porto Alegre do Instituto Bion, vários livros e artigos, entre os quais Grade Negativa. Teve COVID-19; a pandemia despertou o melhor e o pior de todos, e o autor sobreviveu a ambas as partes. E ao vírus. Não é mérito, foi o acaso.

Cenário

- O corpo de Íris.

as palavras que caem, não se sabe onde, não se sabe de onde, gotas de silêncio através do silêncio

(Beckett, 2009)

Íris é o nome fictício da paciente-personagem que serviu de estímulo para este diálogo bioniano. Também é um sistema de contração e relaxamento da pupila, o qual permite que a retina receba a quantidade necessária de luz para processar a imagem que entra em nossa mente através do nervo óptico. No entanto, o que acontece quando a luz incide de forma tão intensa, não permitindo que as imagens se formem? As mães ensinam as crianças a não olharem diretamente para o sol. Inútil advertência: olhamos mesmo assim, e o resultado deste pequeno Ícaro são manchas de luminosidade que alternam entre o claro-escuro e a cegueira temporária. A luz que penetra, em sua paradigmática dualidade de ser ao mesmo tempo matéria e onda, não forma imagens, mas sim borrões na mácula.

Recém-nascidos enxergam em alguns momentos para, depois, mergulhar em um período de cegueira, durante o qual tratam de processar a luminosidade. Durante este período, o sistema nervoso tenta encontrar mediadores para a luz, alguém ou algo que ajude a controlar as intensidades, que cuide de nós, filtrando e nos protegendo dos excessos. Permanecemos cegos às imagens até que, desta intensidade branca, surjam sombras, imagens e formas difusas de um rosto futuro, ainda impreciso, sombra do arredondado do seio, como imagens que se recortam em sombra e luz. A sombra circular ganha expressão, olhos talvez surjam no borrão que nos desvela, quem sabe uma boca com sorriso, quem sabe os sons que saem desta boca, uma música indefinida, e então a luminosidade se expressa no vínculo, na voz, na relação. Da luz que cega até a luz que forma vínculo, temos uma transformação do mundo interno passando de intensidades para qualidades. O mundo imediato dos estímulos é intenso e insuportável quando desprovido de mediação, deste diafragma que contrai e relaxa.

Bion faz referência em sua obra a como os antigos entendiam o diafragma: lugar de onde advém os pensamentos, o fole que contrai e expande os pulmões permitindo o fluxo da vida. Estendido ao sujeito, este sistema pode ser chamado de função alfa – aquilo que faz a mediação, aquilo que nos amanhece na aurora do ser, desvelando-nos em nossa dualidade corpo e mente, operacionalizando os processos, transformando luz em imagem, sensorialidade em pensamento. Barreira de contato, função alfa, sonho alfa, pensamentos oníricos, cesura; processos que transformam e mantêm invariantes, invariâncias que permitem extrair, da luz cega, sombras de objetos. Cegar-se artificialmente para poder ver, no claro-escuro diafragmático, a sombra que antecede o objeto. Antes de ser perdido, o objeto precisa ser encontrado.

"Meu corpo, meu palco" coloca em cena uma peça na qual o ator não sabe nada da personagem e a personagem não se relaciona com o ator. Sem mediação, o diâmetro da relação continente-conteúdo se perde na imensidão. Pontos tão distantes um do outro que fica impossível achar o fato selecionado que desenha o argumento circular.

Nessa cena, se todo personagem é um pensamento sem pensador, permanece na pura sensorialidade do palco vazio. Cabe ao ator encontrar a personagem, descobri-la, desvendá-la e, em se revelando, incorporá-la. Tomar o corpo para si como se fosse seu. No caso de Íris, porém, a atriz entra em cena num palco às escuras, e seu corpo é um joguete de uma lógica que está mais além. A plateia que observa percebe que se desenrola no palco uma trama, por vezes repetida e banal. Limiares da vida são testados: tentativa de suicídio, corte na carne, sedução e sangue. Sofrimento físico sem dor, dor sem nome. O espectador pode conferir sentido ao drama, mas está tão alienado da narrativa quanto o protagonista da própria cena. Separados pela quarta parede, a cesura aprisiona-se nas extremidades do espectro, o diâmetro continente-conteúdo tende ao infinito, caracteriza o hiato simbólico. O continente torna-se contingente, um detalhe que atravessa o palco ao acaso, incerto, e qualquer relação que se cria é jogada na lata de lixo da falta de sentido.

A morte passa a ser o único personagem que habita a cena, porque imediata, e imediatamente aterroriza o público, provoca sentimento de impotência e terror. Em cena agora, o terror impotente da parte psicótica da personalidade, desenhando alucinações invisíveis. Corta a carne para sentir o que não sente, o não ser na escuridão do corpo destituído de alma. O sensorial, a intensidade são tentativas de pensar o que não foi pensado, sonhar o corpo não sonhado, encontrar aquilo e aquele que nos sonha e incorporar o sonho que nos constitui.

Íris representa uma ideia de um objeto cuja luz não encontra a sua sombra. Para que o objeto produza sua sombra, é necessária uma fonte: o sol, o olhar materno, o vínculo que se projeta sobre o objeto. Íris é o luto antes da perda do objeto. Não faz sentido brincar de olhar o sol sem o sol.

Quando se olha direto para Zeus, vira-se pó. Hera, a esposa ciumenta, ao saber que o marido estava tendo um caso com Sêmele, convence sua rival a pedir que Zeus se revele em sua forma divina e iluminada. Ele cai na armadilha e se mostra em esplendor à amante, que, dada a intensidade da luz, o excesso de sensorialidade que seduz, é fulminada e vira cinzas. Para salvar o filho que ela trazia em seu ventre, Zeus arranca-o do corpo de Sêmele e o costura em sua coxa para seguir a gestação.

Deste segundo útero – em analogia, a análise – vai nascer Dioniso, deus do teatro. Nascido desta intriga, o menino cresce com sua identidade escondida, de modo a evitar ser vítima dos ciúmes de Hera. O palco é seu segundo útero. O primeiro foi destruído pela luz, intensidade pura, curiosidade mórbida que nos desafia a olhar direto para o mistério, Zeus, e no segundo útero, o palco, onde as imagens se formam nas sombras dos refletores.

A intensidade não somente cega, como fulmina, dói tanto que anestesia e o sentido se perde. No teatro do corpo, no palco, acolhe-se a dor da intensidade por tempo suficiente para mitigar, formar imagens poéticas que nos salvam, narrativas, mitos, sonhos e pensamentos oníricos. É a função do teatro. Uma segunda chance para a vida. Pequena ficção da singularidade, que se situa entre realidade bruta, elementos do psiquismo e objetos mentais. O processo de sonhar e o sonho, entre o pensar e o pensamento, entre o continente e o conteúdo, cujo diâmetro se contrai e se expande, entre o zero e o infinito; na ida e volta entre a posição esquizoparanoide e a depressiva; entre a *reverie* e o temor reverencial; entre a transformação e a invariante; entre a continuidade e o descontínuo da cesura; o humor transitivo intransitivo.

O mistério que faz conexão entre dois pontos formando uma linha que se apaga sem deixar rastros, e no conflito, desencadeia o embate entre o somático e o psíquico, no palco corporal.

Os pacientes se cortam. Íris se corta. Está na moda. Intensidade *versus* sensibilidade. O rio vermelho do sangue que atravessa o corpo em direção à mente como tentativa de restaurar a função falhada. Função alfa, aquilo que não se sabe e segue sendo um mistério.

O suicida está na moda, o que se droga sempre esteve – Dioniso que o diga –, o que se corta, o que seduz, o que sente, mas não sofre, o que sucumbe frente ao estímulo, que é excesso, que excede, alta tensão, curto-circuito emocional caindo a chave da emoção, restando o corpo falando uma língua incompreensível, inominável, mergulhada numa profusão de vozes fragmentadas e desconexas. Em busca do remédio que acalme a dor, que aplaque o desespero, mas serve apenas para anestesiar a cena em contração, músculos e mentes convulsos, o corpo somático, corpo psicótico, meu palco, agora na dança da imobilidade, tudo se mexe e nada se move, o movimento que para, estanca, convulsionado, como a dança do enforcado. Uma corda que não acorda e não sonha. A sensorialidade do morto-vivo, vampirizando a dor para sentir o que não sente, desespero atrás do sangue vivo para manter a morte. O remédio que me mantém vivo, ou o remédio que me mantém morto. Eis a questão teórica.

E foi isso que me fez escolher esta vinheta, "Meu corpo, meu palco", pois, quando li a primeira vez, fui convocado pela cena de Shakespeare em Macbeth. Lady Macbeth está insone, alucinando, vendo o sangue em suas mãos, falando com fantasmas, aprisionada no tropismo de assassinar e ser assassinada no *looping* da insônia, quando Macbeth pergunta ao médico se ele não pode ministrar algum remédio que lhe arranque a dor enraizada e apague de seu cérebro as preocupações – "algum doce antídoto" para esvaziar do peito oprimido as matérias que lhe pesam o coração. Ao que o médico responde: "Nesses casos, o paciente deve encontrar o seu próprio remédio".

Que bom que, desta vez, Íris não está só, entre gotas de silêncio re-mediadas.

Terceiro ato

Personagens

- Maysa, o segundo útero.
- Íris arco-íris, a suicida sem pontaria.

Cenário

- A mente da analista.

Como uma adolescente lida com seu corpo? Que mulher está se instalando ou já lá está? Será que Íris necessitava de um remédio ou da automutilação para protestar contra o próprio crescimento do corpo que havia se tornado um inimigo?

O corpo de Íris sempre foi telegráfico, um encaminhador de mensagens codificadas, mas, muitas vezes, acabava provocando mais ruídos do que símbolos compreensíveis ao seu receptor. Em qualquer lugar que chegasse, Íris conseguia captar o olhar do outro: choque, paralisia, terror, repugnância, dúvidas, intimidação, encantamento, sensação de perigo, hesitação, um arrepio na nuca. Uma gama de afetos que a sua pele, cor do cabelo, postura e roupas provocavam. Para ela, o seu corpo era facilitador ou perturbador de vínculos, de satisfações e incômodos. Um corpo que refletia uma sombra, uma fonte, um fantasma e a morte que vivia acompanhando-a. Um corpo exuberante que escondia, como em um palco de teatro, um fundo falso e vazio, por trás das cortinas. Os desconfortos só cessavam quando percebia que, com seu corpo, conseguia captar o olhar do outro, como uma presa hipnotizada pelo predador. Ela precisava ser vista para existir. Um corpo estranho, sexual, de dor. Havia espaço onde caber a ternura? Ou esse buraco indicava o insuportável na história de Íris?

A quem Íris busca capturar pelo olhar? O que o sexual poderia esconder? O que as transgressões desejavam falar? Seria a busca de limites? Ou um teste para saber se o outro não iria embora? A sua mãe e seu pai sempre foram figuras ausentes afetivamente, e nunca colocaram Íris no lugar de filha. Seriam esses atos formas de convocá-los para a sua vida? Nos momentos da análise em que meus afetos estiveram mais intensos, que tipo de posição essa jovem me demandava? Será que, na sua fantasia, tornei-me a pessoa que não tamponaria as suas palavras com remédios? O remédio tampona a letra e dá lugar ao não dito. Sabemos que, por trás da demanda, há desejo e necessidade que precisam ser ouvidos. Devemos entender que aí habita uma língua que não se consegue falar, mas que é necessário encontrar formas de traduzi-la, utilizando o filtro da mente da analista. Os hieróglifos que eram emanados na carne de Íris tornavam-se códigos aparentemente desconectados, mas que mantinham, em si, um sentido. A imagem, o enigma e a dificuldade de compreensão pareciam amalgamados.

No dia em que Íris foi ter o seu primeiro filho, entrou em contato comigo, não só para me comunicar sobre o acontecimento, mas também para ressaltar a importância da análise como um espaço propício à vida. Havia algo em Íris que precisava nascer junto à analista. Surgiu uma segunda chance de vida, um outro nascimento que apontava para a necessidade de que algo morresse. Era necessário um corte, rasgar a pele, abrir, sair de dentro, a pulsão precisava saltar para fora, para que ela existisse de algum novo modo que não estava cabendo mais nos moldes anteriores. O comunicado era que eu cortasse a corda para que ela agora nascesse como mãe. *Ex toto corde, corda, coração.* Eu precisava oferecer outra corda, não para ela se enforcar, mas para se enlaçar à vida – o cordão umbilical que une, mas que precisa ser cortado para se permanecer vivo. A corda que prende, que salva, uma corda jogada no penhasco ou no alto-mar para salvar aquele que está correndo risco de morte. A corda precisa ser amarrada ao corpo e segurá-lo para o resgate ser feito. Uma corda que, ainda que se perca no caminho, precisa chegar ao trajeto final.

O corpo de Íris servia como uma caixa de ressonâncias. Como um violoncelo, seu corpo era um instrumento cujas vibrações me alcançavam, e eu vibrava junto, em um sentir entre cordas. Como se dá a comunicação entre inconscientes? Como as emoções são transmitidas? Nós éramos essas cordas invisíveis de ressonância mútua. A sua forma de comunicação e linguagem ressoava em mim – uma ressonância dupla e com o poder comunicativo. Íris tocava de um lado e eu de outro. Uma banda ou orquestra em uma contínua des-harmonia. O corpo de Íris desafinava com a sua mente, a mente desafinava com o corpo. O corpo cantava em uma nota e o seu psiquismo em outra. Um corpo como contraparte do pensar, línguas e formas de expressão distintas.

Como foi descrito no Primeiro ato, Íris queixava-se que seus lábios sangravam, o que deveria ser um problema incurável. Vale lembrar, porém, que um corpo que não pode ser sonhado, sangra. E as mortes vividas e não vividas por Íris eram uma espécie de não sonho. Em determinado momento, relatou um sonho que se confundia com alucinação ou fantasia: uma garota estava toda machucada, como se tivesse sido enterrada viva. Íris não sabia o que era vida ou morte, ambas se confundiam em sua mente e em seu corpo.

Os relatos que ela fazia a cada semana apontavam para o horror, o drama, a violência e a teatralidade que estavam em cena. O lugar paradoxal de vida e morte circulava como afeto na sala de análise, o que fazia com que analista e paciente se vissem em situações-limites, caminhando sobre uma corda bamba e tensionadas no fio da navalha. Havia momentos que investia na análise e se mantinha presente; em outros, abandonava-a (assim como fizeram com ela?).

Seu processo analítico foi marcado por presenças e ausências, nas quais o contínuo e o descontínuo da cesura muitas vezes se estancavam. Eu me perguntava: será que ela voltará na próxima sessão? E estará viva? Sairá ilesa dos efeitos de sua própria angústia? Até quando? A cada vez que ela ia embora, o que ficava em mim e o que era retirado? Manter contato com o medo, as angústias, o terror e poder conter, contornar, tolerar, sustentar, suportar, sem esperar muito. Viver os sentimentos de desesperança e esperança sem precisar morrer. Esse era o trabalho necessário. Como nos lembra Bion (1992), em uma sessão de análise, há dois animais ferozes assustados, mas existe a esperança de que um esteja menos assustado com o outro, que, no caso, deve ser o analista.

As diversas tentativas mal-sucedidas de suicídio da jovem evidenciavam que, ao errar o alvo da morte, ela continuamente acertava, pois, na verdade, estava em busca da vida. Como Herrmann (2018) proclama: "há os suicidas sem pontaria!". De variadas formas, Íris buscava saber se o outro não desistiria de sua vida. Nesse caso, o sucesso do fracasso foi encontrar a vida, e não a morte. Ela buscava a vida, pois quem procura a morte, acha. Existia nela um eterno balanço entre a morte con-vida ou o a-mor-te-quero.

Com o tempo, Íris foi construindo novos destinos para a sua história marcada pelas confusões na linguagem do amor e de amar. Os cortes na sua pele, marcas, traços, mensagens que comunicavam, foram substituídos por tatuagens, desenhos, símbolos que permitiam um laço com o outro a partir do momento em que ela escutava das pessoas: "mas o que significa essa tatuagem?". Esse interesse abria o campo da palavra, para que ela falasse sobre si, sobre sua história, seu desejo – anteriormente, os cortes assustavam e calavam todos ao redor. A automutilação buscava a transformação. Que experiências estavam sendo reparadas com esse deslocamento criativo?

Íris se deslocou para o arco-íris, uma luz branca que se transforma em 7 cores, o que aparecia no colorido do seu cabelo e das tatuagens na sua pele.

O seu corpo foi ganhando novos movimentos, e a escuta clínica passou a ser atravessada por cor, corpo, ritmo, sensações, sons. Dançamos juntas pelo trágico e o sublime. A análise ganhou contornos de um flamenco – uma dança do improviso. O baile analítico não dá para ser ensaiado. É preciso entrar em contato com o que a bailarina sente para poder encontrar a devida harmonia. Íris, nos seus movimentos arrebatadores, deixava claro que sua coreografia não era esteticamente trabalhada nem cuidada, mas possuía uma dança carregada de dor, gemido e grito. As transições dos passos aconteciam de forma abrupta e, com o tempo, a sua musicalidade não se tornou mais um ruído aos ouvidos de quem a escutava. Suas cordas vocais encontraram outro caminho para ecoar a textura psíquica tão singular que se fazia presente nela.

Voz é corpo. É preciso um palco para deixar aparecer essa conjunção de carne e som na tentativa de que pulsação, cadência e compasso da dança do artista e espectador se encontrem. A arte do encontro.

Desfecho

As marcas de sangue na carne de Íris transformaram-se em desenhos, em criação. A necessidade de cuidado foi metamorfoseada no desejo e no trabalho de ser cuidadora: do ser olhada para conseguir olhar o outro. Íris persiste na vida, cheia de vida. Entre presenças e ausências, ela permanece anunciando: eu vivo! Se um corpo que não pode ser sonhado, sangra, então, que continuemos sonhando.

Referências

Beckett, S. (2009). *O inominável.* (A. H. Souza, Trad.). Globo.

Bion, W. R. (1992). *Conversando com Bion. Quatro discussões com W. R. Bion. Bion em Nova Iorque e em São Paulo.* (P. C. Sandler, Trad.). Imago.

Herrmann, F. (2018). *Sobre os fundamentos da psicanálise: (quatro cursos e um preâmbulo)*. Blucher.

Shakespeare, W. Macbeth. (1978). In *Shakespeare: tragédias*. (Vol. I, F. C. A. C. Medeiros e O. Mendes, Trad.). Abril Cultural.

9. Luz, câmera, ação: a mente do analista

Rachele da Silva Ferrari
Ana Fátima Aguiar
Gina Tamburrino
Anie Stürmer

Introdução

Rachele da Silva Ferrari

Nos congressos sobre o pensamento de Bion, é conhecida a estratégia de trabalho em que um analista oferece um estímulo clínico, sem apresentar muitos dados ou detalhes do caso, e o grupo se lança em associações a partir daquele fragmento de história. No evento que deu origem a essa publicação, *Diálogos bionianos I – Vastas emoções e pensamentos imperfeitos*, houve uma inovação: um analista apresentaria o estímulo clínico, um outro era convidado a preparar um estímulo teórico e um terceiro teria a função de facilitador dos diálogos, ou seja, faria uma espécie de mediação dos pensamentos que circulavam naquele grupo, composto estrategicamente por um número restrito de participantes, para propiciar as trocas – associações e devaneios – formando, assim, uma teia de conexões e ideias que não só favorece a reflexão sobre o fragmento da situação analítica, como também amplia a capacidade de pensar de cada um ali presente.

A proposta mostrou-se muito fértil, fazendo-nos ver a teoria e a clínica profundamente conectadas, uma enriquecendo a outra. Os fragmentos clínicos apresentados produziram novas ideias e a teoria ajudou a pensar a cena analítica, a intuição do analista, os impasses e o que podia ser criado a partir de toda essa reflexão.

Sem dar foco aos fatos históricos e biográficos do analisando, esse modelo de trabalho convida cada um de nós a pensar a experiência emocional captada no relato da analista, Ana Fátima Aguiar, e tentar uma aproximação da realidade psíquica da dupla, por via dos seus afetos e ideias evocados na intersubjetividade do processo analítico.

O relato clínico nos aproxima de modo expressivo da experiência emocional que se dá entre analista e analisanda. Um encontro vivo e potente e, a meu ver, fundamental na formação – inicial ou continuada – de um analista.

A abertura de mente da analista captou inúmeros aspectos ainda não pensados do mundo interno da analisanda em questão, Laura: a lama, a hostilidade, a destrutividade e o desamparo. Captou também a modelagem, a argila, a esperança.

Gina Tamburrino, analista convidada a contribuir com um estímulo teórico a partir do fragmento clínico apresentado, presenteia-nos com aproximações muito bem articuladas no arcabouço bioniano sobre o conceito de *reverie* e oferece uma reflexão preciosa acerca dos possíveis conluios dos quais o processo analítico está sujeito a enfrentar e que podem impedir o curso das transformações, das mudanças psíquicas no analisando.

Como fazer contato com o ódio que se sente por pai, mãe e irmãos, especialmente quando o analisando se percebe como um depositário de todas as mazelas familiares? Como sentir-se vivo quando se vive um papel desvalido, incapaz e destrutivo? Acompanhamos Gina ressaltando que a situação de conluio, por vezes, é a única forma como conteúdos pelos quais a dor que se sente, sem poder sofrê-la, pode adentrar a sala de análise, e ainda que haja resistência ao trabalho do pensar, é um caminho para que essa dor possa ser vista, ouvida e, por fim, sentida.

A partir dos estímulos clínico e teórico, a analista Anie Stürmer, facilitadora do diálogo, inaugura as reflexões enfatizando sua visão de que havia ali, na *reverie* da analista, sua esperança a despeito do tédio que ela declarava sentir; naqueles devaneios de Ana Fátima durante as sessões, percebe-se a abertura para possibilidade de que as convicções possam ser desmanchadas, revistas e novas compreensões possam emergir.

Acompanhamos, em seguida, as significativas e pertinentes contribuições dos demais integrantes do grupo, e pudemos notar um valioso trabalho psíquico sendo produzido ali, naquele espaço compartilhado, no qual as mentes dos participantes se abriam para que as ideias pudessem circular e o pensamento expandir, revelando um intenso potencial de ampliação da compreensão da cena, da situação analisante, sem pretensões de definir ou fechar, mas sim um movimento de abertura e expansão.

A experiência vivida no grupo "Luz, câmera, ação: a mente do analista" nos convoca a uma escuta polifônica de todos os movimentos na situação analisante, dos mais evidentes aos mais discretos e até inaudíveis e encobertos, ali onde podem estar as brechas para alcançar o incognoscível.

Sem dúvida, essa modalidade de discussão clínica, que mais se aproxima de um ateliê, em sua dimensão artesanal e criativa; um modelo de trabalho coletivo, em que várias mentes compartilham como cada uma foi afetada pelo estímulo clínico, propiciando um novo olhar para a situação clínica, mas, além disso, uma expansão da mente de cada um de nós, participantes. Esperamos com este capítulo levar, também ao leitor, um pouco da profunda e valiosa experiência que o encontro produziu, pois este é um importante exercício para que a função psicanalítica da personalidade seja cultivada, que a intuição possa surgir e, assim, estarmos aptos e disponíveis (num trabalho contínuo, nunca concluído) para nos tornarmos o psicanalista que cada analisando precisa que sejamos.

A partir do próximo tópico, acompanharemos o estímulo clínico proposto por Ana Fátima Aguiar, seguido por Gina Tamburrino com seu estímulo teórico e, finalmente, os comentários de Anie Stürmer.

Boa leitura!

O vaso de argila

Ana Fátima Aguiar

– Quantas vezes você passou na fila da burrice, Laura?

– Essa cabeça só serve para crescer cabelo?

– É esperta como uma mula!

Frases repetidas inúmeras vezes por seus pais, ao longo de sua infância. Uma lembrança viva que trazia consigo notórios rastros de uma devastação psíquica há tempos suscitada. Rótulos, estereótipos, comparações. Assim iniciávamos a sessão de Laura.

Na infância: burrice, inércia, indecisão, limitação. Na adolescência: rebeldia, libertinagem. Atualmente: burrice, inércia, indecisão, limitação, rebeldia, libertinagem. Antes, na visão dos outros. Agora, em sua própria visão de si mesma.

As primeiras sessões com Laura despertavam na analista uma série de sensações físicas e emocionais: fadiga, dor, náusea, sono, tédio, frustração. Ao final de cada encontro, um sentimento estranho: uma frustração, como se algo tivesse falhado, como se não fosse dar certo. Um misto de desânimo, culpa e aflição.

Um deflúvio de perdas desoladoras lhe atravessava, fragmentos de lutos inacabados e um medo constante da finitude.

Laura inicia uma sessão dizendo:

– Estou sempre perdendo pessoas, coisas, a razão, o controle. Nem espero por coisas boas, porque sei que atraio mesmo são as ruins. É como se tivesse uma certeza de que não sairá nada de bom de mim ou do que eu faço. Já espero que tudo dê errado, que tudo se quebre.

Durante essa fala carregada de desânimo e desesperança, na tela mental da analista, subitamente, instala-se uma espécie de: luz, câmera, ação! (Sim... Ação! Talvez para espantar o tédio). *Flashes* de imagens, sons e sensações iam montando cenas de um filme – um enredo criado por devaneios constantes, ruidosos e turbulentos.

A primeira cena era a de um vaso de barro sendo artesanalmente modelado. O material ainda fresco, úmido, pastoso, altamente moldável. Acompanhando esse pictograma, uma sequência de combinações de palavras chegava a mim, de duas em duas: lama-barro; argila-molde; forno-cerâmica... Era como um som de fundo, uma sonoplastia auditivamente criada/alucinada em minha mente.

Súbito, a voz de Laura se impõe no ambiente, convocando-me... Sinto-me retornando à "terra", num processo de "aterrissagem" abrupta, de um voo mental que me levava a uma outra dimensão, um estado quase alucinatório.

Laura: – Tinha 10 anos quando perdi minha irmã. Ela era mais velha, fora planejada e desejada, era um modelo para toda a família, uma referência de filha, de neta, de aluna... e de irmã também.

Analista: – Interessante... me parece que o elo afetivo com a irmã não se quebrou. De alguma maneira, conseguiram proteger esse vínculo da hostilidade embrenhada nas comparações do discurso familiar. Por mais perturbadoras e desorganizadoras que fossem as comparações, a relação se preservava, se mantinha intacta.

Laura: – É verdade. Era inteligente, carismática, bonita, divertida, dinâmica, sociável... e acima de tudo, era doce, e me olhava com tanto afeto. Era tão boa comigo. E eu, sempre fui o "patinho feio", a "ovelha negra" da família.

A irmã, um exemplo. O pai, um gênio, bem-sucedido, querido por todos. A mãe, um modelo de mulher, de esposa, de dona de casa.

Enquanto ouvia Laura descrevendo sua família, eles me soavam "exemplares". Quantos modelos permeiam o caminho de Laura: o pai, a mãe, a irmã... Penso então: moldes inalcançáveis, ideais inatingíveis, tamanho o quilate, a virtuosidade desses modelos. Esperança escangalhada que configurava um empobrecimento de si.

Laura: – Sinto que minha vida me escapa. Começo e paro, infinitas vezes. Não vejo as coisas acontecerem. Nenhuma graduação, nenhuma profissão. Não me vejo sendo boa em nada. Detesto estudar, eu não aprendo... Sempre fui burrinha na escola, principalmente em matemática. Até hoje minha cabeça dá nó quando tento calcular qualquer coisa. Sou esperta como uma mula, mesmo...

Em uma sessão Laura diz:

– Achava que somente tendo um filho não me sentiria tão inútil. Mas até nisso falhei... Tinha tanto medo de que meu filho se parecesse comigo, que fracassasse como eu, por minha culpa. E ele é "todinho eu". Se parece tanto comigo... as mesmas dificuldades, as mesmas fraquezas. Somos tão assustadoramente semelhantes. Que raiva de mim! Raiva de ter passado para ele tanto lixo...

Assim, alastrando sua agonia, entre ela e o filho, acumulavam-se semelhanças e identificações. Mutualidade instantaneamente instalada entre a dupla: o zelo, o afeto, os atritos, as peripécias, os gostos, os medos, as contrariedades e desavenças.

Laura: – Não sou boa em nada. Meu marido é um homem maravilhoso, um ótimo pai, mas não sou uma boa esposa... detesto as tarefas domésticas, não traio, mas até me sinto atraída por outros homens. Não sei o que meu marido vê em mim... me sinto mal quando ele me elogia ou diz que sou a mulher da vida dele. Por quê? Parece que ele não enxerga meus defeitos. Como mãe até que sinto que tenho algum valor, é diferente... Até me considero uma boa mãe, mas, ao mesmo tempo, meu filho sofre por ser como eu. Então até nisso eu falhei. Não tem nada bom dentro de mim. Mesmo sem querer, devo ter depositado nele meus medos e surto só de pensar que ele se torne um adulto como eu.

E a mente da analista, receptáculo que acolhia as palavras, as dores, as lembranças e as mazelas de Laura, abrigava também sensações e sentimentos, imagens e sons. E no filme criado intersubjetivamente, na experiência emocional do ambiente, os pictogramas apresentavam-se soltos, desencaixados, ruidosos, e, no entanto, faziam-se presentes, vivos e pulsantes na cena analítica: lama, barro, moldes, forno, cerâmica... Elementos que compunham o cenário e revelavam um trabalho artesanal das mentes de ambos: o vaso de argila.

Entre reverie e conluios: o trabalho analítico

Gina Tamburrino

> *Resistindo te faço ver onde estou preso, enganchado, morrendo . . . Mas também te faço ver e sentir onde você está preso, enganchado e também morrendo. Preciso, e agora também você, nós, precisamos sair daqui.*

Escolhi neste breve escrito debruçar-me sobre dois aspectos apresentados no estímulo clínico trazido por Ana Fátima. Ambos se referem ao funcionamento da mente do analista, durante o encontro analisante. No primeiro, farei referência às imagens em movimento que surgiram (uma *reverie*?). "*Luz, câmera, ação*" faz-se ver os bastidores da mente da analista, "revelando" algo que se passa no encontro (*entre*) a dupla; um trabalho artesanal com argila *tornando-se* um vaso de cerâmica. O segundo momento diz respeito à interpretação da analista aos afetos da analisanda (Laura) em relação a irmã morta.

Embora quase sempre a *reverie* seja percebida quando emerge na mente do analista, ela resulta de uma experiência emocional da dupla. Raramente o analista fala diretamente dessas experiências com o analisando, mas fala a partir delas – do que está sentindo, pensando/sonhando, baseado na experiência emocional que tem no encontro com o analisando. Conquanto o analista sinta suas *reveries* como suas, são construções intersubjetivas inconscientes cocriadas, ao mesmo tempo que são criadas de forma assimétrica pelo analista e pelo analisando (Ogden, 1997/2013). De quem foi a ideia, de quem é a imagem? O paradoxo não pode e não deve ser respondido, mas ser aceito e tolerado, como diz Winnicott (1971) (Ogden, 1997/2013, p. 147).

Fazer uso de uma *reverie* é mais difícil do que fazer uso de um sonho, pois os sonhos são emoldurados pelo sono ou pelo estado de vigília, *entre* o adormecer e o acordar, separando interno e externo. As experiências de *reverie*, por sua vez, não têm ponto de partida ou de término, não sabemos ao certo o que a precede ou o que se segue a ela. Ela se dissolve muito facilmente em outros acontecimentos psíquicos (Ogden, 1997/2013, p. 147). De qualquer modo, tem a ver com o encontro entre analista e analisando e com aquele momento, o que torna o uso da *reverie* mais difícil, uma vez que o analista está diretamente implicado no processo.

Ana Fátima nos fala de sua experiência emocional por meio das imagens que comparecem em sua mente – seu processo de *reverie* – onde a argila está sendo manuseada para se transformar num vaso de cerâmica: "um vaso de barro sendo artesanalmente modelado. O material ainda fresco, úmido, pastoso, altamente moldável". E acompanhando esse pictograma, uma sequência de combinações de palavras, que vinham de duas em duas, era alucinada auditivamente pela analista: lama-barro; argila-molde; forno-cerâmica.

Embora a experiência com as "palavras alucinadas auditivamente" permita sonhar o processo que se mostra avançando – da lama ao vaso de cerâmica –, as imagens parecem permanecer mais no manuseio da argila, sem alcançar a etapa do forno e de um vaso de cerâmica. Uma paralisia na sala de análise? A analista se refere à arte como recurso que surge para espantar o tédio que invade a sala de análise. Anterior à sua *reverie*, temos uma fala da analisanda: "Estou sempre perdendo pessoas, coisas, a razão, o controle. Nem espero por coisas boas, porque eu atraio as ruins. É como se tivesse uma certeza de que não sairá nada de bom de mim ou do que eu faço. Já espero que tudo dê errado, que tudo se quebre.". O trabalho com a argila não chega ao forno, não se transforma em cerâmica, num lugar côncavo que acolhe. Na *reverie* da analista, permanece a sequência de imagens como um material pastoso e moldável, *preparando-se* para o forno, mas parece haver uma paralisia quase imperceptível no avanço do processo.

Depois da *reverie* que se apresenta à mente da analista, surge uma associação da analisanda em forma de lembrança. Ela retoma a perda, a morte da irmã, quando ela estava com 10 anos. Diz que a irmã "fora planejada e desejada", que "era um modelo para toda a família, uma referência de filha, de neta, de aluna... e de irmã também". A analista interpreta que o "elo afetivo" entre elas "não se quebrou" e que "conseguiram proteger esse vínculo da hostilidade embrenhada nas comparações, no discurso familiar" que a colocava como um exemplo a ser seguido. A analisanda concorda e diz que amava e admirava a irmã e se recordava do olhar afetuoso que ela tinha.

Quando a analista interpreta que "o elo afetivo com [a] irmã não se quebrou, [e que] de alguma maneira [ambas] conseguiram proteger o vínculo da hostilidade embrenhada nas comparações", parece fazer um conluio, protegendo a analisanda e a si mesma (analista) do trabalho psíquico concernente ao ódio e ressentimento não reconhecidos à repetida fala dos pais, e a tudo o que esta possa representar: "É esperta como uma mula".

Diz Bion (1970/2007b, p. 64) que uma "*crença pode ser sinal de uma relação de conluio, visando a impedir a irrupção do desconhecido, incoerente, vazio, desprovido de forma*". Este episódio da análise de Laura parece trazer à tona o fato de que ela *sente dor*, mas *não pode sofrê-la*. (Bion, 1970/2007). As identificações projetivas do paciente podem levar o analista a representar papéis complementares aos que o paciente necessita para manter o equilíbrio psíquico, ou seja, o analista pode ser recrutado pelo analisando a participar de uma cena que o proteja (analisando) do contato com a realidade dolorosa (Cassorla, 2016). Bion nos fala de como um paciente evita dor, protegendo-se da realidade:

> *Existem pacientes cujo contato com a realidade apresenta mais dificuldade quando esta realidade é seu próprio estado mental. . . . existem pessoas tão intolerantes a dor ou frustração . . . que elas sentem dor, mas não a sofrem; assim, não é possível dizer que elas descobrem a dor. (Bion, 1970/2007a, p. 26)*

No caso de Laura, seria necessário entrar em contato com (sofrer a dor) o ódio que *sente* pela irmã morta, o que possivelmente a colocaria em contato com seu ódio pelos pais. Entretanto, um conluio entre a analista e a analisanda foi o modo como a dor pôde entrar na sala de análise, escondida, não como repetição do passado, mas dentro daquilo que estava acontecendo no momento da sessão, como um evento atual do encontro entre analista e analisanda. Quando o analista está em condições de suportar os sentimentos que surgem dentro dele, tem a chance de elaborá-los na medida em que apreende a resposta emocional. Por vezes, porém, é a situação de *conluio* a única maneira de os conteúdos pelos quais se sente dor, sem poder sofrê-la, entrarem na sala de análise, por um lado resistindo ao trabalho doloroso de "pensar" (Bion, 1962/2021), mas por outro, tentando ser visto. Ele impede o avanço do trabalho psíquico – que a argila pastosa vá ao forno e se transforme num vaso de cerâmica consistente, que possa acolher toda a dor sentida e não sofrida. Contudo, não é apenas impedimento que o conluio pode trazer para o trabalho analítico; ele pode ser a forma como a dor e o impasse se reinstalam na vida do paciente. Portanto, este movimento na análise pode ser a chance de que, aos poucos, com a "revivência de mecanismos vinculares iniciais", o paciente possa introjetar a função alfa do analista (inconscientemente) e possa romper o ciclo (Cassorla, 2016, p. 87). No caso de Laura, que ela possa alcançar *sofrer* dor, suportar estar viva.

Entre as (in)certezas, as (im)possibilidades e a plasticidade analítica

Anie Stürmer

Escrever sobre uma experiência emocional sempre incorrerá em distorções e várias transformações. Num primeiro momento, temos as vivências da analisanda, Laura, a comunicação e as lembranças desta na análise, que provocam associações e imagens na analista. As transformações de Gina trazem o estímulo teórico, enfocando a *reverie* da analista e os conluios que inescapavelmente irão surgir, inerentes ao processo que comunicam e fornecem caminhos para compreensão e iluminação do que está ocorrendo ou já ocorreu. Somado a isso estão as minhas transformações, bem como as dos outros integrantes da sala/plateia. Por fim, temos uma soma e integração de vários vértices de compreensão do mesmo fenômeno. Sempre será *a posteriori*, portanto, que a dupla analista e analisando poderá atestar a fidedignidade do que é exposto. Além disso, se pudéssemos, como na química, "isolar" cada fenômeno, talvez alcançássemos determinar a quem pertence. Temos, então, um resultado de muitas ressonâncias. Esse é nosso fazer: transformações a partir das experiências sensoriais e emocionais que nossos analisandos generosamente nos fornecem em clima de muita confiança. E como nas bonecas russas *matrioskas*, que simbolizam a ideia de maternidade, fertilidade, amor e amizade, dispormos de vários continentes, que vão reproduzindo e criando mais continente, e aquilo que era continente, conteúdo será, e vice-versa, num modelo continente/conteúdo comensal (Bion, 1962/2021), levando a conhecimento (K) da realidade psíquica, possibilitando expansão mental. Assim, Ana traz seus devaneios sobre Laura, Gina traz suas ideias e resgate de compreensões teóricas sobre a *reverie* do analista.

A partir do relato, eu me concentro no vaso de argila e penso na analista como veículo de transformação daquela mente tão cheia de certezas, em algo que pudesse ser moldável. Lembro-me de um artigo cujo título era: "A fôrma dá forma ou deforma?", e associo com Laura, convivendo com conceitos, rótulos e comparações que se instalaram dentro dela como uma fôrma que deformou sua realidade psíquica imprimindo a ideia que tem a respeito de si mesma, um conceito preenchido de convicções, um mito edípico privado (Bion, 1963/2004), que comporta uma certeza de que é incapaz e destruidora: "Estou sempre perdendo pessoas, coisas, a razão, o controle. Nem espero por coisas boas, porque eu atraio as ruins. É como se tivesse uma certeza de que não sairá nada de bom de mim ou do que eu faço. Já espero que tudo dê errado, que tudo se quebre."

Entendo que, ao entrar em contato com as angústias primitivas e sensações físicas: *fadiga, dor, náusea, sono, tédio, frustração* e a convicção de Laura de carregar muita lama dentro de si, Ana colocou-se como continente dessas experiências. No entanto, uma mente preenchida de certezas tende a não se moldar e, não suficiente, ainda existe a fantasia de que contaminará seu filho com tudo que é nocivo dela, então a fôrma que deforma continua se reproduzindo. Penso estarmos diante do "menos continente conteúdo" – (♀ ♂) (Bion, 1962/2021) –, numa relação parasitária de Laura com seus pensamentos e que, por meio da identificação projetiva, alcançaram a analista. Nas palavras de

Ana: "Ao final de cada encontro, um sentimento estranho: uma frustração, como se algo tivesse falhado, como se não fosse dar certo. Um misto de desânimo, culpa e aflição".

Laura traz a condição de sentir-se burra. Pelo senso comum, o "burro" é símbolo de ignorância; retratam que o animalzinho é incapaz de aprender. Hoje sabe-se de pesquisas sugerindo que o burro é um animal inteligente, com mais desenvoltura para resolver problemas e que são menos teimosos que os cavalos. Assim, o pavor da matemática e dos cálculos, tanto como a certeza de que não consegue aprender, foram moldados na vida psíquica de Laura como crenças de incompetências em seguir, ou o que é pior, preencher os moldes deixados pela irmã morta e pelos pais idealizados. Todavia, o vértice principal que me proponho a expor não é o conteúdo do que Laura traz, mas, sim, a experiência emocional que se dá entre analista e analisanda e o processo de pensamento de Laura.

Impregnada com a destruição interna de Laura, Ana imagina um vaso sendo moldado e as palavras em dupla: lama-barro; argila-molde; forno-cerâmica. Penso eu: seria a comunicação de que há esperança? Afinal, o vaso a ser moldado poderá ter a forma que quiser, não está pronto, seco. Está úmido, pastoso, suscetível às modificações. Como Gina traz em seu comentário, a *reverie* do analista é uma construção da dupla. Então, podemos imaginar que Laura comunica um conteúdo e Ana capta o fato selecionado daquela sessão, que poderá ser visto e revelado por outro vértice. Nesse caso, teríamos a incerteza em vez da certeza, em vez da fôrma/forma já moldada, uma fôrma/forma continente podendo ser modificada de maneira diversa daquela que os rótulos e comparações recebidas como sentença vieram a se cristalizar. Além disso, embutida neste devaneio, uma esperança de que o mito edípico privado, tendo valor de preconcepção, possa vir a atingir outras compreensões.

A *reverie* da analista expressada na imagem de um vaso sendo moldado tenta dar uma mobilidade para a captação de uma mente que está preenchida de certezas e que rejeita novas ideias. Por meio de sua *reverie*, a analista se coloca como um continente do conteúdo que Laura traz, captando um estado de mente em que existe um movimento. Assim, a imagem do vaso "sendo" moldado, a meu ver, traz a ideia de que algo "está sendo", o verbo no gerúndio, um processo em curso, talvez a análise, e que a dupla pode ter a esperança de confeccionar outra forma/fôrma, oferecendo infinitas possibilidades e abrindo novos caminhos.

Referências

Bion, W. R. (2004). *Elementos de psicanálise.* Imago. (Trabalho originalmente publicado em 1963)

Bion, W. R. (2007a). Medicina como um modelo. In *Atenção e interpretação.* Imago. (Trabalho originalmente publicado em 1970)

Bion, W. R. (2007b). Opacidade de memória e desejo. In *Atenção e interpretação.* Imago. (Trabalho originalmente publicado em 1970)

Bion, W. R. (2021). *Aprender da experiência.* Blucher. (Trabalho originalmente publicado em 1962)

Cassorla, R. (2016). Não-sonho e *enactment*. In *O psicanalista, o teatro dos sonhos e a clínica do enactment.* Blucher.

Ogden, T. (2013). *Reverie* e interpretação. In *Reverie e interpretação. Captando algo humano.* Escuta. (Trabalho originalmente publicado em 1997)

10. Pares e triângulos: preconcepção e pensamento

Victor de Jesus Santos Costa
Cristiana Regina Ferreira de Aguiar Pondé
Júlio Frochtengarten

Introdução

Victor de Jesus Santos Costa
Cristiana Regina Ferreira de Aguiar Pondé

Este trabalho é fruto da experiência de diálogo entre pares acerca de um determinado caso clínico apresentado durante o evento *Diálogos bionianos I – Vastas emoções e pensamentos imperfeitos*. Em um primeiro momento, foi pedido que disponibilizássemos vinhetas clínicas preenchidas de forma anônima e que um psicanalista escolhesse alguma delas para sonhá-la.[1] Em seguida, ambos apresentariam o resultado dessa atividade proposta em uma mesa

[1] O sonhar é compreendido, por Bion (1962a), como uma importante função psíquica que possibilita a expansão da capacidade de pensar as verdades emocionais presentes nas experiências emocionais, ou seja, de aprender com a experiência e conhecer a verdade de quem se é.

redonda entre psicanalistas, contudo, não com o intuito de somente apresentar seus pensamentos sobre a vinheta, mas também de abrir um diálogo com todos aqueles que estivessem presentes. Por fim, passado o evento, em razão da riqueza das ideias expostas, decidiu-se que aqueles diálogos deveriam ser aproveitados como conteúdo de capítulos de livros para que a reflexão continuasse e que os leitores pudessem também sonhar, ou ainda, fazer suas próprias considerações, sobre esse encontro.

O evento *Diálogos bionianos I – Vastas emoções e pensamentos imperfeitos* foi realizado nos dias 19 e 20 de agosto de 2022. No primeiro dia, duas conferências de abertura foram realizadas, respectivamente por Jani Santamaria (Asociación Psicoanalítica Mexicana – APM) e Elias Mallet da Rocha Barros (Sociedade Brasileira de Psicanálise de São Paulo – SBPSP), e seguidas por cinco salas de diálogos simultâneas. O diálogo da sala quatro, alvo de nossas reflexões, foi nomeado "Pares e triângulos: preconcepção e pensamento", visto que o estímulo clínico consistiu na apresentação de um caso que comunicava temas como traição, crenças rígidas, sentimentos contraditórios e solidão.

Em cada sala de diálogo, havia um número limitado de participantes que contavam com um psicanalista convidado a preparar o estímulo clínico, outro psicanalista apresentaria o estímulo teórico e um terceiro coordenaria os diálogos no intuito de favorecer a participação de todos os presentes na sala. Nelson Coelho Jr., ao realizar a coordenação dos diálogos, favoreceu a construção de um ambiente acolhedor onde os participantes puderam expressar seus pensamentos e sensações com liberdade. Victor de Jesus Santos Costa, o analista responsável em apresentar o estímulo clínico, presenteou-nos com o relato de um caso extremamente desafiador e que parecia convocar o analista para uma disponibilidade emocional limite, desafiando a sua própria capacidade de sentir e pensar as emoções e vivências na situação analítica.

Júlio Frochtengarten, psicanalista convidado a "sonhar" a vinheta clínica apresentada, trouxe preciosas articulações teórico-clínicas despertando reflexões acerca de temas como: a solidão e sua relação com a falta de comunicação entre pensamentos e sentimentos contraditórios, a impossibilidade de lidar com diferentes percepções acerca do mesmo objeto ou acerca de aspectos de si, desafios no trânsito entre a relação dual e a entrada do terceiro, a saber, a alternância entre a posição esquizoparanoide e depressiva. As contribuições originais de Frochtengarten, a partir do rico estímulo clínico apresentado por Victor, permitiram o disparar de novas ideias e pensamentos que circularam no grupo, favorecendo algumas integrações de elementos anteriormente dispersos. A proposta de trabalho mostrou-se bem-sucedida, gerando uma experiência autêntica e criativa que fomentou o desejo pelo registro por meio desta publicação.

Respeitando a ideia de experienciar uma conversa aberta que não estivesse atrelada aos moldes tradicionais das apresentações acadêmicas, decidimos compor esse texto em três diferentes partes: o estímulo clínico, o estímulo teórico e, por fim, as cogitações que puderam ser pensadas a partir do diálogo clínico realizado. Segundo Bion (1990/2017), o clínico que desconhece o paciente está em vantagem em comparação com aquele que pensa já tê-lo conhecido. Nas palavras do psicanalista inglês: "Gostaria de considerar o paciente que atenderemos amanhã. Tenho uma grande vantagem: não sei absolutamente nada sobre tal paciente, então será mais difícil que eu me engane, que vocês, que provavelmente pensam tê-lo visto ou ouvido hoje" (Bion, 1990/2017, pp. 29-30). A partir dessa fala de Bion, podemos apreender sua ideia de que o analista necessita sustentar uma posição de não saber para que lhe seja possível entrar em contato com a experiência emocional comunicada pelo paciente. Mantendo em mente essa ideia importante para o ofício psicanalítico, vamos ao estímulo clínico.

Estímulo clínico

Victor de Jesus Santos Costa

Tainá compareceu à primeira sessão deprimida. Falava de forma vagarosa e fraca, vestia um moletom – provavelmente seu pijama – e estava com os cabelos sujos. Contou-me que sua noiva a havia traído há três anos. Ficou sem chão. Pensou em matar a noiva e pensou em morrer. Buscou terapia após o término e disse que a decisão foi proveitosa, pois lhe ajudou a voltar a ter vontade de viver e, principalmente, a cuidar de si. Contudo, recentemente sentiu que seu terapeuta ridicularizava sua noção de fidelidade. O terapeuta disse a ela que ninguém é completamente fiel e, por isso, ela decidiu encerrar seu processo terapêutico. Todavia, um amigo próximo se preocupou com a possibilidade de ela ficar sem terapia e sugeriu que procurasse um novo analista.

Pergunto[2] se ela havia comunicado seu terapeuta de sua decisão e ela respondeu que não. Falou que a fidelidade é um aspecto fundamental para um relacionamento e que ela deveria ser eterna. Disse também que não vê sentido algum em continuar com alguém caso tenha acontecido alguma traição. Comentou ter muita dificuldade de encerrar suas relações, justamente por elas carregarem a promessa de durarem para sempre. De forma instantânea, vem-me à mente a ideia de que Tainá estaria triangulando e "traindo" seu terapeuta ao marcar uma sessão comigo sem antes encerrar seu processo com ele. Guardo esse pensamento para mim.

A paciente continuou sua fala colocando que, nesses momentos deprimidos, utiliza altas doses de ansiolíticos sem acompanhamento médico e que busca um "acidente" ao fazer isso. Diversas vezes já

---

[2] Decidimos manter a escolha do estimulador clínico de escrever a vinheta em primeira pessoa, visto que o encontro clínico se dá no campo da convergência de duas individualidades.

utilizou esse remédio juntamente com álcool, desejando partir, isto é, morrer. Uma frase está presente em sua mente desde sua infância: "eu já nasci partindo". Vive uma relação conturbada com o irmão mais velho. O irmão se envolve em diversas atividades ilegais e recorre à irmã em busca de auxílio. Por fim, relatou um sonho repetitivo: sonha que, durante a madrugada, um homem invade sua casa e a sequestra enquanto ela tenta, sem sucesso, gritar.

Expus à paciente minha preocupação com o uso descompensado de ansiolíticos e coloquei que, caso ela quisesse, poderíamos começar um novo trabalho analítico, porém ela teria que encerrar a análise atual e marcar uma consulta com um psiquiatra. Ela respondeu que não faz uso da medicação com muita frequência, apenas nesses momentos depressivos. Na maior parte do tempo, é uma pessoa ativa, que trabalha muito e cultiva várias amizades.

Disse a ela que poderíamos apostar nessa Tainá viva, porém não poderíamos ignorar a Tainá deprimida. Apontei que a solidão esteve presente em todo seu relato. Possivelmente ela se sentiu muito sozinha ao descobrir as traições da antiga noiva, ao sentir que o analista ridicularizava sua noção de fidelidade, ao fazer o uso de uma medicação controlada sem acompanhamento médico e, no sonho, ao não conseguir gritar por ajuda. Procurar um acompanhamento médico poderia significar que ela não precisaria mais ter que se medicar, isto é, se cuidar, de maneira tão solitária.

Já no início da segunda sessão, Tainá relatou que encerrou sua antiga terapia, porém não procurou ajuda psiquiátrica por julgar que estava melhor. Em um claro contraste com a primeira sessão, Tainá gesticulava e falava com mais vivacidade. Conversamos um pouco sobre sua família. Disse que os pais se divorciaram quando ela ainda era criança, em razão de diversas traições do pai. A presença do pai era justificada pela ideia de que não é porque o casal divorciou que ele não poderia se fazer presente na vida dos filhos.

Diversos pensamentos surgiram em minha mente. O evidente paralelo entre a história dos pais e a de Tainá com sua noiva, a possível confusão vivenciada em razão da separação e não separação do casal parental em sua mente infantil. Todavia, suspeitei que o mais interessante seria pontuar o contraste entre as duas sessões e reafirmar o acordo que fizemos na primeira. Disse a ela:

– Acho que a metáfora de figura e fundo pode nos ajudar. Na primeira sessão, você estava bastante deprimida e lembro-me de ter lhe dito que poderíamos apostar na Tainá viva; hoje percebo que a Tainá viva é figura e a deprimida é fundo, e não podemos ignorar o fundo.

Além disso, lembrei-a do acordo de que, para começar uma nova análise, além de encerrar seu antigo processo terapêutico, ela deveria, ao menos, agendar uma consulta com um psiquiatra. Não podemos ignorar o uso descompassado da medicação e a busca por um "acidente". Além de apostarmos na Tainá viva, é importante chamarmos a Tainá deprimida para conversar. Ao final da sessão, ela pediu recomendação de um psiquiatra.

Estímulo teórico

Júlio Frochtengarten

Os comentários a seguir foram estimulados pelo relato clínico que recebi com grande antecedência. Solicitado a atribuir um nome a esta sala de discussão, de pronto me ocorreu, em contato com o estímulo clínico, "Pares e triângulos: preconcepção e pensamento".

Tendo se passado mais de mês, numa noite volto à leitura do material clínico oferecido, ao nome que atribuí à sala e sonho com a trovinha das crianças: "um-dois, feijão com arroz/três-quatro, feijão no prato". Em sonho ainda – ou já acordado? – relaciono todos estes elementos na seguinte conjunção: o um pede o dois, o feijão pede o arroz; e o par, a mistura, pede um terceiro, o prato. Um pensamento extraviado, selvagem (Bion, 1997) – entre tantos dessa natureza que nos ocorrem –, mas que percebo e capturo. Conjugados com a leitura do estímulo, com o título que atribuí "de pronto" à sala, passei a ordenar os elementos dispersos em comentários que apresento a seguir. Penso que essa conjunção que se formou em mim, ganhando assim coerência, equivale ao movimento esquizoparanoide em direção ao depressivo (Bion, 1962a). Por não ter caráter patológico, melhor seria chamá-lo "da paciência com os elementos espalhados ao cerzido que traz segurança" (Bion, 1970). Penso estar trazendo, desta forma, meu sonho da sessão que nos foi oferecida – o modo como entrei em contato com ela. Penso estar trazendo também o que tomo como funcionamento do analista.

Apresento meus comentários teóricos a partir do estímulo clínico, os quais permitiram que eu me organizasse e, em contrapartida, organizasse-os como apresentação para discussão com os presentes.

O relato clínico nos informa que Tainá se apresentou descuidada: cabelos sujos, trajes descuidados, vagarosa e fraca. Fora traída há 3 anos e procurou uma terapia, a qual viveu como ajuda até sentir que o terapeuta a ridicularizava pela forma como via a sua fidelidade; teria dito que ninguém é completamente fiel e que ela deveria, então, ter feito vista grossa. Procura o colega que nos apresenta o relato às escondidas, sem ter encerrado o processo que já estava em curso. Penso estar posta aí, desta forma, uma nova traição, desta vez de sua parte. O colega se dá conta disso e, cautelosamente, escolhe não mencionar – o que me parece pertinente.

Dessa forma, ela continua sustentando uma mentira – "a fidelidade deve ser eterna" – primordialmente para si mesma, em evidente contradição com os fatos que ela mesma menciona. Pergunto-me se, para ela, é a fidelidade ou a traição que devem ser eternas – eternamente repetidas. E, juntamente com o colega, percebo uma sucessão de traições presentes: ao primeiro terapeuta, no seu relato da história pessoal (contado num segundo encontro) e, especialmente, a si mesma. Em suas palavras: um relacionamento deve ser eterno; ao mesmo tempo, revela-se a dificuldade de encerrar um relacionamento, em confronto com os fatos/sentimentos que experimenta sem se dar conta deles. Não sendo fiel consigo mesma, não pode ter um sentimento de verdade genuína. Penso que, desse modo, está plantada a base da não verdade, da falsidade, mentira, para o outro e para si – transformação em alucinose (Bion, 1965).

Como diz fazer uso de altas doses de ansiolíticos, muitas vezes com álcool, e que a visita, desde pequena, o pensamento "nasci partindo", o colega define: pode atendê-la, mas antes ela deve encerrar a terapia em curso e consultar um psiquiatra. Diante desta condição categórica, chama minha atenção que ela reformula e afirma que o uso dos ansiolíticos não é constante, nem é tão frequente, apenas esporádico; e que, na maior parte do tempo, trabalha muito e cultiva amigos. O que desperta minha atenção é a, digamos, oposição, a distinção do que "afirma" pelo seu modo de estar e se apresentar na entrevista; e o que passa a dizer frente à proposta que lhe é feita. Estou tomando essa oposição justamente como expressão da falta de autenticidade – ao menos no que tange à questão do par fidelidade-traição – e ao que ela mesma afirma. Pretendo voltar a esse ponto depois de seguir a narrativa que nos foi apresentada.

Alguns dias depois dessa entrevista, Tainá encerra a terapia, mas diz que não pretende iniciar um novo processo. O colega insiste no que teriam conversado: a solidão que perpassou todo o processo, desde, ao menos, a traição da noiva. E frente a esta colocação, ela vem uma segunda vez. Todavia, num claro contraste com o encontro anterior, ela se apresenta vivaz, mas mostra o que talvez seja uma nova traição ao terapeuta: ela não quer procurar o psiquiatra. Frente à insistência de "exigência de fidelidade" (palavras minhas) e às condições que lhe foram propostas – consultar um psiquiatra – acaba por ceder: pede indicação e, suponho, consulta-o. Até aqui, com alguma insistência, ela é fiel. Até quando, nós não sabemos.

Algumas palavras sobre a solidão mencionada anteriormente: penso que ela não se configura apenas pela falta de um psiquiatra, terapeuta ou analista confiável; ou pela falta de uma noiva fiel, não confiável para ela. Penso que a solidão se configura pela impossibilidade de Tainá permitir uma "conversa", um trânsito entre seus sentimentos, fantasias e imaginações: sua inclinação à fidelidade e sua inclinação à traição – da primeira, ela tem ciência e se refere a ela com indignação e dor quando não se realiza na experiência; da segunda, parece-me não ter notícia e esta é, então, agida em suas relações – como assinalado em relação ao ex-terapeuta e às condições propostas pelo atual. Assim, ambas as inclinações se manifestam, seja em palavras ou em ato, mas o grau de cisão – que chamei de oposição ou falta de sinceridade – não permite haver confronto e conflito com aspectos/dimensões dela mesma.

Há também a narrativa de Tainá de uma estória familiar, que não passa despercebida para o colega, de pais separados, mas que continuam juntos, numa indiscriminação quanto a formarem ou não um casal – um e um ou um par? Talvez a trovinha sonhada por mim aponte para essa diferença entre dois separados e o par.

Também há uma falta de discriminação no par irmão-irmã. O irmão tem atividades ilegais que a irmã teria conhecimento e seria instada a ajudá-lo – ser-lhe fiel? Seria esse o homem dos sonhos, ditos repetitivos, que invade sua casa, sequestra-a, enquanto ela não consegue – ou, talvez, não quer – gritar? Conjecturas. Também é uma forma de dizer, naquele momento e para seu interlocutor, que esse homem que a visita às noites não pode fazer parte, integrar – por ser repetitivo – sua cadeia de pensamentos.

Retomo os comentários de seu ponto de partida: meu sonho. Um não existe sozinho; e um mais um não constitui um par; porém, um e um podem vir a ser contidos num par. Se o par é fértil, pode-se formar um casal. E de um e um, enquanto par fértil, pode-se formar um terceiro, a alma, o pensamento. Mentalmente, estamos diante do mistério da Trindade: pais – filho – espírito – alma – formação de pensamento. Em termos teóricos: temos continentes se transformando em contidos à medida que encontram um continente capaz de exercer função alfa, pensamento. Desse modo, o par vem a se transformar em triângulo. A realização da preconcepção edípica, com a qual todo ser humano nasce, vai permitindo que se formem os pensamentos. E pensamentos, em sua triangulação, trazem riqueza ao produzir sonhos verdadeiros. Também podem trazer sofrimento, por realizarem oposições como, no caso, fidelidade *e* traição; não fidelidade *ou* traição. Estando presente o impulso a ser fiel, não ferir o que foi compactuado com o outro do par; *e* também impulso a trair, obter para si o desejo satisfeito, haverá oposição, conflito, sonho e decisão com autonomia e responsabilidade pelas escolhas feitas.

Penso, a partir da situação clínica a que tivemos acesso em relato escrito pelo terapeuta que a atendeu, que Tainá, não podendo realizar a preconcepção edípica, mostra-se com o pensamento limitado, não podendo elaborar o sonho que se repete: ela não pode gritar por ajuda. E quando, finalmente, procura por uma, não lhe é possível ser genuína. Os sentimentos são substituídos por afirmações morais, prescritivas – a relação tem que ser eterna –, seu discurso não contempla dúvidas. Contudo, sua forma de operar na vida e diante da ajuda que procura, não corresponde a essas afirmações. O colega encontra, de forma insistente e categórica, seu modo de lidar com a área de não pensamento de Tainá que a coloca tão indefesa pelo contato precário com a realidade psíquica – não pode escolher, decidir por si.

E por não se dar conta desta realidade, ela segue: de traição a traição. Até quando?

Cogitações

Victor de Jesus Santos Costa
Cristiana Regina Ferreira de Aguiar Pondé

Gostaríamos de utilizar uma ideia/imagem colocada por uma das pessoas que assistiu à apresentação da mesa como um fato selecionado, isto é, como elemento organizador que desencadeia uma certa coerência em uma profusão de ideias e experiências emocionais (Bion, 1962b). Sabemos que outras falas ou ideias poderiam realizar a mesma função, entretanto, escolhemos essa em razão de sua riqueza plástica que desempenhou uma função integradora durante o diálogo. A ideia/imagem dita por ela foi que a discussão clínica a remetia a alguém no centro de uma sala de espelhos que produz infinitos reflexos daquele que se encontra nela.

Pensamos que essa imagem vai ao encontro da fala da paciente "Eu já nasci partindo". Outra participante da plateia pontuou que a palavra "partir" detém uma interessante polissemia, visto que o verbo "partir" pode tanto se remeter à ideia de "ir embora" quanto de "fragmentar-se". Portanto, a frase proferida pela paciente poderia tanto aludir à sua sensação de estar se fragmentando em vários pedaços e/ou de estar partindo em direção a algum lugar, muito provavelmente a morte. A união desses dois comentários nos levou a perceber que, quando alguém se encontra em uma sala de espelhos, ela vê sua imagem se multiplicando ao infinito, ao mesmo tempo que uma certa integração se mantém. Imaginamos que um dos desafios da análise de Tainá é a realização da transformação do fragmentar-se para a percepção de infinitos reflexos que são diferentes por serem oriundos de distintos pontos de vista simultâneos do *mesmo objeto*.

A manutenção de diferentes pontos de vista em relação ao mesmo objeto remete-nos à ideia de visão binocular proposta por Bion (1970). A visão binocular consiste na suposição teórica de que a mente se expande ao transitar sobre diferentes pontos de vista – mais precisamente na mudança de perspectiva proporcionada pela passagem da posição esquizoparanoide para a posição depressiva – relacionados à percepção de si e do que aconteceu em nossas vidas, ou seja, acerca da verdade da experiência emocional. Júlio Frochtengarten captou que Tainá demonstrava viver a crença de que relacionamentos são sinônimos de fidelidade e de que a fidelidade é da ordem da eternidade. Não havia trânsito entre pensamentos ou dúvidas direcionadas a esse imperativo, o que aponta para uma forma de organização saturada da mente, isto é, a paciente não possuía sentimentos contraditórios conscientes.

Apesar de não expressar sentimentos contraditórios conscientes, a paciente apresentava seu conflito ao trair seu antigo terapeuta, o qual afirmou que ninguém era completamente fiel, com um novo analista. Pensamos com Rocha Barros e Rocha Barros (2019) que, quando o paciente é incapaz de representar em símbolos suas experiências emocionais, ele as apresenta mediante atuações e identificações projetivas. A partir desse vértice, propusemos que Tainá estava apresentando ao novo analista suas contradições, seu sofrimento e seu desespero acerca da crença de que os relacionamentos precisam ser pautados por uma fidelidade eterna.

Júlio intuiu esse funcionamento psíquico e sugeriu que a solidão apontada por Victor pertencia ao campo da impossibilidade de Tainá de estabelecer uma conversa entre seus próprios pensamentos. Nesse momento, pensamos que o sonho de Júlio nos abre possibilidades de compreensão. No decorrer da noite em que ele leu o estímulo clínico, sonhou com a música infantil: "Um, dois, feijão com arroz. Três, quatro, feijão no prato". Ele considerou que essa música insinuou que as angústias de Tainá pertenciam à ordem do infantil e que o prato, nesse caso, poderia representar a mistura, ou seja, o terceiro.

Este movimento implica paciência com os elementos espalhados/não integrados até que símbolos possam emergir. Júlio seguiu ordenando alguns comentários do analista e da analisanda. O antigo analista diz: "Ninguém é completamente fiel" e correlaciona o fato de a analisanda ter procurado outro terapeuta, ou seja, a nova traição. No entanto, nada é dito ainda. Ele igualmente destacou a crença rígida da analisanda de que um relacionamento deva ser fiel e que a fidelidade deva ser para sempre. Essa crença rígida resulta em padrões comuns e repetitivos em diferentes situações identificáveis pelos seus invariantes, a saber, as transferências. Victor se encontrou na oposição/cisão entre verdades e mentiras. Por um lado, a mentira que ela sustenta para si própria e para o outro, enunciada como: os relacionamentos têm que se constituir em eterna fidelidade; pelo outro, estão as verdades com as quais ela não consegue entrar em contato, tampouco consegue torná-las pensáveis e, por isso, são atuadas.

Essas considerações aludem a angústias edipianas e pré-edípicas vividas pela paciente. Britton (2003) propõe que a passagem do complexo de Édipo instaura uma mente própria, visto que, ao perceber a triangulação edípica, a criança é capaz de viver uma experiência de exclusão, também de terceiro. A percepção de que a mãe possui uma relação que nada diz respeito à criança coloca-a em uma outra cena, em uma cena a qual ela é o observador. Na condição de observador, é possível possuir uma mente própria, já que nessa condição há uma separação entre Eu e não Eu e pressupõe a instauração da categoria de espaço psíquico. Cabe lembrar que, no caso em discussão, a manutenção do relacionamento dos pais como casal era justificada pela existência de Tainá e do irmão.

Pensamos que essa trama edipiana sustentava repetições paralisantes formadas pela determinada sequência: cisão, oposição, falta de sinceridade, falta de comunicação interna, solidão no trânsito entre os seus sentimentos. Sob esse enfoque das oposições, a paciente se vê entre a repetição de padrões primitivos de comportamento e o encontro com o outro, que nos é sempre opaco e desconhecido. Neste encontro com outra pessoa, há a possibilidade de uma abertura, enquanto ela, sozinha, repete.

Diante da impossibilidade de lidar com essas oposições, Tainá depara-se com a cisão entre fidelidade e traição, da qual resulta a preconcepção edípica não realizada sob a crença de que "a relação tem que ser eterna". Quando se é possível transitar entre sentimentos e emoções opostos, há a possibilidade de formar um casal fértil que poderá gerar o terceiro: a mistura, a dúvida, o pensamento novo.

Júlio propôs que o desafio com essa paciente seja o de desmontar essas crenças que estão em confronto com a vida dela. Não há trânsito, não tem dúvida, entretanto, a analisanda parece atender a uma forma de se organizar que é saturada. A evolução na análise se dá na passagem das certezas da analisanda e do analista para as certezas da analisanda e as dúvidas do analista. Enfatiza-se a relevância das transformações que ocorrem no analista em ato e, dessa forma, o aprendizado é vivido na pele da analisanda e na presença de um outro.

Ao longo do diálogo, cogitou-se que o analista da paciente intuiu essa repetição e propôs a Tainá uma nova triangulação. Uma triangulação que não estivesse contaminada por mentiras ou não ditos que aludiam à traição, formada pelo analista-paciente-psiquiatra. Esse espaço de pensamento formado pelas relações paciente-

-analista, paciente-psiquiatra e analista-psiquiatra de maneira que todos pudessem ocupar o lugar de participante e de terceiro excluído. Também a criação de um espaço que sustenta a contradição graças às inerentes divergências que ocorrem no trabalho entre equipe, ou seja, o psiquiatra, o analista e a paciente poderiam ter diferentes pontos de vista sobre o estado emocional de Tainá, o que nos remete, novamente, à imagem da sala de espelhos.

Essas experiências emocionais pertenceriam à ordem do vivido. Sendo assim, é possível que tenham ocorrido as seguintes evoluções:

1. Paciente cheia de certezas + analista cheio de certezas.
2. Paciente cheia de certezas + analista com dúvidas.
3. Analista se modificou em ato – o aprendizado com maior potencial de transformação é aquele vivido na pele com o outro.

Ficou patente para todos os presentes que as transformações da ordem do vivido pela dupla analista-analisanda são da maior importância. O analista de Tainá colocou que sentiu que ela o convidava para ser "comparsa" de seu sofrimento e de suas cisões, tais como: multidimensionalidade × mito; fidelidade × traição; verdade × mentira; ética × moral; vínculo × ataque ao vínculo; narcisismo × social-ismo. Foi discutido que, de forma intuitiva, ele convidou a paciente a perceber as cisões e a formular relações entre pares aparentemente opostos quando utilizou a imagem de figura e fundo para representar diferentes partes da personalidade da paciente.

Durante o diálogo associativo, diversos elementos dispersos e espalhados oriundos do encontro clínico entre Tainá e Victor puderam ser pensados por várias mentes, e a costura entre eles foi ampliada pelos pensamentos novos apresentados por Júlio. Este pôde sonhar os pensamentos extraviados sob a forma de um trava-línguas, "Um-dois-feijão-com-arroz", domesticando-os de forma brilhante e compartilhando-os na sala de diálogos. Lançou-se luz às ansiedades edípicas e pré-edípicas, contidas no campo, oferecendo-lhes simbolização onde havia apenas atuações e repetições paralisantes. Portanto, pode-se vivenciar o desenvolvimento de uma hospitalidade radical e, nessas condições privilegiadas, tornou-se possível o nascimento de novas ideias a partir do "útero mental" do grupo.

Tolerar o não saber e, assim, manter uma abertura mental que permita sentir-se afetado pelas emoções, sensações e pensamentos extraviados exige um especial estado de mente que se torna favorecido quando compartilhado com outras mentes. Acreditamos que essa breve apresentação das reflexões oriundas desse encontro demonstra a eficiência do grupo para pensar os pensamentos que não poderiam ser pensados apenas por uma mente. Se Bion (1962c/1994) estiver correto e os pensamentos forem anteriores à capacidade de pensar, é fácil imaginar que diversas mentes refletindo em grupo são capazes de pensar com maior facilidade, riqueza e complexidade, como aconteceu durante essa discussão clínica.

Essa percepção carrega o potencial de nos levar a interessantes considerações sobre a prática clínica, sobre as comunicações realizadas em congressos, também no valor das supervisões em grupo. Concordamos com o apontamento de Ogden (2019) de que a dupla analista-analisando é um grupo de duas pessoas, e acreditamos que a pontuação de Victor sobre a solidão que perpassava a primeira sessão é um exemplo de um pensamento não-pensado que pôde tomar forma durante o atendimento. Nessa mesma direção, todas as ideias apresentadas neste trabalho são frutos da potencialidade do grupo em proporcionar uma sala de espelhos que fabrica infinitos pontos de vista sobre o mesmo objeto.

Por fim, abram-se cogitações em relação às supervisões em grupo, visto que a experiência de ter diversos analistas debruçando-se sobre um determinado caso clínico mostrou-se frutífera e proveitosa. Em virtude de tudo o que foi experienciado nesse diálogo clínico, gostaríamos de assinalar nosso profundo agradecimento a todos os organizadores e aos participantes por terem sido partes que compuseram o todo dessa experiência rica e magnífica.

Essa configuração de evento com conferências e salas de diálogos favoreceu um especial estado de mente nos participantes. Os grupos que formavam as salas, estimulados pelas brilhantes conferências que os antecederam, estabeleceram uma atmosfera de intimidade e de abertura à alteridade. Dessa forma, delineou-se um método de albergar as diferentes ideias que emergiam do grupo. Iniciou-se a pescaria.

Referências

Bion, W. R. (1962a). *O aprender com a experiência*. Zahar.

Bion, W. R. (1962b). *Learning from experience*. BPC Wheatons.

Bion, W. R. (1965). *Transformações: mudança do aprendizado ao crescimento.* Imago.

Bion, W. R. (1970). *Attention and interpretation*. Heinemann.

Bion, W. R. (1994). Uma teoria sobre o pensar. In *Estudos psicanalíticos revisados* (W. M. M, Dantas, Trad.). Imago. (Trabalho originalmente publicado em 1962c)

Bion, W. R. (1997). *Taming wild thoughts.* Karnac.

Bion, W. R. (2017). *Seminários na clínica Tavistock* (P. C. Sandler, Trad.). Blucher. (Trabalho originalmente publicado em 1990)

Britton, R. (2003). *Crença e imaginação: explorações em psicanálise.* Imago.

Ogden, T. H. (2019). Os quatro princípios do funcionamento mental a partir de Bion. In T. S. Candi & A. Rocha Barros (Orgs.), *Diálogos psicanalíticos contemporâneos Bion e Laplanche: do afeto ao pensamento* (pp. 59-90). Escuta.

Rocha Barros, E. M., & da Rocha Barros, E. L. (2019). A clínica contemporânea do sonho: sonhando em diálogo em Laplanche, Bion e Ogden. In T. S. Candi & A. Rocha Barros (Orgs.), *Diálogo psicanalíticos contemporâneos Bion e Laplanche: do afeto ao pensamento* (pp. 91-124). Escuta.

11. Entre leiteiros e bombas: sobre a *reverie* nos grupos

Pedro Hikiji Neves
Pablo Castanho
Carla Penna

Introdução

Pedro Hikiji Neves
Pablo Castanho

Este capítulo é dividido em três partes, incluindo uma apresentação de uma situação clínica de grupo, uma análise e uma discussão. Nesta introdução, Neves e Castanho contextualizam o enquadramento institucional que circunscreve o grupo da situação clínica. Em seguida, Neves apresenta um estímulo clínico, retirado de uma sessão do grupo. Então, Penna faz um comentário teórico-clínico sobre o movimento do grupo, centrada no conceito de *matriz, cesura e reverie*. Por fim, Neves e Castanho realizam uma discussão, propondo uma conceituação original, que diferencia *reverie grupal* de *porta-reverie*.

O estímulo clínico aqui situado é uma sessão de um projeto de atendimento em grupo criado para fazer face ao mal-estar de estudantes (graduação e pós-graduação), denominado Grupo Reflexivo de Apoio à Permanência da Universidade de São Paulo (GRAPUSP). Este projeto de extensão foi criado em maio de 2019 pelo grupo de Pesquisa Clínica de Grupos e Instituições (CLIGIAP, USP/CNPq) integrante do Laboratório Interinstitucional de Estudos da Intersubjetividade e Psicanálise Contemporânea (LipSic). O projeto foi concebido inicialmente na perspectiva aberta por Pichon-Rivière (2007; Delarossa, 1979; De Langer, 1986) sobre o processo de aprendizagem e o valor do dispositivo de grupo operativo no contexto educacional.

Entretanto, logo no início, as dificuldades clínicas encontradas nos confrontaram com a problemática da desarticulação dos coletivos na universidade e demandaram ajustes no dispositivo utilizado. Compreendemos essa desarticulação no ambiente universitário como um desdobramento do que Cristophe Dejours verificou no mundo do trabalho. De acordo com o autor, a organização do trabalho na contemporaneidade ataca os laços de solidariedade entre os trabalhadores, fomentando uma competição sem limites éticos que mina as condições intersubjetivas para que a atividade profissional seja fonte de saúde (Dejours, 2012). Propusemos, em texto anterior (Castanho, Emílio, Oliveira & Neves, 2020), que o mesmo fenômeno acontece no mundo acadêmico. Semelhante às dinâmicas observadas por Dejours nas corporações, a desarticulação dos coletivos no ambiente acadêmico gera diversos prejuízos, minando a confiança no grupo, a possibilidade de compartilhar sofrimentos e o sentimento de pertencimento. Além disso, também são dificultados os processos sublimatórios (relacionados a atividades de estudo e pesquisa), e ampliados os sofrimentos éticos (o que é ético fazer para atingir cada objetivo). Baseando-nos em René Kaës (1994), propomos entender que a desarticulação dos coletivos implica não só problemas nos vínculos intersubjetivos, mas também na capacidade associativa de cada sujeito ou, dito de outro modo, a dificuldade de vincular-se apresenta-se também como dificuldade de *ensonhamento* (Ribeiro, 2019) das experiências universitárias.

Compreende-se assim a opção por uma clínica grupal. Nesse projeto, os encontros foram concebidos para ter um máximo de quinze participantes, sendo classificado como *lentamente aberto*, ou seja, havendo vagas, podem entrar novos participantes. O grupo é coordenado por três pessoas, vinculados a graduação e pós-graduação em psicologia. Por conta da referida dificuldade associativa, intercalam-se sessões verbais no formato dos Grupos Operativos de Pichon-Rivière com sessões mediadas por fotos, a partir de uma técnica chamada de Fotolinguagem® (Vacheret, 2008). A tarefa geral do GRAPUSP é "refletir sobre as experiências e relações *na* e *com a* universidade". O intuito desse espaço, desde sua elaboração, é possibilitar que tanto as experiências prazerosas quanto as dolorosas de cada estudante, em sua travessia acadêmica, possam ressoar no grupo, potencializando a capacidade associativa e os processos de ressignificação.

Neste capítulo, abordaremos uma sessão do Grupo Operativo de Aprendizagem durante a pandemia de Covid-19, em 2021. Os participantes já se conheciam e vinham se encontrando semanalmente na modalidade online desde o início da quarentena. Apresentaremos, então, um estímulo clínico, retirado de um encontro específico, para depois apresentar um comentário teórico-clínico e finalizar com uma discussão teórica.

Estímulo clínico

Pedro Hikiji Neves

No encontro, estão presentes um coordenador, duas cocoordenadoras e Maria, Sofia, Beatriz, Renato, Paulo, Davi e Dora[1] como participantes. Este encontro foi realizado no primeiro semestre de 2021.

Antes da tarefa ser anunciada, o grupo aparentava cansaço: Renato e Beatriz diziam estar sobrecarregados pelas obrigações da faculdade e que estava sendo difícil fazer tudo que as disciplinas exigiam. Renato conta que tem sido duro ir às aulas e está só acompanhando as gravações. Ele fica feliz por alguns professores não "contarem presença", pois ele não conseguiria comparecer de maneira síncrona. Beatriz diz que suas disciplinas passaram a verificar presença por meio de trabalhos semanais e, por isso, toda semana tem vários trabalhos para fazer em suas disciplinas. Cansada, lamenta por não se sentir livre, porque um trabalho surge assim que o outro é entregue.

Espalha-se pelo grupo a sensação de culpa. Sentem uma constante necessidade de manterem-se produtivos, ainda que o mundo pareça colapsar frente a uma pandemia. Relacionam essas cobranças à influência da produção capitalista e estimulam outras pessoas a contarem suas experiências de sobrecarga recentes. Dora diz ter descoberto, há alguns anos, que sofre da "síndrome do impostor" e que, desde então, tenta lutar contra isso.

Nesse momento, circula pelo grupo uma sensação de exaustão mental, percebendo a exigência que é realizada pelo ambiente externo (localizado em "faculdade" e "capitalismo") e interno (as cobranças internalizadas). A presença/ausência vivida no online

---

[1] Os nomes de todos os participantes, assim como informações específicas, foram alterados para preservar as identidades e anonimato de cada um.

das aulas era encenada no aqui-e-agora do grupo, também remoto. Essas queixas também estiveram presentes em vários outros encontros, sendo quase uma constante da vivência universitária online dos participantes.

Sofia compartilha que viveu uma semana difícil. Recentemente, presenciou de forma próxima um suicídio, ocorrido nas proximidades da faculdade: um aluno saltou do prédio onde ela estava. Por pouco não viu a cena: demorou alguns minutos para sair e evitou olhar diretamente a tragédia. Diz ter ouvido falar que ele era esquizofrênico e havia tido uma crise no dia. Antes de saltar, falava que havia pessoas perseguindo-o, que o ordenavam a se matar. Seu relato provoca imagens intensas e concretas. A cena é habitada pelo grupo: a narrativa dissemina-se e nos aproxima do olhar que Sofia tivera para fora da porta, observando, de longe, a confusão de corpos e vozes.

Sofia lembra-se de outra cena, outro suicídio que ocorreu em um bosque na faculdade, que por pouco não testemunhou. Disse que estava pensando em ir até um lugar próximo para estudar, mas preferiu ficar em casa. Se tivesse ido, provavelmente testemunharia a cena da pessoa enforcada. Visivelmente abalada, com uma voz triste e cansada que aparentava manter algum semblante de força, confessa que não está conseguindo focar em nada, muito menos estudar. A imobilidade que sente após esses acontecimentos a frustram, e se percebe muito culpada em não conseguir produzir.

Após o relato de Sofia, o grupo silencia-se. Uma coordenadora diz que sente muito pelo ocorrido. Pareciam ser as únicas palavras possíveis naquele momento. O grupo inteiro fica impactado e mostra pesar. Outros participantes também lamentam e apontam a impossibilidade de continuar a estudar ignorando o ocorrido. A coordenadora diz que, apesar do grupo poder ajudar muito nesses momentos, o Instituto de Psicologia ainda oferece outros serviços que podem apoiá-los, e reforça que a equipe de coordenadores está sempre disponível para encontrar outros serviços que possam ajudá-los.

Sofia agradece, mas conta de uma experiência ruim que teve com um psiquiatra indicado pela faculdade quando estava com problemas para dormir. Diz que ele não receitou remédios para ela e passou uma longa lista de terapeutas que poderiam ajudá-la, porém ela não pôde ser atendida por nenhum deles, porque havia uma fila de espera muito longa, ou cobravam um preço inacessível. Acrescenta a dificuldade de acessar serviços online com a internet providenciada pela faculdade. Há sempre problemas com a conexão, que dificultam até mesmo sua presença neste espaço de grupo, tão caro para ela. Muitas vezes não consegue escutar direito e tem de ficar com a câmera desligada, para não sobrecarregar sua internet.

Sofia conta que recentemente também recebeu a notícia de que toda a família de um conhecido morrera por Covid. Quando soube, estava em uma reunião importante e não pôde ausentar-se. O grupo, então, indaga-se por que continuamos trabalhando e estudando mesmo com tantas dificuldades acontecendo à nossa volta. Uma coordenadora propõe que circula no grupo a ideia da faculdade como uma "mãe esquizofrenizante", isto é, uma instituição que exige tanta atenção de seus "filhos" a ponto de ameaçar cegá-los à triste realidade externa e forçá-los a manter a busca por "excelência". Ela conclui que essa situação pode ser bastante aterrorizante, provocando nos alunos um medo de enlouquecer.

A mistura desses relatos, nesse momento, parecia gerar uma imobilização no grupo. Percebe-se que, a princípio, os participantes tentavam pensar a situação de modo racional: "Por que permanecemos trabalhando e estudando?". Havia uma impotência sentida pelos participantes e pela equipe, ilustrada por uma dificuldade de pensar em meio a tamanha angústia. No entanto, tentativas de racionalizar o acontecido não eram capazes de abarcar a dor imensa do relato.

Beatriz conta que se lembrou de algo: durante a Segunda Guerra Mundial, enquanto as bombas caíam em Londres, diziam que os leiteiros ainda trabalhavam, andando de bicicletas e entregando o leite à população. Essa cena a faz lembrar do que estamos vivendo agora: continuar sempre a trabalhar, não importa como e quando. Eles agiam como os músicos do filme "Titanic", que continuavam a tocar enquanto o barco afundava. Lembra que, um dia, ouviu que trabalhamos constantemente por não termos outra coisa a fazer.

Sofia se incomoda com o modo com que algumas pessoas compartilharam o suicídio ocorrido no bosque no grupo de WhatsApp. Diz que, talvez por ter sido por enforcamento, as pessoas acabam romantizando o assunto e não o tratam de forma séria e cuidadosa. Beatriz conta que, na semana de recepção de sua antiga faculdade, os veteranos contavam "lendas" de que alunos teriam se matado em um certo prédio do campus. Para ela, usar o suicídio como ferramenta de amedrontar os calouros é algo extremamente desrespeitoso e se perpetua de maneira cíclica. Esses ingressantes, no futuro, fariam a mesma coisa com os seus próprios calouros, invertendo a posição de agressor e agredidos.

As histórias trazidas por Sofia e Beatriz trouxeram de forma bruta a possibilidade de morte dentro da universidade. As mortes banalizadas, transformadas em lendas romantizadas, ceifadas de seu tempo de elaboração e luto, ignoradas pelo bem do "trabalho", pareciam simbolizar a solidão e a tristeza vividas nesse momento tão difícil. As cenas de Londres e do Titanic, contadas logo após um momento de forte angústia, pareciam ser uma maneira incipiente de conferir sentido narrativo e imagético ao ocorrido.

Sofia se desculpa por ter trazido o assunto ao grupo. Diz que sabe que pode ser gatilho para alguns, mas acha muito estranho não falarem sobre isso. Além disso, conta que quando tudo aconteceu, por conta de uma briga, ela não estava conversando com suas colegas de quarto, então não tinha ninguém com quem falar. Renato diz que não há problema nenhum em trazer esse assunto ao grupo porque, apesar de não serem profissionais, eles são um "grupo de leiteiros" que podem se auxiliar. Ele continua, dizendo que quando ela ou qualquer outra pessoa do grupo precisar conversar, basta chamá-lo no WhatsApp. Diz que não é bom em dar conselhos, mas sabe escutar e gosta de ser escutado pelos outros quando está triste. No chat, Maria diz que, para ela, todos ali são melhores amigos, e outros participantes concordam.

A imagem do "grupo de leiteiros" é reconhecida pelo grupo. Essa pequena transformação pôde mudar a narrativa do que estava acontecendo de uma experiência de sofrimento individual a um compartilhamento afetivo.

Renato diz que também precisa desabafar. Conta que, por questões institucionais, não poderia estar trabalhando fora da faculdade, mas, para conseguir pagar a internet e se manter, ele não tinha outra escolha. Fala do quanto tem sido difícil trabalhar e estudar, e que não gosta das tarefas cansativas que tem no emprego. Em compensação, os projetos da faculdade lhe conferem mais energia, pois dão sentido para sua rotina. Assim, lamenta não poder focar apenas neles.

Dora relata que é desmotivador, para aqueles que querem uma vida profissional na academia, ver a quantidade de anos de estudo que ainda têm pela frente, até que consigam uma carreira estável e próspera. Paulo conta que tem planos de seguir carreira universitária e concorda com a dificuldade levantada por Dora. Ele está tentando ganhar uma bolsa de pesquisa. Com uma média por volta de 9, achava que tinha um resultado suficiente, mas seu professor disse que aquela bolsa exigia resultados acima de 9,8. Diz que a nota pedida parece irreal, uma meta impossível de ser atingida, e questiona se o esforço realmente vale a pena.

Maria expõe que se reconhece no que Renato, Dora e Paulo estão trazendo. Conta da sensação de estar estagnada na faculdade, comparando-se a alguns de seus amigos que já trabalham, construindo uma família e avançando em suas carreiras. Ela sabe que ainda terá muitos anos exclusivamente estudando, para chegar onde deseja e ser recompensada financeiramente. Incomoda-se quando comentam que ela "só estuda", geralmente em um tom crítico, porque sabe quão demandante de sua energia e tempo é essa atividade a qual ela se dedica tanto. Mesmo assim, ao ouvir esse tipo de fala, sente intenso desânimo ao refletir que talvez realmente não esteja fazendo o suficiente.

Renato compartilha que também se chateia quando alguém diz que outro "só estuda" ou "só trabalha e estuda", porque isso desvaloriza e não reconhece o esforço exigido na universidade, como se estudar fosse o mesmo de fazer nada. Outra coordenadora, retomando a imagem do leiteiro, diz que talvez alguém vendo a cena diria que ele está "só entregando leites" e não mencionaria as bombas caindo à sua volta. Por fim, um coordenador propõe, de forma jocosa, que talvez diriam que são só "explosõezinhas", referindo-se ao discurso negacionista que classificava a Covid como uma "gripezinha", o que provoca risos entre os participantes.

Nesse momento, o grupo parece estar menos imobilizado pelas imagens paralisantes da morte e pode articular claramente a insatisfação que sentem em não serem reconhecidos nem dentro da faculdade (com requisitos impossíveis das bolsas de estudo) nem fora ("só estuda"). Assim, foi possível nomear a invisibilidade do esforço ("só entregando leites") e o discurso negacionista mais amplo que esses participantes estão inseridos ("explosõezinhas").

Sofia diz que teve um sonho estranho recentemente. Explica que não tem vontade de ser mãe, especialmente agora, mas sonhou que estava grávida, e seu filho nascera repentinamente. Ela não sabia como cuidar dele e acaba esquecendo-o deitado em um colchão por dois dias. Ao encontrá-lo novamente, ela tem a sensação de que precisa alimentá-lo e procura jujubas em seus armários. Ela também tenta amamentá-lo, sem sucesso, e leva-o ao médico, onde ele morre. O médico diz que ela não era culpada, mas ainda assim ela sente um grande remorso.

O coordenador pergunta ao grupo que associações os outros fazem a ele. Dora sugere que, para ela, o sonho mostra que Sofia não quer ter filhos, apesar da pressão social que conduz a mulher obrigatoriamente a esse papel. Ela descreve o quão importante é para si possuir a liberdade de escolher não querer filhos, e recomenda um livro para Sofia.

Beatriz, por sua vez, faz uma interpretação diferente. Diz que o sonho fala de uma responsabilidade que surge do nada, e a sensação de não saber o que fazer. Indica que pode ter sido algo que Sofia desejava anteriormente, mas quando ocorre, ela não se sente preparada nem sabe o que fazer. Por isso, teme que essa responsabilidade morra, por ela não ser capaz de assumi-la.

Beatriz diz que tem um sonho recorrente com um significado parecido. No sonho, ela e sua família vão fazer uma viagem, e ela tem de arrumar as malas sozinha. Quanto mais coisas ela coloca na mala, mais outras surgem para ela guardar, de forma que é impossível terminar essa tarefa. Conta, inclusive, da tentativa de colocar suas plantas, em seus grandes vasos, dentro da mala, sem entender o porquê de tudo aquilo. Associa isso com as tentativas de colocar mais coisas do que consegue em sua cabeça, de se ocupar com mais responsabilidades do que deveria.

O grupo elogia as interpretações de Beatriz e Sofia e dizem que fazem sentido. Sofia diz que continuou tendo diversos sonhos estranhos, incluindo um recente, no qual traiu seu namorado. Ela acha isso muito estranho, pois nunca nem teve vontade de traí-lo, mas sentiu-se culpada ao acordar, e teve de contar o sonho para seu companheiro para se tranquilizar. Um coordenador diz que, tomando esses sonhos como sonhos do grupo, podemos ver muitas relações com as coisas que trouxeram sobre a faculdade. Nos sonhos e no grupo, estavam presentes a sobrecarga com as responsabilidades, a dificuldade de viver em um momento caótico e a falta de cuidado entre pares. Alguns outros participantes concordam, e Renato diz que o grupo foi muito "terapêutico". O restante do grupo também comenta do quanto gostaram do grupo. Davi, pelo chat, manda o link de um podcast sobre síndrome do impostor e o recomenda para Dora. O grupo é finalizado.

Entre leiteiros e bombas: cesura, matriz e reverie em grupos

Carla Penna

O pungente fragmento de sessão de um grupo realizado com universitários, no auge da pandemia em 2021, convida-nos a acompanhar medos, incertezas e estados de alma semelhantes aos experimentados por soldados e civis durante a Segunda Guerra Mundial, momento no qual o trabalho com grupos teve um grande avanço na Inglaterra.[2] Na ocasião, diante da necessidade de seleção

---

2 O pioneirismo da Inglaterra foi indiscutível no desenvolvimento dos trabalhos analíticos com grupos, contudo, de forma isolada e absolutamente original, Pichon-Rivière (2007), na Argentina, deu início, em 1936, a trabalhos com grupos no Hospício de las Mercedes.

e agrupamento de oficiais, psiquiatras ingleses, dentre eles Rickman e Bion, aderiram ao *War Office Selection Board*. Desde o início da guerra, os problemas psiquiátricos eram muitos e conduziram um largo contingente às deserções, ao suicídio ou ao alcoolismo grave. Nessa conjuntura, era premente o estabelecimento de novas estratégias para lidar tanto com a seleção quanto com a reabilitação de oficiais. No exército, J. R. Rees, diretor da Clínica Tavistock, foi convidado à consultoria psiquiátrica e assim pode recrutar colegas de orientação psicodinâmica, como Ronald Hargraves, Eric Trist, Wilfred Bion, Harold Bridger, Tom Main, James Anthony e S. H. Foulkes para a tarefa. John Rickman aderiu ao grupo e, como psicanalista experiente, teve papel fundamental na orientação e inspiração teórico-clínica dos trabalhos dos colegas mais jovens (Harrison, 2000; Penna, 2023).

No Hospital de Northfield, na Inglaterra (1942-1945), dois experimentos inovadores permitiram o surgimento do trabalho com grupos. No primeiro, que ocorreu no inverno de 1942-1943, Rickman e Bion desenvolveram um projeto que envolveu de 100 a 200 recrutas internados. Quando Rickman e Bion assumiram sua ala, encontraram-na suja e desorganizada, repleta de soldados desmotivados e apáticos (Main, 1983). Contudo, em vez de imporem a ordem militar ou uma rotina rígida, reuniram durante seis semanas os pacientes em "grupos sem líder" (*leaderless group project*). Os pacientes realizavam exercícios físicos e reuniões diárias para discutir os problemas do aqui-e-agora e esclarecer tensões intragrupais. Rickman e Bion avaliavam como cada membro funcionava no grupo como um todo em termos de aptidão relacional, liderança e solução de dificuldades (Bléandonu, 1999; Harrison, 2000). Assim, por meio de uma atitude mais receptiva na ala, a disciplina foi restaurada e os pacientes tratados como soldados puderam voltar gradativamente à ativa. Apesar do sucesso da empreitada, o experimento foi encerrado prematuramente pelo exército. Bion e Rickman foram demitidos de

Northfield (de Maré, 1985/2000; Main, 1983/2000; Penna, 2023). Ambos trabalhavam de forma independente, ignorando a burocracia militar e a rotina hospitalar. A natureza radical da visão que ambos imprimiram ao trabalho acabou levando a um choque entre a cultura militar e a cultura do cuidado (Hinshelwood, 1999). Em 1943, Rickman e Bion publicaram a experiência na Revista *The Lancet*, permitindo que anos mais tarde, Bion a relatasse no clássico *Experiências com grupos* (1961). Após a guerra, o primeiro experimento permitiu, em 1946, a criação do *Tavistock Institute of Human Relations*, responsável pelos estudos sobre liderança e organizações centrados no legado do trabalho com grupos de Bion, que lá permaneceu até 1952. Já o segundo experimento deu origem às comunidades terapêuticas e à grupanálise de Foulkes (1948/1983), que em colaboração com Norbert Elias, fundou em 1952 a Group Analytic Society (Penna, 2023).

Para Bion, os grupos reagem de uma "maneira cansativamente errática" (1961/1970, p. 53), consequentemente, interpretações baseadas em conceitos como mentalidade grupal, cultura de grupo e indivíduo são inadequados para entender as relações grupais. Bion observou que o indivíduo regride a um conjunto de pressupostos onipresentes em qualquer grupo baseados em duas formas de atividade mental: grupo de pressuposto básico e grupo de trabalho. Os pressupostos básicos – dependência, luta-fuga e pareamento/acasalamento – são manifestações inconscientes e regressivas de natureza primitiva que emergem de forma alternada na psicodinâmica do grupo (Bion, 1961/1970). Inicialmente, os pressupostos básicos pareciam a Bion inatos ou instintivos, no entanto, em 1952, influenciado por seu trabalho com pacientes psicóticos e por Klein, reformulou sua teoria, sugerindo que, em vez de serem inatos, os pressupostos básicos correspondem a angústias ainda mais primitivas do que as relações de objeto parcial, sendo formados por defesas que protegem contra angústias psicóticas. Seus mecanismos derivam de manifestações das posições psicóticas infantis descritas por Klein (Bion, 1961/1970, p. 176).

A comunidade psicanalítica comenta o fato de Bion ter perdido o interesse pelo trabalho com grupos e o sentimento de orfandade vivenciado pelos analistas de grupo diante desse abandono prematuro (Mello Franco, 2015). Contudo, apesar do interesse de Bion pelo grupo ter sido essencialmente de natureza ontológica (Hinshelwood, 1999), a ideia do grupo encontra-se presente em toda sua obra (Bion, 1967/1994, 1970/2006, 1992/2000).

Civitarese (2021, p. 1.073) acredita que, para compreender o "late" Bion, torna-se necessário realizar um caminho circular em torno de sua teoria, revisitando *Experiências com grupos* (1961/1970). Isto é, a ideia de psicanálise contida no "late" Bion é, na verdade, a transposição de sua teoria de grupo para muitas de suas considerações psicanalíticas posteriores. Tal conhecimento permite iluminar a compreensão de conceitos como capacidade negativa, reversão de perspectiva, "O", continente, transformação (Civitarese, 2021) e eu acrescentaria, visão binocular (Penna, 2013). De fato, psicanalistas que trabalham com grupos analíticos – cientes da capital influência da teoria Lewiniana de campo social na perspectiva de Bion sobre grupos (Hinshelwood, 2018) – observam a cesura (Bion, 1977) envolvida nas observações de Civitarese (Penna & Hopper, 2022). Como Civitarese (2021, p. 1.074, tradução minha) afirma: "Ele [Bion] escondeu uma alma grupal dentro de sua teoria psicanalítica individual. Isso é evidente e escotomizado. Isto é evidente porque parece óbvio. É como reinventar a roda".

Para Civitarese, *Experiências com grupos* confere uma base teórica sólida para os desenvolvimentos da teoria de campo pós-bioniana, permitindo que narrativas que emerjam na situação analítica sejam consideradas como cocriadas no nível inconsciente pelo "grupo de dois" formado pela dupla analítica (Civitarese, 2021,

p. 1.074). Trata-se de um inconsciente cocriado, tema caro para Foulkes e os grupanalistas ingleses por meio da pesquisa sobre o conceito de inconsciente social (Hopper & Weinberg, 2017) que permite a observação de processos socialmente inconscientes cocriados por pessoas, grupos e sistemas sociais (Penna, 2023).

Para Bion, a cesura marca a constituição do aparelho psíquico em termos de interno/externo, inconsciente/consciente, vigília/sono, processos que ocorrem a todo momento no psiquismo. A cesura está presente no encontro analítico e marca o trânsito entre diferentes dimensões psíquicas e estados mentais que, ao mesmo tempo separados e unidos, acontecem no espaço da sessão, seja ela analítica ou grupal, aprimorando a escuta e a compreensão do sofrimento psíquico dos pacientes (Trachtenberg, 2013).

Mello Franco (2015, p. 274) afirma que a atividade grupal permite "capturar níveis muito profundos e arcaicos de inconscientes, manifestações pré-simbólicas e a possibilidade de simbolizá-las". Nesse sentido, recordamos a suposição básica de Bion de que "pessoas se reúnem em um grupo para fins de preservação do grupo" (Bion, 1961/1970, p. 55). Isto é, para fim de autopreservação e sobrevivência como observamos na sessão apresentada. Detendo-nos no material clínico, mas desconhecendo detalhes sobre o ambiente, a biografia de seus participantes e o contexto em que o grupo se insere, chama atenção o contraste entre o trauma, o desamparo, a dor e a morte trazidos pelos membros do grupo e o simbolismo contido na metáfora dos leiteiros e bombas. Isto é, entre cesuras e repetições, experiências traumáticas que habitam a vida inconsciente de pessoas e grupos (Hopper, 2003) encontram expressão e significado na matriz grupal, atualizando e conectando traumas vivenciados na Segunda Guerra Mundial com aqueles experimentados no aqui-e-agora da pandemia de Covid-19. Nesse sentido, o conceito de matriz da grupanálise inglesa interpõe-se em nossa reflexão. Foulkes escolheu o termo matriz, que carrega múltiplos e milenares significados (Hopper & Weinberg, 2017), especialmente, útero, mãe, para definir:

> *a teia hipotética de comunicação e relacionamento de um determinado grupo. É o terreno comum compartilhado que, em última análise, determina o significado e a importância de todos os eventos e sobre o qual repousam todas as comunicações e interpretações, verbais e não verbais. (Foulkes 1964/1992, p. 292; tradução minha)*

Embora a ideia de matriz seja diferente do conceito de cesura em Bion, a matriz grupal permite explorar diferentes níveis de funcionamento psíquico e comunicação em um grupo que estão além dos limites interno/externo, consciente/inconsciente. Isso significa que explorar a matriz de um grupo é entrar em uma zona de paradoxos que desafiam os limites do pensamento para aproximarmo-nos não apenas de conteúdos compartilhados no aqui-e-agora da sessão, mas também daqueles ainda não verbalizados, imaginados ou conscientemente conhecidos por seus participantes (Ahlin, 1996), algo que Bollas (1987/1992) definiria como conhecido não pensado. Participar de uma matriz grupal é penetrar em um solo materno (*mother soil*) que é comum e compartilhado, local onde todos os processos dinâmicos conscientes e inconscientes têm lugar (Foulkes, 1990, p. 212). A matriz grupal é uma criação de um grupo, que, ao cruzar as fronteiras interpessoais e transpessoais, permite revelar e testemunhar histórias, culturas, o passado, o transgeracional e o presente de seus membros (Penna, 2023, p. 147).

Os dolorosos relatos trazidos pelos participantes do grupo revelaram, no seio da matriz grupal, a precariedade dos vínculos estabelecidos pelos estudantes, um momento em que o trauma social desencadeado pela pandemia misturou-se às suas próprias realidades pessoais. As questões identitárias e as dificuldades diante das exigências acadêmicas levou a participante Beatriz a associar a realidade atual a um episódio da Segunda Guerra Mundial, que visualizamos na foto de Fred Morley, *The London Milkman*[3] –, em que leiteiros, a despeito do perigo, continuam a entregar o leite nas casas londrinas durante os bombardeios de Londres em 1940. A imagem traduz a perplexidade dos alunos diante da morte e do contato com a efemeridade da vida, desencadeada pela pandemia e pela necessidade de manterem-se conectados à vida cotidiana e às atividades acadêmicas. O relato dos suicídios no conjunto residencial conecta-os com a transitoriedade, a morte e o luto discutidos por Freud em *Sobre a transitoriedade* (1916[1915]/1974), apontando para a ferida narcísica, individual e coletiva que, de forma traumática, atravessou suas trajetórias estudantis.

A metáfora sobre leiteiros e bombas apresentada por Beatriz pode ser vista, em termos bionianos, como uma *reverie*. A matriz grupal e seus coordenadores atuaram como um útero acolhedor, semelhante à uma mãe que, com sua capacidade de *reverie*, funciona como um órgão receptor de impressões, sensações e projeções de seu "bebê"/grupo em busca de tradução e metabolização (Bion, 1967/1994, p. 134). Nesse sentido, transitando entre cesuras e emoções paradoxais, os participantes do grupo puderam criar, pelo espaço continente oferecido pela matriz grupal – aqui vista como um útero receptivo às comunicações, às *reveries* e os sonhos apresentados no grupo – um espaço onde processos inconscientes e afetos não digeridos e não representados puderam, ao ser compartilhados, adquirir significado. Foi

3 Título original: *Delivery after raid*. A foto pode ser consultada em https://rarehistoricalphotos.com/london-milkman-1940.

assim que a solidão, a dor e o desamparo dos participantes personificados (Hopper, 2003) na figura do leiteiro entre bombas na guerra/pandemia transformou-se na imagem, concebida no seio da matriz grupal, de um "grupo de leiteiros". A *reverie* de Beatriz transformou-se rapidamente na *reverie* do grupo, permitindo que as sensações e percepções dos participantes adquirissem nova qualidade psíquica e imagética (Ribeiro, Cintra & Penna, 2021), modificando, assim, as interações interpessoais e transpessoais no grupo.

Contudo, novamente a natureza essencialmente traumática das interações do grupo presentifica-se diante do sonho messiânico, porém fracassado, de Sofia, que repentinamente gesta e dá luz a um filho, "filho/sonho do grupo" que falece. O grupo como um todo falhou diante do "compromisso inconscientemente firmado" com o pressuposto básico de pareamento/acasalamento (Bion, 1961/1970). Alimentado por jujubas doces, e não pelo leite proveniente da mãe/matriz grupal, o Messias/bebê gerado pelo "grupo de leiteiros" não vingou. Apesar de corajosamente continuarem a trabalhar e a estudar, o grupo de leiteiros persiste, sobrevivendo aos escombros da guerra/pandemia. Aqui teríamos material teórico-clínico para a investigação das oscilações entre os três pressupostos básicos de Bion, bem como considerações sobre o quarto pressuposto básico proposto de Hopper (2003) – Incoesão: agregação/massificação na exploração de experiências traumáticas na vida inconsciente dos grupos. Deixaremos essa análise para outra ocasião.

O material clínico apresentado permitiu-nos observar como, por meio de uma expressiva *reverie* e um sonho messiânico, mas também de sonhos ainda não sonhados, novas formas de pensamento e ensonhamento sobre a dor e o desamparo vivenciado durante a pandemia e vida universitária puderam encontrar novas formas de expressão e formulação em um processo grupal.

Discussão: a reverie grupal e o porta-reverie

Pedro Hikiji Neves

Pablo Castanho

Para concluir, analisaremos as consequências teóricas desta apresentação, especificamente sobre o conceito de *reverie*.

A *reverie* é descrita por Bion como uma capacidade expectante da mãe que permite a ela receber as projeções do bebê e "metabolizá-las" via função alfa. Essa função consiste na transformação de elementos ainda não pensados – chamados de elementos beta – em unidades representacionais, os elementos alfa.

Chuster (2019) destaca a conexão entre a *reverie* e a função alfa, observando que ambas estão no mesmo espectro. Enquanto a *reverie* envolve a captação de elementos predominantemente sensoriais, como imagens ou sensações, a função alfa se concentra nos elementos simbólicos, traduzindo a experiência precoce desorganizada em representações. Dessa forma, a mãe "devolve" as experiências do bebê para ele, a partir da sua capacidade adulta de compreender e interpretar o que ele sente. Quem cuida, portanto, endereça sensações e imagens ao outro, "devolvendo" a ele, a partir de sua própria sensibilidade, a experiência do mundo. Retornando essas sensações e imagens ao bebê, é feita uma "introdução simbólica e sensorial" à realidade, apresentando-a de forma gradual e menos confusa.

Um importante autor que traz a *reverie* da situação mãe-bebê ao campo clínico é Thomas Ogden. Ele propõe que, na clínica, o analista tem a mesma responsabilidade da mãe em *reverie*: ajudar o outro a pensar fatos ainda não cognoscíveis. Ele propõe que os fatos mais cotidianos vividos pelo analista, como devaneios, imagens e ruminações passageiras ou músicas, estão intimamente relacionados ao modo com que terapeuta e paciente vivem o momento-a-momento da sessão. Portanto, essas imagens (*reveries*) poderiam ser úteis para resgatar o contexto emocional do encontro, porque seriam cocriadas, em um processo dialético, entre analista e analisando, sendo o produto dessa tensão criativa o *terceiro analítico* (Ogden, 1997).

Quando Beatriz narrou sua lembrança da cena dos leiteiros, podemos considerar que foi uma imagem originada dentro de um contexto específico. Estávamos falando sobre morte, destruição e os rastros de desesperança que a pandemia deixara. No entanto, além disso, Beatriz também captou em sua imagem uma perspectiva de esperança e resiliência por meio da figura do leiteiro, ecoando pensamentos compartilhados pelo grupo.

Esses sentimentos, a partir da história contada, puderam ser "sonhados". Entraram em um campo simbólico e sensorial, evocador de imagens marcantes, tanto nos participantes presentes quanto nos que ouviram a vinheta, inclusive convocando a fotografia *The London milkman*. Reforçamos nossa hipótese de que esse fenômeno foi uma *reverie* a partir do uso que a imagem teve para os membros, ajudando-os a comunicar algo que sentiam como verdadeiro naquele momento. Além disso, novas associações puderam florescer em um momento duro para o grupo, em que era difícil pensar sobre a morte. A brutalidade dos fatos e o sofrimento que parecia inevitável puderam, a partir das figuras, ser trabalhados de outros ângulos, mais maleáveis e receptivos a interpretações diferentes.

Uma maneira de analisar o fenômeno do grupo é a partir da noção de função fórica, de René Kaës. Ela consiste no fenômeno em que um sujeito enuncia algo que lhe é próprio, mas simultaneamente também é do grupo. As funções fóricas são intermediárias, localizadas na borda entre o espaço psíquico de cada sujeito e os espaços comuns e partilhados. Segundo o autor, elas "incluem e superam a ligação entre duas margens separadas, a fronteira entre dois espaços descontínuos" (2011, p. 158). Essas funções são um recurso utilizado para abordar o interjogo entre inter e intrassubjetividade e compreender a relação entre esses espaços distintos, de *dentro* e *fora*. Existem vários tipos de função fórica, mas todas são modos do sujeito *portar*, em sua fala, algo que é comum aos outros, exercendo a função de *porta-voz*, *porta-palavra*, *porta-sintoma* etc.

Seguindo Piera Aulagnier (1975/2007), Kaës nos lembra que uma mãe capaz de predizer, acompanhar e comentar os pensamentos e atividades mímicas de seu bebê faria a função fórica nomeada de *porta-palavra*. Nessa posição, ela sustenta e contém as angústias da criança em sua própria fala, estruturando o aparelho psíquico dessa criança. Segundo Kaës, essa atividade está intimamente ligada à função alfa de Bion e requer que o cuidador tenha a possibilidade de "pôr à disposição do infans os meios de representar para si sua própria existência" (Kaës, 2011, p. 161).

Nos grupos, essa função implica em que um sujeito enuncia algo que tem um significado simultaneamente particular e compartilhado, *portando* em sua fala elementos a que os outros ainda não tinham acesso, ou não podiam expressar, e ajudando-os a *representar suas próprias existências*. Desse modo, o grupo poderia formar um *aparelho de pensar os pensamentos* – ideia introduzida por Bion – *grupal*.

Existiria, portanto, uma certa semelhança entre a situação mãe-bebê e entre os integrantes do grupo. Na maternagem, Bion postula uma *função alfa* realizada pela mãe, que é a capacidade de traduzir as experiências vividas em representação, "digerindo" o mundo complexo em partes mais simples para que a criança possa compreender. Essa seria uma função natural, que a mãe acessa a partir de um estado de disponibilidade afetiva ao outro, chamada *reverie*.

No grupo, Corrao (1981/1998) propõe que essa capacidade é realizada pelo grupo como um todo, que processa os elementos incognoscíveis espalhados pelo campo em representação, denominando o fenômeno de *função gama*. Seguindo essa diferenciação, ao utilizar a função alfa para nos referirmos à atividade realizada predominantemente na díade e a *função gama* para abordarmos a situação grupal, continuamos o raciocínio.

Posto que podemos considerar que a *reverie* e a função alfa estão em um mesmo espectro (Chuster, 2019) de captação de elementos predominantemente sensoriais (*reverie*) e simbólicos (função alfa) do outro, poderíamos postular, de maneira simétrica, a existência de uma *reverie grupal*,[4] dentro de um mesmo espectro da função gama?

Partimos do suposto que sim, mas propomos diferenciar dois processos: a *reverie grupal* e o *porta-reverie*. Esta definição apoia-se em uma distinção presente em Thomas Ogden, assim como em outros autores contemporâneos, na qual o nome *reverie* é concedido a dois tipos de fenômeno:[5]

1. *Reverie* como um estado de mente expectante e acolhedor, mas sem conteúdos específicos, receptivo às identificações projetivas do bebê, de forma similar ao que descreve Bion (1959, 1962).
2. *Reverie* como os fenômenos emergentes de tal estado, como a lembrança de um poema ou de uma situação cotidiana, com fatores imagéticos e sensoriais.

A decisão de Ogden por não separar estado de mente com os fenômenos emergentes de tal estado pode ser intencional.

---

4 Encontramos raciocínios semelhantes para a proposição de uma *reverie grupal* nos trabalhos de Corrente (2004) e do Grupo Sygma (2001), em que os autores propõem a *reverie grupal* como um fenômeno de grupo. No entanto, a diferenciação que propomos pretende articular o espaço singular intrapsíquico com o grupal, a partir da teoria de Kaës.

5 Blue e Harrang (2018) dão exemplos desses dois tipos de uso: o estado de mente presente em "caí em uma *reverie*", no primeiro; e "Contemplava as *reveries* que preenchiam minha mente naquela noite escura e tempestuosa", no segundo (p. 23, tradução nossa)

Ele afirma, em 1997, que tanto na vida quanto na psicanálise as palavras precisam ser um pouco *escorregadias*[6] para que possam comunicar o que há de humano na interação. Por isso, ele defende que não é possível definir um conceito de forma demasiadamente precisa e rígida, pois isso o desvitalizaria de sua potência criativa.

No entanto, argumentamos a favor da pertinência de uma diferenciação conceitual, nesse caso. Compreendemos que, quando transplantada para a situação de grupo, a *reverie* enquanto capacidade/estado de mente e enquanto fenômeno, pode se referir a diferentes níveis de análise.

Kaës (2011) propõe que teóricos como Bion, Foulkes e Anzieu oferecem bons modelos de grupos como entidade, mas não levam em consideração, de maneira satisfatória, a questão do sujeito no grupo, suas alianças, pontos de passagem e ruptura entre espaço intrapsíquico e interpsíquico. Para abordar essa área, ele propõe conceitos como *aliança inconsciente* e *função fórica*, que abordam a relação do sujeito no grupo e a posição do sujeito no grupo. Portanto, justificamos nossa distinção conceitual entre 1) o nível de análise do grupo enquanto realidade psíquica específica, e 2) as relações do sujeito no grupo.

Primeiro, podemos pensar a *reverie* no nível do fenômeno de grupo enquanto entidade específica. Penna, em seu comentário teórico, alude à capacidade da *reverie* enquanto contenedora dos afetos impensados por seus membros. Nesse caso, o grupo age como matriz, tanto física quanto mental, que recolhe as identificações projetivas de seus membros e fornece espaço para que possam advir simbolizações provisórias a partir dela. À essa capacidade, própria do grupo, correlacionada com a função gama, daremos o nome *reverie grupal*.

6 "I believe that we do well in psychoanalysis to allow words and ideas a certain *slippage*". (Ogden, 1997, p. 157)

Em suma, a *reverie grupal* seria a capacidade própria do grupo de captar aqueles elementos não pensados que atravessam a vivência de cada um naquele contexto. Ela é uma propriedade *impessoal*, em algum sentido, pois está localizada no espaço *entre* sujeitos. É também uma capacidade onírica, de produção imagética. Seria possível descrever, por exemplo, grupos em momentos de verdadeiras incubadoras de sonhos, com forte *reverie grupal*, com grande criatividade, ou grupos que tenham uma *reverie grupal* atrofiada, com uma aridez associativa.

Como segunda dimensão, a partir desse estado de *reverie grupal*, presente no grupo enquanto entidade além de seus membros, surgem imagens, sensações, lembranças e memórias específicas em seus participantes, incluindo a coordenação. Quando enunciada por alguém que compartilha algo com os outros, essa imagem pode tornar-se significativa também para o grupo, ajudando-o a simbolizar, sensorialmente, algum pensamento que estava ainda sem pensador. À essa imagem ou devaneio, trazida ao grupo, daremos o nome *porta-reverie*.

Este último conceito estaria reservado ao fenômeno, em si, de uma sensação evocada em um determinado membro do grupo. Ao compartilhá-la com os outros e ao ser reconhecido, o sujeito realiza uma *função fórica* de *porta-reverie*. *Fórica* por enunciar algo que captou do grupo, e *porta-reverie* porque aquilo que o sujeito enuncia é um emergente, que capta sensorialmente o que estava antes circulando no grupo sem figura.

Insistimos nessa separação pois entendemos que estamos abordando dois níveis do fenômeno da *reverie*: tanto o nível do grupo como uma matriz acolhedora às projeções do grupo, na *reverie grupal*, quanto o nível do vínculo, referindo-nos à função fórica realizada por um sujeito ao trazer uma imagem em sua fala. Esse relato pode trazer algo antes impensado ao nível do fenômeno, representando em sons, cores e cheiros; algo que estava inacessível ao grupo.

Separamos o conceito de *porta-reverie* do de porta-palavra, mencionado anteriormente, pois o primeiro tem dimensão predominantemente sensorial, enquanto o segundo é predominantemente simbólico. As funções fóricas kaësianas, como *porta-sonho, porta-sintoma, porta-morte*, podem ter alguma sobreposição, pois a distinção não é radical, mas sim descritiva. Compreendemos, portanto, o porta-palavra como o sujeito que fornece recursos predominantemente simbólicos ao grupo para representar sua experiência, enquanto o *porta-reverie* traz recursos imagéticos, simbólicos e sensórios, como uma lembrança evocativa ou um sonho. São pontos diferentes do processo de simbolização.

Segundo essa distinção, voltemos ao caso clínico apresentado. Podemos considerar que, desde o início do grupo, há uma capacidade onírica crescente para transformar os elementos beta em alfa, chamada aqui de *reverie grupal*. O cansaço e a culpa, aliados à exaustão mental presente no início do grupo, tingiram o clima emocional de um grupo que reagia a uma sequência de cenas muito preocupantes, envolvendo mortes e uma aparente impossibilidade de qualquer reação reparadora. O silêncio e as respostas racionalizadas pareciam ser respostas precárias ao sofrimento enunciado.

Naquele momento, figurava-se no grupo a sensação de impotência muito forte, que persistiu durante algum tempo. O momento de narrativa de Beatriz sobre os leiteiros e o Titanic parecia sinalizar, ao grupo, que existia alguma possibilidade de esperança, mesmo frente às angústias mais intensas. Essa fala é reconhecida pelo grupo e, portanto, é compreendida como uma *porta-reverie*, pois sintetiza, em imagens, algo que o grupo ainda não conseguia descrever somente com palavras: a concretude das ameaças que viviam e as possibilidades de sobrevivência e modos de resistir.

A transformação do clima emocional do grupo não é instantânea, pois leva algum tempo para que emerja a primeira transformação da imagem, que passa a ser agora a de um "grupo de leiteiros". Esse parece ser um indicativo da função onírica, a *reverie grupal*, ganhando proeminência no pensamento grupal. Percebemos que essas imagens puderam ser uma rota para a ampliação do campo simbólico de cada participante e do grupo como todo. Cada um, à sua maneira, parece se identificar e passa a habitar algum local desse campo de batalha. As bombas e o leite, portanto, assumem lugares profundamente pessoais e singulares, mas também abarcam elementos comuns à experiência pandêmica e universitária que o grupo conjuntamente atravessa.

O conceito de *reverie grupal* é próprio ao funcionamento do grupo enquanto entidade emergente, além da soma de suas partes. Quando unido, emerge no grupo a capacidade de traduzir em sensações a vivência de cada um no conjunto. Esta seria uma capacidade constante, que pode ser mais ou menos ativa no grupo, como um pano de fundo.

A partir da capacidade de *reverie grupal*, estabelecida pelo grupo, eclodem sensações ou imagens em sujeitos específicos. Quando compartilhadas, elas podem ser afetivamente ligadas aos conteúdos dos outros integrantes, porque o enunciador captou algo que o grupo ainda não conseguia notar. Nomeamos essa função, realizada pela pessoa que traz a *reverie* ao grupo, de *porta-reverie*. O *porta-reverie* realiza uma função tanto para si mesmo quanto para o grupo, ampliando a possibilidade de sonhar os fatos vividos por cada um, naquele momento, a partir do amparo imagético.

Referências

Ahlin, G. (1996). *Exploring psychotherapy group cultures*. Karolinska Institutet.

Aulagnier, P. (2007). *La violence de l' interprétations* (7a ed.). PUF. (Trabalho originalmente publicado em 1975)

Bion, W. R. (1959). Attacks on linking. *International Journal of Psychoanalysis*, *40*, 308-315.

Bion, W. R. (1962). *Learning from experience*. Marisfield Library.

Bion, W. R. (1970). *Experiência com grupos*. Imago. (Trabalho originalmente publicado em 1961)

Bion, W. R. (1977). *Two papers: the grid and caesura*. Karnac.

Bion, W. R. (1994). *Estudos psicanalíticos revisados*. Imago. (Trabalho originalmente publicado em 1967)

Bion, W. R. (2000). *Cogitações*. Imago. (Trabalho originalmente publicado em 1992)

Bion, W. R. (2006). *Atenção e interpretação*. Imago. (Trabalho originalmente publicado em 1970)

Bléandonu, G. (1999). *Wilfred Bion 1897-1979: a vida e a obra*. Imago.

Blue, D., & Harrang, C. (Eds.). (2018). *From reverie to interpretation: transforming thought into the action of psychoanalysis*. Routledge.

Bollas, C. (1992). *A sombra do objeto*. Imago. (Trabalho originalmente publicado em 1987)

Castanho, P., Emílio, S. A., Oliveira, K. C. S., & Neves, P. H. (2020). Grupo Reflexivo de Apoio à Permanência da Universidade de São Paulo (GRAPUSP): uma estratégia de cuidado aos estudantes e sua adaptação ao contexto on-line. *Intervenções psicológicas on-line: reflexões e retrato de ações*, pp. 116-135.

Chuster, A. (2019). Bion e Laplanche: função alfa e função tradutiva. Um encontro que celebra a psicanálise. *Diálogos psicanalíticos. Bion e Laplanche: do afeto ao pensamento*. Escuta.

Civitarese, G. (2021). Experiences in groups as a key to "late" Bion. *The International Journal of Psychoanalysis*, *102*(6), 1071-1096.

Corrao, F. (1998). Struttura poliadica e funzione gamma. In *Orme* (Vol. II). Raffaello Cortina. (Trabalho originalmente publicado em 1981)

De Langer, R. J. (1986). *Aprendizaje, juego y placer* (2a ed., Vol. 2). Busqueda.

De Maré, P. (2000). Michael Foulkes and the Northfield experiment. In M Pines (Org.), *The evolution of group analysis* (pp. 218-230). Jessica Kingsley. (Trabalho originalmente publicado em 1985)

Delarossa, A. (1979). *Grupos de reflexión*. Paidos.

Dejours, C. (2012). Outra forma de civilidade: a cooperação. In L. Sznelwar, S. Uchida & S. Lancman (2012). *Trabalho vivo: trabalho e emancipação. Trabalho vivo* (pp. 75-112). Paralelo 15.

Foulkes, E. (Ed.). (1990). *S. H. Foulkes: selected papers. Psychoanalysis and group analysis*. Karnac.

Foulkes, S. H. (1983). *Introduction to group-analytic psychotherapy*. Karnac. (Trabalho originalmente publicado em 1948)

Foulkes, S. H. (1992). *Therapeutic group analysis*. Karnac. (Trabalho originalmente publicado em 1964)

Freud, S. (1974). Sobre a transitoriedade. In S. Freud. *Edição standard brasileira das obras psicológicas completas de Sigmund Freud* (Vol. XIV, pp. 343-348). Imago. (Trabalho originalmente publicado em 1916[1915])

Grupo Sygma (2001). Rêverie gruppale: una funzione possibile? In Koinos. *Gruppo e Funzione Analitica*, *XXII*(1-2). Borla.

Harrison, T. (2000). *Bion, Rickman, Foulkes and the Northfield experiments: advancing on a different front*. Jessica Kingsley.

Hinshelwood, R. (1999). How Foulkesian was Bion? In *International Journal of Group Analysis*, *32*, 469-488.

Hinshelwood, R. (2018). John Rickman behind the scenes: the influence of Lewin's field theory on practice, countertransference, and W. R. Bion. *International Journal of Psychoanalysis*, *99*(6), 1409-1423.

Hopper, E. (2003). *Traumatic experiences in the unconscious life of groups: the fourth basic assumption: incohesion: aggregation/massification*Jessica Kingsley.

Hopper, E., & Weinberg, H. (2017). *The social unconscious in persons, groups and societies: Vol. 3. The foundation matrix extended and reconfigured*. Karnac.

Kaës, R. (1994). *La parole et le lien: processus associatifs dans les groupes*. Dunod.

Kaës, R. (2011). *Um singular plural: a psicanálise à prova do grupo*. Loyola.

Main, T. (1983). The concept of the therapeutic community: variations and vicissitudes. In M. Pines (Org.). (2000). *The evolution of group analysis*. (pp. 197-217). Jessica Kingsley.

Mello Franco, O. (2015). Psicoterapia analítica de grupo: a trajetória de uma ideia e de uma *praxis*. *Jornal de Psicanálise*, *48*(88), 271-285.

Ogden, T. H. (1997). Reverie and interpretation. *The Psychoanalytic Quarterly*, *66*(4), 567-595.

Penna, C. (2013). Memória e narrativa: setenta anos de Rickman e Bion em Northfield. *Revista Trieb (Rio de Janeiro)*, *XI*, 149-169.

Penna, C. (2023). *From crowd psychology to the dynamics of large groups: historical, theoretical and practical considerations*. Routledge.

Penna, C., & Hopper, E. (2022). Commentary on the special edition of EJCP on developments in field theory. Systems, and silos: from electromechanics to the matrix. *European Journal of Psychotherapy & Counselling*, *24*(1), 127-147.

Pichon-Rivière, E. (2007). *El processo grupal: del psicoanálisis a la psicologia social* (2a ed. ampliada). Nueva Visión.

Ribeiro, M., Cintra, E. U., & Penna, C. (2021). Re-sonhando sonhos na pandemia: uma busca de um continente psíquico. In A. B. Pereira & N. E. Coelho Jr. *Sonhos: figurar o terror e sustentar o desejo* (pp. 75-90). Zagodoni.

Ribeiro, M. F. (2019). Alguns apontamentos acerca da função psicanalítica da personalidade no campo analítico: a narrativa do analista e a do escritor. *Cadernos de Psicanálise (Rio de Janeiro)*, *41*(40), 169-187.

Trachtenberg, R. (2013). Cesuras e des-cesuras: as fronteiras da (na) complexidade. *Revista Brasileira de Psicanálise*, *47*(2), 55-66.

Vacheret, C. (2008). A Fotolinguagem©*: um método grupal com perspectiva terapêutica ou formativa. Psicologia: teoria e prática*, *10*(2), 180-191.

Terceiro ato

O analista no seu ofício contínuo de vir a ser e o emaranhamento inconsciente

12. A função psicanalítica da personalidade do analista e a linguagem de alcance (o analista no seu ofício contínuo de vir a ser)

Marina F. R. Ribeiro

No meio do caminho[1]

No meio do caminho tinha uma pedra
tinha uma pedra no meio do caminho
tinha uma pedra
no meio do caminho tinha uma pedra.

Carlos Drummond de Andrade

Sou água que corre pelas pedras: liberdade caça jeito.

Manoel de Barros

---

1 Esse poema de Drummond também foi referido no texto Chuster, A. (2020). Intuição psicanalítica no sonho e na vigília. Cesura, imaginação e linguagem de êxito. *Conferência no Encontro Internacional BION 2020*. Barcelona, fev. 2020.

Entre palavras
Flanalma
Acalmalma
Crialma
Viraseralma
Arnaldo Chuster

Há sempre[2] pedras no meio do caminho: a coisa-em-si, os fatos da vida, o enigmático da experiência, o elemento beta, aquilo que ainda não foi sonhado, imaginado ou pensado. O poema nos impressiona pelo ritmo e pela circularidade que convoca ao leitor; como a vida, invitando à função psicanalítica da personalidade. Somos inevitavelmente convocados aos enfrentamentos de nossas experiências ao longo do caminho, da cesura[3] do nascimento à cesura da morte. A maleabilidade, a fluidez, a plasticidade psíquica, a liberdade de pensar – a função psicanalítica da personalidade – caçam jeito de continuidade; no tempo e no espaço de uma sessão, realiza-se um percurso entremeado por palavras aladas.[4]

Bion, em um seminário na clínica Tavistock (Bion, 1977a/2014d), ao ser perguntado sobre a diferença no uso dos termos mente, personalidade e psiquismo, responde que são apenas formas diferentes de

---

2 Uma versão embrionária deste texto foi apresentada no grupo Conversas em novembro de 2022, coordenado por Antônio Carlos Eva.

3 Cesura indica um evento que, ao mesmo tempo, conecta e separa outros, de modo simultâneo e paradoxal. Indica continuidade e ruptura, concomitantemente. Trata-se de um conceito de qualidade abstrata, ou seja, capaz de se aplicar aos mais diversos fenômenos mentais (Sandler, 2021, p. 121).

4 A expressão "palavras aladas" é encontrada em várias passagens da *Odisseia* de Homero, século III e II AC, tendo inúmeras versões publicadas (Homero, 1996). Estamos usando essa expressão no sentido de palavras que "flanam", delicadas, palavras com asas e que contêm e revelam a verdade emocional dentro de uma situação analítica intersubjetiva. Usamos essa expressão no artigo "Palavras aladas guiando o encontro analítico" (Cesar, Ribeiro & Perrotta, 2022), publicado na *Revista de Psicanálise da Sociedade Psicanalítica de Porto Alegre*.

nomear a "coisa". Estamos tentando dar nome a essa "coisa" de diferentes maneiras, por meio de diversos paradigmas teóricos, e correndo o risco de que todos escritos na literatura psicanalítica sejam apenas paramnésias (Bion, 1976/2014c). A "coisa" é complexa e enigmática, uma pedra lançada no centro de um lago, produzindo ressonâncias.

Em Freud, temos uma clínica da arqueologia; em Klein, uma clínica do atravessamento de distâncias para alcançarmos a integração do objeto bom; e, em Bion, uma clínica da transformação pela observação dos processos inconscientes intersubjetivos que transitam no campo analítico, no complexo aqui e agora de cada sessão. Em Bion, pensar é sonhar a nossa experiência, sonhar as pedras do percurso, os elementos brutos que constantemente se apresentam e geram ressonâncias. A pedra em Freud parece ser a sexualidade; em Klein, a ambivalência; em Bion, a verdade.

Qualquer descrição sistemática comporta uma bidimensionalidade, pois tanto a obra de Freud como a de Klein são elementos para o pensamento de Bion, estão contidos e são continentes para os seus textos. Em Bion, estamos em uma clínica da observação e das transformações, mas também encontramos uma arqueologia da mente primitiva. E, também, os mitos, os sonhos da humanidade, várias vezes citados por Bion no sentido de apurar a função psicanalítica, da qual faz parte a intuição psicanaliticamente treinada pela disciplina do estado de mente proposto por Bion ao analista: sem memória, sem desejo, sem compreensão prévia. Um estado treinado que favorece vermos mais e além (Rocha Barros, 2023).

Bion (1979/2014f) colocou um facho de luz sobre a complexidade da situação analítica e trouxe uma mudança catastrófica para a psicanálise. Observamos na sessão a interação e a turbulência de duas personalidades: um dos membros da díade é treinado para observar e tentar alcançar, ou ser visitado[5] por palavras que contenham,

[5] O analista é visitado por emoções e por palavras que, ao mesmo tempo que contêm, também revelam e criam sentido.

revelem, transformem as emoções que circulam no campo analítico. Entre a ciência e a arte, equilibramo-nos em águas moventes e linguageiras. Nem toda experiência alcança um continente linguageiro, no entanto, a língua faz parte da substância humana.[6]

Essa "coisa", chamada "mente do analista", é o nosso instrumento de trabalho, ou seja, para entrarmos em contato com outra personalidade, fazemos isso a partir das reverberações transformativas geradas pela turbulência de um encontro entre duas personalidades, como escreveu Bion (1979/2014f). O campo analítico é um lago de moções emocionais, no qual uma pedra lançada no meio gera movimento, mas temos acesso apenas à circularidade de ondas que gera. A turbulência é gerada pelo peso (o elemento bruto) do ainda não metabolizado na mente daquele que nos procura, daquele que busca o acalento quando alguém nos diz o que não alcançamos dizer, e, dessa forma, "crialma" e "acalmalma". Somos seres linguageiros, palavra, gesto, movimento, um olhar, um ruído, silêncio, tudo é comunicação. As mentes se comunicam sempre, será essa a substância humana?

Freud escreveu sobre as funções do ego, uma instância administradora das forças que nos invadem por todas as direções, as moções do lago, a água das emoções. Já Bion (1962/2014a) usa os termos função e fatores. Os fatores são subordinados às funções, mas o que é função em uma equação, pode ser fator em outra, e vice-versa. O autor (1962) escreve *en passant* uma expressão que destacamos: a função psicanalítica da personalidade (Ribeiro, 2019), sendo a função alfa um dos fatores dessa função enigmática que é constitutiva da substância humana.

A função alfa é predominante simbólica (Chuster, 2019) e epistemológica, está no campo do conhecer, no campo das representações, daquilo que tem forma. A *reverie* é predominantemente sensória e imagética, uma forma pictografada. A intuição psicanalítica está aquém ou além do sensorial, não tem forma, são as águas lúgubres e

---

6 Substância humana é uma expressão que está no Capítulo 1 deste livro (Rocha Barros, 2023).

profundas no horizonte da função psicanalítica da personalidade do analista, exercida no estado sem memória, sem desejo e sem compreensão prévia. O analista trabalha na oscilação contínua entre o campo do conhecer, a epistemologia, e o campo do ser, a ontologia; das transformações em K e das transformações em O.[7] Dizendo de outra forma, o analista está em trânsito contínuo, um atravessamento de cesuras entre um campo indiferenciado, sem forma, as águas lúgubres e profundas, e o campo das formas, da diferenciação, da experiência que encontra contorno e continente nas palavras aladas, nas narrativas imaginativas (Grotstein, 2010; Ribeiro, 2017) e na linguagem de alcance psicanalítico (Chuster, 2022).

A função alfa traz em sua própria nomeação o enigma do homem ter uma mente, a tal substância humana. Uma mente que se integra, mesmo que momentaneamente, a partir da construção de sentido para as experiências em estado bruto, a pedra que se apresenta continuamente em qualquer caminho. No entanto, a mente é um sistema instável, não comporta o todo da experiência. Nas experiências de altas intensidades, pode se desorganizar e não ter a maleabilidade e o movimento da água que contornam a pedra, ou pode até tornar-se areia, como diz o ditado: água mole em pedra dura, tanto bate até que fura. A areia é outro elemento maleável que pode se transformar em diferentes formas. Podemos pensar que quando a mente perde a sua maleabilidade, a função psicanalítica da personalidade estanca, perde-se a liberdade de pensar, perde-se o jeito com a vida.

A pedra é o enigma, ele pode ser contornado ou transformado, mas há sempre uma pedra no meio do caminho. O poema traz ao leitor uma sensação de vertigem, de cansaço do nosso olhar ao se deparar com as durezas do mundo, o árduo da vida. E ainda assim, a vida é

---

7 Bion (1965/2014b) descreve as transformações em K (*knowledge*/conhecimento) e a transformação em O, o tornar-se quem se é. A primeira está no campo do conhecimento, no campo epistemológico; a segunda está no campo ontológico, do ser e do tornar-se.

bela ao caçar o jeito de se viver, no instigante instante em que olhamos quem amamos de forma fugidia, e pensamos: isso vale a pena!

Sempre há uma pedra no meio do caminho, um fato que precisa ser apreendido de uma forma subjetiva, que precisa ser sonhado, poetizado, humanizado para se tornar um elemento psíquico, uma representação, um símbolo, uma palavra, uma experiência linguageira.

Pedra e perda, os inúmeros processos de elaboração de perdas que vivemos da cesura do nascimento à cesura da morte; o nosso quinhão de frustrações, que quando geram pensamento estão no campo da criação, da metaforização do mundo, das palavras aladas, o campo da substância humana. O humano é essa "coisa" que nos diz Bion, compreendido como aquele que é capaz de metaforizar a vida, de caçar um jeito de viver, nunca se sentindo preparado para a empreitada, em busca de..., em direção a... água que corre entre pedras e caça jeito de ser gente.

Mente é transiência, movimento contínuo, caça jeito entre posição esquizoparanoide e posição depressiva, estados desintegrados e integrados de mente, paciência e segurança, como nomeou Bion. Paciência para tolerar a desintegração, até que surja uma integração, uma forma, um contorno, uma palavra que gera segurança. Da planície depressiva da palavra que oferece contorno e abrigo, somos lançados novamente ao abismo da desintegração, à coisa-em-si. A brutalidade da experiência se apresenta novamente demandando que voltemos a sonhar, em uma circularidade sem fim; as planícies são momentâneas, vida e instabilidade se conjugam.

Há sempre uma pedra no meio do caminho, que se apresenta em sua enigmática realidade, convocando-nos a um processo de metabolização contínuo, de metaforização do duro e do cru dos fatos. O mundo em estado bruto, o elemento beta, que precisa ser sonhado, poetizado, imaginado. O homem atribui formas transitórias e transientes ao mundo. A função psicanalítica da personalidade é configuradora do potencial de representatividade do mundo; o trânsito contínuo entre o mundo indiferenciado e sem forma para o mundo das formas, das representações, o mundo linguageiro, em constante processo de criação, de *poiesis*. Somos seres linguageiros, temos desejo de palavra[8] bem-dita, dita com verdade. Verdade tornada Ser.

Uma palavra é um continente, uma forma, uma representação que contorna e, concomitantemente, revela uma emoção parcial e momentaneamente. Parafraseando Merleau-Ponty (1980), as palavras são visitadas a distância pelas emoções, como as marés pela lua. A água das emoções contorna a pedra, liberdade de pensar/sonhar caça jeito. As águas que nos invadem e buscam palavras para dar forma e continência às emoções; e-moções, as intensidades que nos ocupam. E-moção, o movimento das moções, as marés emocionais que precisam de continentes linguageiros para não inundarem o psiquismo; essa complexa e instável rede de conexões. Precisamos do contorno metaforizante da função psicanalítica da personalidade, uma função humanizadora, uma função que é própria à substância humana.

A fluidez da mente do analista, que não se estanca, mas pensa, sonha, imagina, até encontrar, criar, a palavra que revela e cria ao mesmo tempo, *via di porre e via di levare*, ao que estava imerso em águas profundas. A linguagem psicanalítica bem-sucedida são palavras aladas, que flanam pelas intensidades emocionais, caçam jeito de ser gente por meio de uma forração intersubjetiva[9] que é criada a cada sessão entre analista e analisando.

Ah!... Precisamos nos ver amanhã, Dr. Bion!

Caro Dr. Bion,

Um passageiro que é lançado para fora do trem, recorrentemente, deveria ter o bom senso de não mais embarcar. Podemos chamar isso de uma invariância? Sentada apreciando a vista, e, de repente, a conexão cai. No chão, a alma se fecha, as nuvens escurecem. Será isso a personalidade? O que o senhor chamou de mente primordial? Culpa primordial? Que dor! Sigamos, aprendi a não desafiar os Titãs, mas

8 Rocha Barros (2023) usa a interessante expressão "desejo de linguagem".

9 Cesar, Ribeiro e Perrotta (2022).

algo insiste em aparecer nas palavras. Um foguete lançado para a lua, sem volta? Laika[10] lá dentro? Impossível não colocar em palavras, *sorry for that*! Incógnita! Algo insiste, deseja ver Laika viva, aprisionados pelo desejo? Desejo e liberdade se conjugam? Qual o combustível? Paciência, fé, loucura, palavras no fluxo da transitividade. O vale do esquecimento não deixa de ser um lugar, sem vida é verdade.

Temos ambição de conexão, de circulação de vida, tão curta, tão fugaz que faz querer encanto e perplexidade. Algo insiste, não sei se é vitalidade ou loucura (Cesar & Ribeiro, 2022), talvez um pouco de tudo, e mais além... Laika, tão terna. Aquilo que insiste é conexão, sinapse, corrente estética, criação. O senhor disse para me alimentar de presenças, a mente é uma virtualidade, dimensões da presença, a sua voz presença? Será possível viver sem vitamina D (desejo) provinda da externalidade do sol? Do outro? Vou tentar doutor Bion... me alimentar da presença das palavras aladas, palavras de alcance psicanalítico! Uma pitada de vitamina A? O que significa A mesmo? O vínculo L,[11] a conexão, a sinapse! O circuito estético!

Palavras aladas como realizações, a linguagem de alcance psicanalítico (Chuster, 2022). Sou grata ao acaso, Dr. Bion! Laika não ultrapassou o umbral da cesura entre o espaço e a Terra; fica a nostalgia do que poderia ter sido, saudades do impossível, ou do possível do amanhã, da esperança no vínculo que nos torna substância humana. Amanhã estarei com você ressoando ondas mornas, um suave flanar na turbulência do encontro, para que juntos as palavras nos visitem trazendo anunciações,[12] as verdades tornadas.

---

10 Laika foi uma cadela lançada ao espaço; ela se tornou a primeira criatura terrestre viva a orbitar a Terra na missão da Sputnik 2, que aconteceu em 3 de novembro de 1957. Não retornou viva, não atravessou a cesura entre o espaço e a Terra.

11 Bion postula três vínculos: L (*love*); H (*hate*) and K (*knowledge*).

12 As palavras aladas de Thomas Ogden (Cesar & Ribeiro, 2023).

Continuarei andando um pouco distraída por aí, Dr. Bion, em estado de serendipidade,[13] o jogo das escadas e das cobras,[14] o acaso e as escolhas, o pré e o pós-natal, a vida, o senhor é mesmo genial! Amanhã nos encontraremos nas entrelinhas dos seus textos, naquilo que escuto além das palavras no papel, presença que atravessa a cesura do tempo e das páginas.

Amanhã sou água que escorre no horizonte da função psicanalítica da personalidade, liberdade caça jeito e cria continuamente a substância humana, a mente, transiência contínua entre vastas emoções e pensamentos imperfeitos.

Referências

Bion, W. R. (2014a). Learning from experience. In *The complete works of W. R. Bion*. Karnac. (Trabalho originalmente publicado em 1962)

Bion, W. R. (2014b). Transformations. In *The complete works of W. R. Bion*. Karnac. (Trabalho originalmente publicado em 1965)

Bion, W. R. (2014c). Four papers. In *The complete works of W. R. Bion*. Karnac. (Trabalho originalmente publicado em 1976)

Bion, W. R. (2014d). Seminar of Tavistock. In *The complete works of W. R. Bion*. Karnac. (Trabalho originalmente publicado em 1977a)

Bion, W. R. (2014e). Two papers/caesura. In *The complete works of W. R. Bion*. Karnac. (Trabalho originalmente publicado em 1977b)

---

13 Chuster escreve em vários de seus textos sobre serendipidade. Sucintamente, é quando encontramos algo sem procurar, mas esse encontro é transformador.

14 Bion (1977b/2014e), no texto *Cesura*, refere-se ao jogo infantil inglês clássico das escadas e cobras (*Snakes and ladders*). O jogo pode ser compreendido como símbolo dos desafios da vida: existem as escolhas e o empenho, e existe o acaso.

Bion, W. R. (2014f). Making the best of a bad job. In *The complete works of W. R. Bion*. Karnac. (Trabalho originalmente publicado em 1979)

Cesar, F. F., & Ribeiro, M. F. R. (2022). A forração melancólica na pandemia e a função vitalizadora do analista. *Jornal de Psicanálise, 1*, 201-217.

Cesar, F. F., & Ribeiro, M. F. R. (2023). As palavras aladas de Thomas Ogden. In M. F. R. Ribeiro (Org.), *Por que Ogden?*. Zagodoni.

Cesar, F. F., Ribeiro, M. F. R., & Perrotta, C. (2022). Palavras aladas guiando o encontro analítico. *Revista de Psicanálise da SPPA, 29*, 1-18.

Chuster, A. (2019). Bion e Laplanche: função tradutiva e função-alfa. Um encontro que celebra a psicanálise. In A. Rocha Barros & T. Candi (Orgs.), *Diálogos psicanalíticos. Bion e Laplanche: do afeto ao pensamento*. Escuta.

Chuster, A. (2020, fev.). Intuição psicanalítica no sonho e na vigília. Cesura, imaginação e linguagem de êxito. *Conferência no Encontro Internacional Bion-2020*. Barcelona.

Chuster, A. (2022). Linguagem de alcance psicanalítico. Uma diferença transcendental. *Revista IDE: Psicanálise e Cultura, SBPSP, 44*(73, jun), 135-144.

Grotstein, J. S. (2010). *Um facho de intensa escuridão. O legado de Wilfred Bion à psicanálise* (M. C. Monteiro, Trad.). Artmed.

Merleau-Ponty, M. (1980). *Os pensadores*. Abril Cultural.

Ribeiro, M. F. R. (2017). Narrativas imaginativas na sala de análise. W. Bion, Antonino Ferro, Thomas Ogden e Mia Couto. *Revista Latinoamericana de Psicopatologia Fundamental, 20*, 181-193.

Ribeiro, M. F. R. (2019). Alguns apontamentos sobre a função psicanalítica da personalidade. A narrativa do escritor e a do analista. *Cadernos de Psicanálise (Círculo Psicanalítico/RJ), 41*, 169-187.

Rocha Barros, E. M. (2023). Implicações epistemológicas em contraponto a uma interpretação simplista do enunciado de Bion: sem memória, sem desejo e sem compreensão prévia. In M. F. R. Ribeiro & E. U. Cintra. *Vastas emoções e pensamentos imperfeitos: diálogos bionianos*. Blucher.

Sandler, P. C. (2021). *A linguagem de Bion: um dicionário enciclopédico de conceitos*. Blucher.

13. Emaranhamento inconsciente

Ignacio Gerber

Da tradição à contradição: do determinismo à aleatoriedade

Existirá um *common ground*, uma base comum, um conceito fundamental consensual, aceito incondicionalmente por todas as escolas psicanalíticas, e até mesmo pelas escolas dissidentes que foram surgindo a partir da criação de Freud? Eis uma questão sempre presente e que tem sido motivadora de tantas controvérsias ao longo da história da psicanálise.

Parece-nos evidente, quase óbvio, que a postulação por Freud de um inconsciente cria e define a psicanálise e torna-se seu conceito fundamental. O inconsciente é o *common ground*, a base comum compartilhada por todas as escolas pós-freudianas. Claro que há diferentes visões no detalhamento dessa noção de um inconsciente estranho que escapa ao nosso controle consciente, porém a certeza de sua existência inefável, mas essencial, percorre todas as tendências citadas e outras mais.

Isso nos conduz a outro conceito fundamental que se integra ao conceito do inconsciente para constituir essa base comum: a atitude psicanalítica que possa propiciar algum acesso ao código contraditório e esquivo do inconsciente. Freud denominou-a "atenção livremente suspensa", atitude desejável para que o psicanalista pudesse ter acesso ao inconsciente de seu paciente via seu próprio inconsciente. Essa atitude é uma consequência natural da postulação por Freud do que ele denominou "regra fundamental" (ou principal) da psicanálise: a "associação livre" do paciente.

Essa ideia da associação livre como regra fundamental da psicanálise vai se engendrando para Freud desde *The interpretation of dreams*, de 1900/1965, mas é em *Recomendações aos médicos que exercem a psicanálise* (1912/1969) que Freud propõe essa ideia conjunta de associação livre e atenção flutuante de maneira mais extensa e abrangente, explicitando sua convicção de que a associação livre do analisando demanda uma atenção flutuante por parte do analista para poder escutá-la. Os dois conceitos são inseparáveis e complementares e constituem um contínuo que incorpora e transcende analista e analisando, uma transmissão de inconsciente para inconsciente. Em outras palavras possíveis, uma imersão mútua em um inconsciente comum filogenético e ontogenético, uma memória emocional infinita, recriada entre os dois.

Bion insistia que não trazia uma nova teoria psicanalítica, mas tão somente uma metateoria da *observação psicanalítica*. Como julgar se uma nova teoria científica traz algo realmente novo? Lembramos duas proposições a respeito. Segundo a primeira, "uma teoria científica é NOVA quando torna obsoletas teorias preexistentes". Segundo a outra, "uma teoria científica é nova quando transforma teorias preexistentes em seus casos particulares" (Bion, 1962, p. 7). Extrapolamos essas proposições para qualquer campo de teorização humana, incluindo teorias científicas, teorias estéticas, teorias psicanalíticas etc. Como exemplos clássicos, Einstein reduziu a física newtoniana a um caso particular válido apenas dentro de certas condições, e a postulação do inconsciente por Freud reduziu o consciente a seu caso particular. Nos dois casos, o que ficou obsoleta foi a ideia preexistente de que a física newtoniana ou o consciente pudessem abarcar a totalidade do conhecimento possível. As ideias de Bion devem ser compreendidas dentro desse contexto histórico no qual as ilusórias certezas temporais das lógicas conscientes se abrem para a incerteza radical, atemporal, da lógica inconsciente. A ambiguidade e a incerteza rompem as barreiras limitadas da certeza racional e a confronta com o infinito. Como diz David Bohm (1998, p. 67), físico atômico e pensador: "A realidade é ambígua; o não ambíguo é simplesmente um caso especial da realidade, no qual conseguimos finalmente capturar algum aspecto específico dela".

Freud viveu em uma época na qual a lógica determinista predominante no pensamento científico foi colocada em questão e expandida principalmente na matemática e na física, em direção à aleatoriedade, à contradição, à incerteza e à indecidibilidade. Durante a maior parte da vida de Freud, essa nova visão do mundo, uma nova cosmovisão que essas e outras descobertas foram produzindo, ainda se circunscreveram a uma classe limitada de cientistas, tendo pouca divulgação e compreensão mesmo entre homens cultos e informados da época. Bion viveu em uma época em que essas ideias já eram amplamente divulgadas e mais bem compreendidas por um público mais amplo, pertencente às mais variadas áreas do conhecimento. Vamos ilustrar, por meio de algumas dessas ideias revolucionárias – expostas aqui de maneira bastante simplificada e concisa –, as mudanças que produziram na nossa maneira de pensar a lógica do universo e na nossa própria lógica interna.

Em 1900, no Congresso Internacional de Matemática, David Hilbert, seu líder incontestável, propôs os 23 problemas não resolvidos da matemática como desafio aos colegas, na certeza de que era apenas uma questão de tempo para que fossem todos resolvidos, e exortou-os com a frase lapidar: "Devemos saber, saberemos!". No Congresso Internacional de 1931, o jovem matemático Kurt Gödel surpreendeu seus colegas e destruiu mais essa ilusão ao propor seu "teorema da incompletude". Novamente em termos muito simplificados: qualquer equação matemática, além das mais triviais, apresenta soluções indecidíveis. Rompe-se a ilusão da futura conquista possível da totalidade do conhecimento, mas nem por isso a matemática deixa de evoluir continuamente ao aceitar a própria limitação. Em resumo: a realidade é incerta e indecifrável. Kant potencializado: o universo a que temos acesso é apenas uma realidade possível entre infinitos multiversos. Após o terceiro golpe desfechado pela psicanálise, eis o quarto e definitivo golpe em nossa arrogância, mas que nos abre as portas do infinito.

A postulação por Freud de um "determinismo psíquico" que vai abrir tantos novos caminhos, ainda é baseada em um conceito determinista predominante na mentalidade da época. É interessante lembrar que Freud subscreveu, junto com grandes físicos e matemáticos, como Hilbert, Mach, Einstein e outros, o chamado *Manifesto por uma ciência positivista*, em 1912, na conceituadíssima revista científica alemã *Physikalische Zeitschrift*, mas, ao longo de suas obras, não apenas Freud como todos os nomes citados foram abrindo mão de suas certezas sobre a ciência restrita da lógica positivista e não contraditória e assumindo a ambiguidade inerente à realidade.

Parece-nos de suma importância assinalar que o texto *Recomendações aos médicos que exercem a psicanálise*, do mesmo ano de 1912, constitui uma mudança fundamental na maneira de Freud pensar a psicanálise, e que prenuncia *O ego e o id* (Freud, 1923/1976) na sua passagem do determinismo psíquico para a aleatoriedade inconsciente. A proposta inicial de decompor o sonho em elementos isolados e tentar entender as correlações lineares entre esses elementos para tentar estabelecer um sentido abrangente ainda utiliza uma lógica consciente para se aproximar da lógica contraditória do inconsciente. A partir da postulação da "atenção flutuante" + "associação livre", inverte-se o processo: ao assumir essa atitude analítica, nós nos dispomos a apreender a mensagem do inconsciente a partir de uma totalidade de nossa intuição informada e, a partir dela, procurarmos o sentido dos elementos, dos fragmentos, dos detalhes. Do infinito ao finito.

As características do inconsciente freudiano (deslocamento, condensação etc.) podem ser pensadas como consequências vivenciais de um princípio totalizante da lógica inconsciente. Ela não obedece à "lei do terceiro excluído", de Aristóteles, que norteou o pensamento científico por milênios e que propõe que se dois elementos, A e B, são diferentes entre si, não existe um elemento T que se iguale aos dois. Essa lei é também conhecida por "princípio da não contradição": proposições contraditórias são inaceitáveis pela ciência. Ao admitir a contradição, a lógica inconsciente estabelece vínculos de sentido a quaisquer e todas as imagens mentais onde se registram as experiências emocionais de vivências pessoais e da espécie humana. A lógica do inconsciente, o sonho, é um eterno retorno ao infinito primordial.

No campo da Física, entre 1905 e 1915, Einstein publica a *Teoria da relatividade restrita* e a *Teoria da relatividade geral*, surpreendendo o mundo científico com a demonstração de conceitos físicos que contradizem ideias estabelecidas e, mais do que isso, agridem nosso senso comum. Como exemplos, a equivalência de matéria e energia, a relativização do tempo e a noção de um espaço mutante, que se curva quando submetido à força gravitacional de um corpo celeste de grande massa.

Em 1927, o físico Werner Heisenberg, um dos criadores da física atômica, propôs o seu "princípio da incerteza": no campo das partículas elementares, é impossível determinar com precisão a massa e o momento (movimento) de uma partícula; a observação interfere no fenômeno. Isso implica uma limitação perene do conhecimento científico, pondo fim à ilusão de que, em algum momento, a evolução da tecnologia e do conhecimento científico nos conduziria à certeza sobre tudo. Temos que aceitar a incerteza como elemento inerente ao saber, e esse princípio da física se dissemina por todas as áreas do conhecimento humano.

Embora os *Três ensaios sobre a sexualidade*, de Freud, e a *Teoria da relatividade restrita*, de Einstein, também tenham sido publicados no mesmo ano de 1905, a divulgação daquelas ideias revolucionárias da física se limitava a uma pequena classe de especialistas. No caso de Einstein, foi apenas após a comprovação de sua teoria pela experiência astronômica de Morley-Michelson, constatando o desvio da luz ao ser atraída pela massa de um corpo celeste, que ele se tornou uma celebridade e suas ideias foram sendo lentamente absorvidas pelo grande público.

Bion, por sua vez, por meio da fantástica expansão da mídia, teve acesso e se interessou profundamente por essas novas descobertas que abriram caminhos para novas possibilidades de pensar a psicanálise. De qualquer maneira, cada um dos dois representa o espírito de sua época, mesmo na tentativa de transcender.

Como exemplo, um fragmento do seu texto *Opacidade de memória e desejo*:

> *Freud, numa carta a Lou Andreas Salome, sugeriu um método para alcançar um estado de mente cujas vantagens compensassem a obscuridade, no caso de o objeto investigado ser particularmente obscuro. Freud fala*

> *de cegar-se artificialmente. Assinalei a importância da abstinência de memória e desejo como um método para conseguir essa cegueira artificial. Para continuar a estender esse processo, incluo como propriedade das quais devemos nos abster: o entendimento e a percepção sensorial. (Bion, 1970/1973, p. 57)*

Como podemos observar, a obra de Freud - de 1900 a 1939 - coincide com uma mudança radical na cosmovisão científica, na *Weltbild*, do determinismo newtoniano para a aleatoriedade probabilística da mecânica quântica.

Freud, psicanálise e telepatia

Nove anos depois da publicação de seu artigo *Aos médicos que exercem a psicanálise*, no qual Freud enfatiza e aprofunda a atitude desejável do psicanalista no atendimento por meio dos conceitos indissociáveis "associação livre" e "atenção livremente suspensa", ele retoma o tema no seu texto corajoso *Psicanálise e telepatia* de 1921 (1993), que foi discutido com seu grupo próximo, mas não publicado, temendo as reações virulentas da classe médica, conforme a introdução de Strachey transcrita a seguir. Em 1922 (2011), ele publica *Sonhos e telepatia*, em que relata casos clínicos que apontariam a irrupção de relações telepáticas preferencialmente nos sonhos, ainda como uma hipótese inicial. Somente em seu artigo de 1933, *Sonhos e ocultismo* (1996a), Freud assume com total convicção a existência de uma "transmissão de pensamentos" e a necessidade dos psicanalistas se abrirem para sua aceitação como um caminho para melhor compreensão da lógica do funcionamento do sistema inconsciente e da atitude analítica que favoreça sua captação.

Um fato interessante nesse mesmo texto de 1921 (1993, p. 178) é que Freud cita Einstein e a teoria da relatividade como modelos de coragem inventiva da ciência ao enfrentar preconceitos do senso comum preso ao passado, situação pela qual Freud ainda passava. É também, ao que me lembre, a única menção de Freud a um cientista contemporâneo nas áreas das então chamadas "ciências exatas". Curiosamente, é no mesmo ano de 1933 que Freud e Einstein conversam no conhecido texto *Por que a Guerra?* (1933/1996b). Segue-se uma citação de Einstein que poderia dialogar também com Freud:

> *Entre todas as imagens possíveis do mundo, qual é a posição que ocupa a do teórico da física? Essa imagem comporta as maiores exigências a respeito do rigor e da exatidão de representação das relações, como só o emprego da linguagem matemática pode proporcionar. Mas, em contrapartida, o físico deve materialmente limitar-se e contentar-se em apresentar os fenômenos mais simples, tanto quanto possa torná-los acessíveis à nossa experiência, enquanto todos os fenômenos mais complexos não possam ser reconstituídos pelo espírito humano com essa precisão sutil e esse espírito de continuação que o teórico da física exige. A extrema nitidez, a clareza e a certeza não se obtêm senão a expensas da integralidade. Mas que atrativo pode haver no fato de apanhar com exatidão uma porção tão pequena da natureza, deixando de lado, com timidez e sem coragem, tudo que é mais delicado e complexo? O resultado de um esforço tão resignado merecerá esse nome altivo de imagem do mundo? (Einstein, 1934/1981, p. 139)*

Seguem-se fragmentos dos textos de 1921 e de 1933, este proferido numa conferência imaginária. Penso que eles falam por si.

Psicanálise e telepatia

O trecho a seguir é parte da nota do editor, James Strachey, do livro *Psicanálise e telepatia*, de Freud, publicado em 1921/1993 (p. 176).

> *Este foi o primeiro dos artigos de Freud sobre telepatia, e nunca foi publicado em sua vida, embora a maior parte do material tenha sido incluída em várias formas em seus artigos publicados posteriormente sobre o assunto. Seu próximo artigo a ser escrito, e o primeiro a ser publicado, é o que segue imediatamente no presente volume, sobre o tópico um pouco diferente de Sonhos e telepatia (1922/2011). Logo depois disso, ele escreveu uma pequena nota sobre O significado oculto dos sonhos (1925i), que foi aparentemente desenhado para inclusão em A interpretação dos sonhos e na verdade foi impresso pela primeira vez como parte de um apêndice no Volume III da edição Gesammelte Schriften dessa obra, mas não foi incluído em nenhuma de suas edições posteriores. Por fim, houve a conferência já referida sobre Sonhos e ocultismo nas Novas conferências introdutórias (1933/1996). Vale ressaltar que neste último de seus escritos sobre o assunto ele não mais sentiu as dúvidas sobre a propriedade de discuti-lo, dúvidas essas que são tão evidentes no presente artigo; e, na verdade, no final da palestra, ele especificamente retira os temores aqui expressos de que a perspectiva científica dos analistas psicanalistas poderia estar em perigo se a transferência de pensamento fosse estabelecida como verdade.*

A partir daqui, damos lugar ao texto de Freud:

> *Já não parece possível afastar-se do estudo do que é conhecido como fenômenos "ocultos" – isto é, de fatos que professam falar em favor da existência real de forças psíquicas que não as mentes humanas e animais com as quais estamos familiarizados, ou que parecem revelar a posse por essas mentes de faculdades até então não reconhecidas. O impulso para tal investigação parece irresistivelmente forte. (Freud, 1921/1993, p. 177)*
>
> ...
>
> *Alguns, de fato, dos procedimentos das próprias ciências exatas podem ter contribuído para esse desenvolvimento. A descoberta do rádio [elemento químico] não confundiu menos do que avançou as possibilidades de explicar o mundo físico; e o conhecimento que foi tão recentemente adquirido do que é chamado de teoria da relatividade teve o efeito sobre muitos daqueles que admiram sem compreendê-lo de diminuir sua crença na confiabilidade objetiva da ciência. Você vai se lembrar que, não muito tempo atrás, o próprio Einstein também dedicou um tempo para protestar contra tal mal-entendido. (Freud, 1921/1993, p. 177-178)*
>
> ...
>
> *Os analistas, por outro lado, não podem repudiar sua descendência da ciência exata e sua comunidade com seus representantes. Movidos por uma desconfiança extrema do poder dos desejos humanos e das tentações do princípio do prazer, eles estão prontos, em prol de alcançar algum fragmento de certeza objetiva, para sacrificar tudo – o brilho deslumbrante de uma teoria im-*

pecável, a consciência exaltada de ter alcançado uma visão abrangente do universo, e a calma mental provocada pela posse de extensos fundamentos para a ação oportuna e ética. No lugar de tudo isso, contentam-se com conhecimentos fragmentários e com hipóteses básicas sem precisão e sempre abertas à revisão. Em vez de esperar o momento em que serão capazes de escapar da restrição das leis familiares da física e da química, eles esperam o surgimento de leis naturais mais extensas e de maior alcance, às quais estão prontos para se submeter. Os analistas são, no fundo, mecanicistas e materialistas incorrigíveis, embora procurem evitar roubar a mente e o espírito de suas características ainda não reconhecidas. Assim, também, eles embarcam na investigação dos fenômenos ocultos apenas porque esperam dessa maneira finalmente excluir os desejos da humanidade da realidade material. (Freud, 1921/1993, p. 178-179)

. . .

Você verá que todo o meu material toca apenas no único ponto de transferência de pensamento. Não tenho nada a dizer sobre todos os outros milagres que são reivindicados pelo ocultismo. (Freud, 1921/1993, p. 193)

Sonhos e ocultismo

Doze anos mais tarde, Freud retoma o tema com mais profundidade e convicção, no texto *Sonhos e ocultismo*, de 1933/1996a:

> *Os preconceitos às vezes são oportunos e justificados; mas às vezes são errôneos e prejudiciais, e nunca se sabe dizer quando são um e quando o outro. A própria história da ciência abunda em instâncias que são um aviso contra a condenação prematura. Por um longo tempo, foi considerado como uma hipótese sem sentido supor que as pedras, que agora chamamos de meteoritos, poderiam ter alcançado a terra a partir do espaço exterior ou que as rochas que formam montanhas, nas quais os restos de conchas estão embutidos, poderia ter formado uma vez o leito do mar. Aliás, a mesma coisa aconteceu com a nossa psicanálise quando ela apresentou sua inferência de haver um inconsciente. Assim, nós, analistas, temos razões especiais para ter cuidado ao usar considerações intelectuais para rejeitar novas hipóteses e devemos admitir que elas não nos aliviam de sentimentos de antipatia, dúvida e incerteza. (Freud, 1933/1996a, p. 33)*
>
> ...
>
> *Dessas conjecturas, sem dúvida, a mais provável é que haja um âmago real de fatos ainda não reconhecidos no ocultismo que a trapaça e a fantasia teceram um véu que é difícil de transpassar. Mas como podemos nos aproximar desse âmago? Em que ponto podemos atacar o problema? É aqui, eu acho, que os sonhos vêm em nossa ajuda, dando-nos uma dica de que a partir deste caos devemos escolher o assunto da telepatia.*
>
> *O que chamamos de "telepatia" é, como você sabe, o suposto fato de que um evento que ocorre em um de-*

terminado momento vem aproximadamente no mesmo momento para a consciência de alguém distante no espaço, sem que os caminhos de comunicação que nos são familiares entrem em questão. Pressupõe-se implicitamente que este evento diz respeito a uma pessoa por quem o outro (o receptor da inteligência) tem um forte interesse emocional.

Não preciso insistir na improbabilidade de tais acontecimentos, e há boas razões para rejeitar a maioria desses relatos. Restam alguns que não podem ser eliminados tão facilmente desta forma. Permita-me agora, com o propósito do que tenho para lhe dizer, omitir a pequena e cautelosa palavra "suposto" e proceder como se eu acreditasse na realidade objetiva do fenômeno da telepatia. Mas tenha em mente que esse não é o caso e que eu não me comprometi com nenhuma convicção. (Freud, 1933/1996a, p. 36, tradução nossa)

...

Na verdade, tenho pouco a dizer – apenas um fato modesto. Eu também reduzirei imediatamente suas expectativas ainda mais dizendo que, no fundo, os sonhos têm pouco a ver com telepatia. A telepatia não lança nenhuma nova luz sobre a natureza dos sonhos nem os sonhos dão qualquer evidência direta da realidade da telepatia. Além disso, o fenômeno da telepatia não está de modo algum ligado aos sonhos; pode ocorrer também quando se está acordado. A única razão para discutir a relação entre sonhos e telepatia é que o estado de sono parece particularmente adequado para receber mensagens tele-

páticas. Em tais casos, tem-se o que se chama de sonho telepático e, quando analisado, forma-se uma convicção de que a notícia telepática desempenhou o mesmo papel que qualquer outra porção dos resíduos do dia e que foi alterada da mesma forma pelo sonho-trabalho e feito para servir o seu propósito. (Freud, 1933/1996a, p. 37, tradução nossa)

. . .

Podemos agora deixar o assunto dos sonhos e da telepatia: não tenho mais nada a dizer sobre isso. Mas observe gentilmente que o que pareceu ensinar-nos algo sobre telepatia não era o sonho, mas a interpretação do sonho, seu trabalho psicanalítico. Assim, no que se segue, podemos deixar os sonhos inteiramente de um lado e podemos seguir uma expectativa de que o emprego da psicanálise pode lançar um pouco de luz sobre outros eventos descritos como ocultos. Há, por exemplo, o fenômeno da transferência de pensamento, que está próximo da telepatia e pode, de fato e sem muita violência, ser considerado como a mesma coisa. Tal fenômeno afirma que os processos mentais em uma pessoa – ideias, estados emocionais, impulsos conativos – podem ser transferidos para outra pessoa através do espaço vazio, sem que se empregue os métodos familiares de comunicação, como as palavras e sinais. Você vai perceber o quão notável, e talvez até de que grande importância prática seria se algo do tipo realmente acontecesse. (Freud, 1933/1996a, p. 39, tradução nossa)

. . .

Senhoras e Senhores, vocês agora já sabem como a interpretação dos sonhos e a psicanálise no geral auxiliam o ocultismo. Mostrei-lhes a partir de exemplos que, por sua aplicação, fatos ocultos que de outra forma teriam permanecido desconhecidos foram trazidos à luz. A psicanálise não pode dar uma resposta direta à pergunta que, sem dúvida, mais lhe interessa – se devemos acreditar na realidade objetiva dessas descobertas. Mas o material revelado com a ajuda da interpretação dos sonhos e da psicanálise causa uma impressão que é, em todo o caso, favorável a uma resposta afirmativa. (Freud, 1933/1996a, p. 47, tradução nossa)

. . .

Tenho certeza de que você não vai se sentir muito satisfeito com a minha atitude em relação a este problema – com o fato de eu não estar totalmente convencido, mas preparado para ser convencido. Talvez vocês possam dizer a si mesmos: "Aqui está outro caso de um homem que fez um trabalho honesto como cientista durante toda a sua vida e se tornou fraco, devoto e crédulo em sua velhice.". Estou ciente de que alguns grandes nomes devem ser incluídos nessa classe, mas você não deve me considerar entre eles. Pelo menos não me tornei devoto, e espero que tampouco crédulo. É só que, se alguém passou por toda a sua vida se curvando para evitar uma colisão dolorosa com os fatos, também na velhice ainda mantém as costas prontas para se curvar diante das novas realidades. Sem dúvida, você gostaria que eu me agarrasse a um teísmo moderado e me mostrasse implacável na minha rejeição de tudo o que é oculto. Mas sou incapaz de fazer favores e devo exortá-los a ter pensamentos mais bondosos sobre a possibilidade objetiva da transferência de pensamento e, ao mesmo tempo, da telepatia também.

Você não deve esquecer que aqui eu só estou tratando esses problemas na medida em que é possível abordá-los a partir da direção da psicanálise. Quando eles entraram pela primeira vez no meu alcance de visão há mais de dez anos, eu também senti um temor de uma ameaça contra o nosso Weltanschauung científico, que, eu temia, era obrigado a dar um lugar ao espiritualismo ou misticismo se partes do ocultismo fossem comprovadas. Hoje penso o contrário. Na minha opinião, uma pessoa não demonstra grande confiança na ciência se não acha que ela seja incapaz de assimilar e trabalhar sobre o que talvez possa vir a ser verdade nas afirmações dos ocultistas. E particularmente no que diz respeito à transferência de pensamento, ela parece realmente favorecer a extensão do modo científico – ou, como dizem nossos oponentes, mecanicista – de pensamento aos fenômenos mentais que são tão difíceis de se apossar. O processo telepático deve consistir em um ato mental em uma pessoa instigando o mesmo ato mental em outra pessoa. (Freud, 1933/1996a, p. 54-55, tradução nossa)

...

Se existe algo como telepatia como um processo real, podemos suspeitar que, apesar de ser tão difícil de demonstrar, é um fenômeno bastante comum. Corresponderia às nossas expectativas se conseguíssemos apontá-lo par-

ticularmente na vida mental das crianças. Aqui somos lembrados da ansiedade frequente sentida pelas crianças sobre a ideia de que seus pais conhecem todos os seus pensamentos sem que tenham sido dito a eles – uma contrapartida exata e talvez a fonte da crença dos adultos na onisciência de Deus. Pouco tempo atrás, Dorothy Burlingham, uma testemunha confiável, em um artigo sobre análise infantil e a mãe (1932), publicou algumas observações que, se puderem ser confirmadas, seriam obrigadas a pôr fim às dúvidas restantes a respeito da realidade da transferência de pensamento. . . .

E isso nos leva de volta à psicanálise, que foi de onde começamos. (Freud, 1933/1996a, p. 55-56, tradução nossa)

Da ressonância ao emaranhamento[1]

A computação mais vertiginosa é menos complexa que a mínima ternura.

(Morin, 1994, p. 339, tradução nossa)

O pensamento complexo é uma característica essencialmente humana. Basta pensar na complexidade de um pensamento espontâneo ou de uma cadeia de livres associações. Ao postular o inconsciente, Freud aceitou corajosamente o desafio da complexidade e das contradições. Um exemplo flagrante é a multideterminação do sintoma, onde causas pontuais se expandem numa rede de inter-relações complexas. Outro exemplo são as instâncias

---

[1] Esta é a tradução mais usada do *entanglement* original.

mentais, ego, id e superego, que no início do seu texto são postuladas didaticamente como territórios separados, mas, ao longo do texto, ele vai descrevendo sobreposições, conexões e ramificações, ou seja, uma complexa rede de relações. Esses modelos freudianos transcendem nossa simplificadora tendência ao dualismo, já que a complexidade abrange, num mesmo movimento indiferenciado, o unitarismo, o dualismo e todas as multirrelações até o infinito. Claro que nossa capacidade de apreensão de fenômenos complexos ainda é bastante limitada, mas, desde o início do século XX, o problema deixou de ser evitado ou oculto, apesar de sua aparente agressão ao pensamento científico tradicional. "Nós nos servimos de nossa estrutura de pensamento para pensar. Será necessário nos servirmos de nosso pensamento para repensar nossa estrutura de pensamento." (Morin, 1994, p. 321, tradução nossa).

Como dito antes, a partir de um corte epistemológico radical que passa por relatividade, mecânica quântica, teorema de Gödel, princípio de Heisenberg, princípio de complementaridade de Niels Böhr, para citar apenas algumas contribuições decisivas nas até então chamadas ciências exatas, grandes avanços se produziram, embora eles tenham ampliado consideravelmente nosso campo de desconhecimento. O que importa é que estamos ampliando possibilidades.

Para o pensamento aristotélico simplificador, os opostos se relacionam exclusivamente pela oposição e, com isso, tentava-se evitar o risco de contradições. Já a coincidência ou complementaridade dos opostos são aspectos da complexidade que aceita o desafio das contradições, o que demanda uma lógica mais complexa – mais que dialética, dialógica: o diálogo entre diferentes sistemas lógicos. A milenar filosofia oriental taoísta exprime a complementaridade dos opostos por meio do *Yin* e *Yang*; são configurações inseparáveis e só podem ser compreendidos na sua relação complexa um com o outro. "A complexidade é um tecido . . . de constituintes heterogêneos inseparavelmente associados." (Morin, 1994, p. 12, tradução nossa).

A ciência clássica (ou tradicional) sempre recorreu com sucesso a aproximações eficientes e soluções simplificadoras pragmáticas; a geometria, por exemplo, lida com linhas retas e formas definidas. Isso tem atendido perfeitamente a nossas necessidades materiais práticas, mas, a partir dos avanços citados, constatou-se também que, para sistemas suficientemente complexos – ou seja, a imensa maioria dos sistemas naturais, incluindo o cosmológico, o infinitesimal e, entre eles, o ser humano, seu corpo-mente e seus processos mentais –, as aproximações nas condições iniciais ou ao longo do seu processamento não conduzem a aproximações proporcionais nos resultados, mas de acordo com a teoria do caos, processos deterministas por natureza podem conduzir com grande rapidez a estados imprevisíveis e aparentemente desordenados (Prigogine, 1993/2002). Aproximações, racionalizações e mesmo racionalismos não dão conta da complexidade das relações sistêmicas.

Por outro lado, a ciência clássica colocava fora de seu âmbito de interesse tudo aquilo que não podia abarcar com seu instrumental dedutivo-indutivo, matematizável e compreensível. Ora, basta contemplar a natureza para constatar a incontrolável complexidade das formas e processos. Não há linhas retas na natureza, tanto que, ao sobrevoarmos aquele magnífico retão de areia branca da restinga de Marambaia, no Rio de Janeiro, nos ocorre logo: "Não, isto não pode ter sido assim, foi feito por alguma civilização humana! É algo que pertence à *artificialeza*!". Na atualidade, mesmo com nossos instrumentos aparentemente inadequados, estamos nos aventurando nesse complexo território multidimensional; após entender os fenômenos lineares, dispomo-nos a desafiar os processos turbulentos, caóticos, fractais:

Mas a ciência de hoje não é mais a ciência "clássica". Os conceitos básicos que fundamentavam a "concepção clássica do mundo" encontraram hoje seus limites num progresso teórico que não hesitamos em chamar de metamorfose.

A própria ambição de reduzir o conjunto de processos naturais a um pequeno número de leis foi abandonada. As ciências da natureza descrevem, de ora em diante, um universo fragmentado, rico de diversidades qualitativas e de surpresas potenciais. (Prigogine & Stengers, 1984, p. 5)

. . .

Assim a ciência se afirma hoje como ciência humana, ciência feita por homens e para homens. No seio de uma população rica e diversa em práticas cognitivas, nossa ciência ocupa a posição singular de escuta poética da natureza. (Prigogine & Stengers, 1984, p. 215)

A nova forma de insight talvez possa ser mais bem definida por "Totalidade Indivisa de Movimento Fluente". A visão implica que esse fluxo, em certo sentido, é anterior ao das coisas que podem ser vistas formando-se e dissolvendo-se nesse fluxo. Pode-se talvez ilustrar o que se quer dizer com isso considerando-se o "fluxo da consciência". Esta fluidez da consciência não é definível de maneira precisa, sendo porém evidentemente anterior às formas definíveis dos pensamentos e das ideias que podem ser vistos formando-se e dissolvendo-se no fluxo, como pequenos encrespamentos ou ondulações, ondas e vórtices num curso fluente. . . . Qualquer evento, objeto,

> *entidade etc. descritível é uma abstração de uma totalidade desconhecida e indefinível de movimento fluente. (Bohm, 1998, p. 17)*

> *Segundo a nova física, sonhamos o mundo. Nós o sonhamos como algo durável, misterioso, visível, onipresente no espaço e estável no tempo. Além dessa ilusão, todas as categorias do real e do irreal se esvaem. (Guitton, Bogdanov & Bogdanov, 1991, p. 143)*

A lógica clássica inerente à ciência tradicional não tem condições de endossar ou refutar pesquisas essencialmente psicanalíticas, já que a psicanálise pressupõe a ação conjunta de duas lógicas irreconciliáveis: a lógica não contraditória do sistema finito consciente e a lógica contraditória do sistema infinito inconsciente.

O que fazer? Já que negar ou desconhecer essa outra lógica que nos constitui seria, paradoxalmente, um atentado ao princípio de realidade, a saída "lógica" é aceitar a ampliação de nossa lógica clássica, limitada a um determinado nível de realidade, para uma bilógica ou dialógica, que incorpore o pensamento complexo, a contradição e os vários níveis de realidade. Tentamos nos aproximar dessa bilógica, do desconhecido enigmático, mediante modelos conjecturais que possam evolver em dois registros complementares. Um deles, o registro das conjecturas teóricas; o outro, na tentativa prática de desenvolver uma captação, um "sexto sentido", uma trans-sensorialidade. *Uma atitude contemplativa.* Algo sentido na mente e no corpo. Por outro lado, a tentativa de "sentir" essa complementaridade dialógica em "nós mesmos" poderia ser comparada, mantidas as devidas proporções, à experiência de pegar um violino pela primeira vez e sentir a estranheza do contato desafinado e guinchante da crina do arco sobre as cordas vibráteis – como relacionar esse ruído atroz com a bela música que nos acostumamos a ouvir, tocada por músicos consumados? Uma sensação de impossibilidade promissora: será que o exercício perseverante nos levará até lá? "A complexidade é um progresso do conhecimento que traz consigo o desconhecido e o mistério . . . e ela nos traz, sob a forma de poesia, a mensagem do inconcebível" (Morin, 1994, p. 97-98, tradução nossa).

Uma experiência usual entre músicos é a ressonância sonora. Se tivermos dois instrumentos de corda, dois violoncelos em lados opostos de uma sala, e se fizermos um *pizzicato* ou passarmos a crina do arco sobre uma corda solta, por exemplo, ela vai vibrar e a corda solta do outro violoncelo também entra em vibração, embora não haja ligação visível entre os dois. O fenômeno sempre intrigou a todos desde a antiguidade, e um dos primeiros que se debruçou sobre ele foi Pitágoras, o primeiro filósofo teórico da sonoridade musical, mas é a partir de Galileu que o fenômeno foi sendo compreendido na sua simplicidade: a corda que vibra cria ondas sonoras que, através do ar, fazem vibrar a outra corda. Banal agora, mas antes da descoberta científica, o fenômeno tinha uma conotação mágica.

O termo ressonância transita da física para as ciências humanas. Diz-se que duas pessoas têm uma ressonância especial. Ressoam no mesmo tom e seus harmônicos. Algo que se transmite através do espaço, inclusive no vácuo. Um campo energético de ondas afetivas. Assim como vários outros termos coloquiais, como "arrogância", "paciência", "continência", transformam-se, nos escritos de Bion, em conceitos psicanalíticos.

Falemos, então, de um fenômeno muito mais complexo da física contemporânea, o *entanglement*, traduzido usualmente para o português como *emaranhamento*. Para tanto, vou utilizar uma longa citação de Brian Greene, físico eminente, no seu livro *O tecido do cosmo* (*The fabric of the cosmos*), de 2005. Ele é conhecido, além de seu trabalho de ponta em física teórica, pela sua capacidade de explicar fenômenos complexos em linguagem clara e acessível, sem perder o rigor científico.

> *Não estamos acostumados a uma realidade que permanece ambígua até ser percebida. E a estranheza da mecânica quântica não termina aqui. Há um outro aspecto que é pelo menos tão insólito quanto este e que foi revelado pela primeira vez em um artigo escrito em 1935 por Einstein e dois colegas mais jovens, Nathan Rosen e Boris Podolsky, e que se destinava a atacar a teoria quântica. Com as idas e vindas do progresso científico, o trabalho de Einstein pode ser visto hoje como um dos primeiros a apontar que a mecânica quântica – quando tomada do ponto de vista formal – implica que algo que é feito aqui pode estar instantaneamente ligado a algo mais, que acontece em outro lugar, independentemente da distância. Einstein considerava que essas conexões eram ridículas e interpretou o fato de que elas apareciam na matemática da teoria quântica como prova de que a teoria carecia ainda de grandes aperfeiçoamentos para que viesse a tomar uma forma aceitável. Mas por volta da década de 1980, quando realizações teóricas e tecnológicas permitiram submeter a exame minucioso esses alegados absurdos quânticos, os pesquisadores confirmaram que é possível haver um vínculo instantâneo entre coisas que ocorrem em pontos muito distantes um do outro. O que Einstein refutou como absurdo pode realmente acontecer no laboratório, em condições adequadas.*
>
> *As implicações desses aspectos da mecânica quântica para o quadro que formamos da realidade são objeto de*

pesquisas ainda hoje. Muitos cientistas, entre os quais me incluo, veem-nas como parte de uma atualização quântica radical do significado e das propriedades do espaço. Normalmente, a separação espacial implica a independência física. (Greene, 2005, pp. 334-343)

. . .

A mecânica quântica desafia esse ponto de vista ao revelar que, pelo menos em certas circunstâncias, existe a possibilidade de transcender o espaço. Conexões quânticas à longa distância podem superar a separação espacial. Dois objetos podem estar bem separados no espaço, mas, do ponto de vista da mecânica quântica, é como se fossem uma única entidade. E como o espaço e o tempo têm um vínculo estreito, descoberto pelo próprio Einstein, as conexões quânticas também têm tentáculos temporais. (Greene, 2005, pp. 354-358)

. . .

Os físicos dão a essa característica do universo o nome de localidade, para significar que você só pode afetar diretamente coisas que estejam próximas a você, que serão locais.

. . .

Mas uma série de experimentos realizados nas duas últimas décadas revela que algo que fazemos em um lugar (como medir certas propriedades de uma partícula) pode sutilmente emaranhar-se com algo que ocorre em outro lugar (como o resultado da medição de certas propriedades de outra partícula distante), sem que nada seja enviado de um lugar ao outro. Esse fenômeno, embora desafie a nossa intuição, é perfeitamente compatível com as leis da mecânica quântica e foi previsto por elas muito antes de que a tecnologia pudesse propiciar-nos a sua verificação por meio de experimentos. É como o vodu: Einstein, que esteve entre os primeiros a reconhecer – e a criticar acidamente – este possível aspecto da mecânica quântica, qualificou-o como "fantasmagórico". Mas, como veremos, estes vínculos de longa distância que os experimentos confirmam são extremamente delicados e, em sentido estrito, estão além da nossa capacidade de controle.

O que importa é que esses resultados, que provêm tanto de considerações teóricas quanto experimentais, dão decisivo apoio à conclusão de que o universo admite interconexões não-locais. Algo que acontece em um lugar pode estar conectado com algo que acontece em outro lugar ainda que nada viaje de um lugar ao outro – e ainda que não haja tempo para que qualquer coisa, até mesmo a luz, possa viajar entre os eventos. Isso significa que o espaço não pode mais ser concebido como antes: o espaço interveniente, independentemente da sua extensão, não assegura que dois objetos sejam separados, uma vez que a mecânica quântica permite a existência de um emaranhamento, um tipo de conexão entre eles. Uma partícula, igual às incontáveis partículas que compõem o seu corpo e o meu, pode mover-se, mas não pode desaparecer. De acordo com a teoria quântica e com os múltiplos experimentos que confirmaram as suas previsões, a conexão quântica entre duas partículas pode persistir mesmo que elas estejam em lados opostos do universo. Do ponto de vista do seu emaranhamento, apesar dos trilhões de quilômetros de espaço que existem entre elas, é como se as partículas estivessem juntas.

A física moderna imprime golpes sucessivos e poderosos na nossa concepção da realidade. Encontraremos muitos deles nos capítulos que se seguem. Mas, dentre os que foram experimentalmente confirmados, nenhum é mais alucinante, na minha opinião, do que a noção de que o universo não é local. (Greene, 2005, pp. 1.640-1.662)

...

Em razão do seu passado, objetos que hoje estão em regiões vastamente diferentes do universo podem, fazer parte de um todo emaranhado, segundo a mecânica quântica. Ainda que amplamente separados, esses objetos comportam-se de uma maneira que é aleatória, mas também é obrigatoriamente coordenada.

Pensávamos que uma propriedade básica do espaço é a de separar os objetos e possibilitar que eles se distingam uns dos outros. Vemos agora que a mecânica quântica impõe um desafio radical a essa visão. Duas coisas podem estar amplamente separadas sem por isso ter existências inteiramente independentes. Elas são unidas por uma conexão quântica que faz com que as propriedades de uma sejam dependentes das propriedades da outra. O espaço não torna esses objetos emaranhados distinguíveis uns dos outros. O espaço não pode superar a sua interconexão. O espaço, mesmo uma enorme quantidade dele, não diminui a sua interdependência quântica. (Greene, 2005, pp. 2.485-2.489)

...

> *As conexões quânticas entre os dois fótons emitidos pelo átomo de cálcio certamente são reais, mas são extremamente tênues. Quando Aspect e outros realizam os seus experimentos, é fundamental que os fótons possam viajar sem nenhum distúrbio, da fonte até os detectores. Se eles forem afetados por outras partículas, ou se colidirem com outros objetos antes de alcançar os detectores, a identificação da conexão quântica entre eles torna-se monumentalmente mais difícil. . . . Para todos os efeitos práticos, o emaranhamento original entre os fótons estaria superado.*
>
> *Mas, de toda maneira, é espantoso que essas conexões existam e que possam ser observadas diretamente e a distâncias significativas nas condições privilegiadas do laboratório. Essencialmente, elas nos mostram que o espaço não é o que pensávamos que fosse. (Greene, 2005, pp. 2.498-2.507)*

Os "tentáculos temporais" citados decorrem da teoria da relatividade especial de Einstein, que afirma que o limite da velocidade possível é 300.000 km/s. Nada pode se deslocar a uma velocidade maior, então como conceber que uma informação possa ser compartilhada instantaneamente por duas partículas situadas a milhões de anos-luz de distância? Isso era o que argumentava Einstein.

Penso que o sentido do termo contraintuitivo utilizado por Greene (2005) refere-se a uma intuição ancorada num senso comum sempre datado e em constante mutação. A psicanálise e outros tantos golpes na arrogância do conhecimento estabelecido que o diga. A intuição psicanalítica é informada pela vivência emocional no ambiente da vida.

Na década de 1980, Ignacio Matte-Blanco (1988) imaginou uma lógica do sistema inconsciente que funcione num espaço virtual de quatro dimensões espaciais. Isso aponta para o sistema infinito inconsciente de Bion. É possível inteligir um corpo com mais de quatro dimensões espaciais, mas é impossível imaginá-lo ou, muito menos, desenhá-lo. A meta mais ambiciosa da física contemporânea é a busca de uma solução matemática lógica que unifique a teoria da relatividade e a mecânica quântica. A hipótese que mais se aproxima disso tem exigido um cálculo que admita dez dimensões das quais seis estão ocultas inevitavelmente para a percepção humana.

Outra ideia a pensar: o sistema infinito inconsciente é conforme com as leis misteriosas da mecânica quântica. Niels Bohr dizia que quem não achar a mecânica quântica muito esquisita é porque não a entendeu. Cabe a paráfrase: quem não achar a lógica do sistema inconsciente muito esquisita é porque não a entendeu. Ambas contraintuitivas hoje. E amanhã?

***

Dezessete anos após a publicação do livro de Greene, o Prêmio Nobel de Física de 2022 foi concedido a Aspect, Clausen e Zeilinger (Peixoto, 2022), que durante décadas pesquisaram experimentalmente o *emaranhamento* e concluíram de forma inquestionável a existência real do fenômeno. Ele foi comprovado com fótons, neutrinos, elétrons, moléculas e partículas maiores. Ainda não há uma compreensão teórica unânime do fenômeno, mas não há mais como negá-lo.

Minha intenção com essa citação do livro de Greene (2005) é dar continuidade ao profundo interesse que Bion cultivou pela evolução das lógicas da matemática e da física como ponto de partida para sua tentativa de compreensão da lógica contraditória, porque infinita, do inconsciente da psicanálise. Uma jornada de busca que se inicia com Freud com sua postulação de uma "transmissão de pensamentos" na sessão psicanalítica, propiciada por uma atitude "sonhante" do analista, e prossegue com Bion em termos de uma comunicação inconsciente propiciada pela atitude "devaneante" do analista. Uma *reverie*, sem memória, sem desejo (Bion, 1970/1973), sem entendimento prévio que possa abrir as portas do desconhecido, do *novo* que ele tanto enfatizou. Uma lógica necessariamente infinita para poder conter a herança arcaica (Freud, 1939) filogenética da espécie humana e toda vivência emocional ontogenética de cada um de nós. Quanto mais sabemos, mais cresce exponencialmente nosso campo infinito de ignorância estimulante. Caminhamos passo a passo no finito ao infinito.

Referências

Bion, W. R. (1962). *Learning from experience*. William Heinemann.

Bion, W. R. (1973). *Atenção e interpretação*. Imago. (Trabalho originalmente publicado em 1970)

Bohm, D. (1998). *A totalidade e a ordem implicada: uma nova percepção da realidade*. Cultrix.

Einstein, A. (1981). *Como vejo o mundo*. Nova Fronteira. (Trabalho originalmente publicado em 1934)

Freud, S. (1939). *Moses and monotheism* (2a ed., Vol. XXIII). Hogarth Press.

Freud, S. (1965). *The interpretation of dreams* (2a ed., Vol. IV-V). Avon Books. (Trabalho originalmente publicado em 1900)

Freud, S. (1969). *Recomendações aos médicos que exercem a psicanálise*. Imago. (Trabalho originalmente publicado em 1912)

Freud, S. (1976). O ego e o id. In *O ego e o id e outros trabalhos (1923-1935). Edição standard brasileira das obras psicológicas completas de S. Freud* (Vol. XIX, pp. 13-83). Imago. (Trabalho originalmente publicado em 1923)

Freud, S. (1993). Psicanálise e telepatia. In *Edição standard brasileira das obras completas de S. Freud* (2a ed., Vol. XVIII, pp. 165-184). Amorrortu. (Trabalho originalmente publicado em 1921)

Freud, S. (1996a). Sonhos e ocultismo. In *Novas conferências introdutórias sobre psicanálise e outros trabalhos (1932-1936). Edição standard brasileira das obras completas de S. Freud* (Vol. XXII, pp. 31-56). Imago. (Trabalho originalmente publicado em 1933)

Freud, S. (1996b). Por que a Guerra? In *Novas conferências introdutórias sobre psicanálise e outros trabalhos (1932-1936). Edição standard brasileira das obras completas de S. Freud* (Vol. XXII, p. 197). Imago. (Trabalho originalmente publicado em 1933)

Freud, S. (2011). Sonhos e telepatia. In *Psicologia das massas e análise do eu e outros textos (1920-1923). Edição standard das obras completas de S. Freud* (Vol. XVIII). Companhia das Letras. (Trabalho originalmente publicado em 1922)

Greene, B. (2005). *O tecido do cosmo*. Companhia das Letras.

Guitton, J., Bogdanov, G., & Bogdanov, I. (1991). *Deus e a ciência*. Nova Fronteira.

Matte-Blanco, I. (1988). *Thinking, feeling and being*. Routledge.

Morin, E. (1994). *La complexité humaine*. Champs Essais.

Peixoto, R. (2022). Nobel de Física 2022 vai para três cientistas por descobertas sobre a mecânica quântica. *G1*, Online, 4 out. 2022. Recuperado de http://glo.bo/3kJEfaN.

Prigogine, I. (2002). *As leis do caos.* Unesp. (Trabalho originalmente publicado em 1993)

Prigogine, I., & Stengers, I. (1984). *A nova aliança.* Editora UNB.

Sobre os autores

Ana Fátima Aguiar – Psicóloga, psicanalista, mestranda em Psicologia Clínica pelo Instituto de Psicologia da Universidade de São Paulo (USP). Pesquisadora/colaboradora do Laboratório Interinstitucional de Estudos da Intersubjetividade e Psicanálise Contemporânea (LipSic). Organizadora do livro *Psicologia em cena: cinema, vida e subjetividade.*

Anie Stürmer – Psicóloga/psicoterapeuta de orientação psicanalítica. Diretora e docente do Instituto de Psicologia (IPSI), em Novo Hamburgo-RS. Docente e supervisora do Instituto de Ensino e Pesquisa em Psicoterapia (IEPP), em Porto Alegre-RS. Organizadora e autora dos livros *Crianças e adolescentes em psicoterapia: a abordagem psicanalítica* e *Capacidade negativa: um caminho em busca da luz.* Coautora dos livros *Infidelidade e traição: um estudo psicanalítico sobre a infelicidade e outros problemas conjugados, conjugais e cotidianos* e *O cheiro do desejo em cena.* Autora do livro *(In)fidelidades* cotidianas.

Arnaldo Chuster – Médico psiquiatra, psicanalista, docente e didata da Sociedade Psicanalítica do Rio de Janeiro e do Newport Psychoanalytic Institute, na Califórnia. Membro honorário e professor do Instituto W Bion de Porto Alegre. Mestre em docência de ensino superior e doutor em Psicologia Médica pela Southern

Methodist University. Autor de vários livros sobre a obra de Bion e inúmeros artigos publicados em diversos idiomas. O livro mais recente é *Capacidade negativa: um caminho em busca da luz*. Coordena grupos de estudos sobre a obra de Bion em várias capitais brasileiras e no exterior.

Carla Penna – Doutora em psicologia clínica pela Pontifícia Universidade Católica do Rio de Janeiro (PUC-RJ), psicanalista do Círculo Psicanalítico do Rio de Janeiro, membro do Scientific Committee da Group Analytic Society International e da International Association for Group Psycotherapy and Group Processes. Ex-presidente da Sociedade de Psicoterapia Analítica de Grupo do Estado do Rio de Janeiro e da Associação Brasileira de Psicoterapia de Grupo (ABPG). Autora dos livros *Inconsciente social* e *From crowd psychology to the dynamics of large groups: historical, theoretical and practical considerations*.

Cláudia Mazzini Perrotta – Psicanalista, doutora em Psicologia Clínica pela PUC-SP, autora do livro *Um texto pra chamar de seu: preliminares sobre a produção do texto acadêmico*. Docente do curso de formação em Psicopedagogia e do curso de aperfeiçoamento "Winnicott: experiência e pensamento", ambos no Instituto Sedes Sapientiae. Idealizadora e coordenadora do projeto cultural de cinema itinerante Cine Boa Praça. Membro do Espaço Potencial Winnicott (Sedes Sapientiae). Pesquisadora do LipSic.

Cristiana Regina Ferreira de Aguiar Pondé – Psicóloga, psicanalista, doutora em Psicologia Clínica pela PUC-RJ, com período "sanduíche" na Universidade do Porto, Portugal. Autora do livro *O magma vulcânico: entre a eclosão e a criação. Psicanálise dos casos limite*.

Davi Berciano Flores – Psicanalista, graduado em Psicologia pela PUC-SP, mestre e doutorando em Psicologia Clínica pela USP, especialista em psicanálise pelo Instituto Sedes Sapientiae. Docente do curso de formação do Centro de Estudos Psicanalíticos (CEP) de São Paulo e do curso de pós-graduação *lato sensu* da Universidade Presbiteriana Mackenzie.

Elias Mallet da Rocha Barros – Prêmio Sigourney pelo conjunto de contribuições à psicanálise. Distinguished Fellow da British Psychoanalytical Society Institute. Analista didata da Sociedade Brasileira de Psicanálise de São Paulo (SBPSP). Ex-editor de várias publicações, dentre elas o *International Journal of Psychoanalysis.*

Elisa Maria de Ulhôa Cintra (organizadora) – Psicanalista, professora do programa de pós-graduação em Psicologia Clínica da PUC-SP. Coordenadora do LipSic. Autora dos livros *Melanie Klein: estilo e pensamento* e *Por que Klein?*.

Evelise de Souza Marra – Psicanalista, psicóloga e mestre pela USP. Professora na PUC-SP por 18 anos (núcleo de casal e família). Membro efetivo e analista com função didática na SBPSP. Organizadora das 15 "Jornadas Psicanálise: Bion" na SBPSP e organizadora das publicações oriundas delas.

Gina Tamburrino – Psicóloga e psicanalista. Doutora em Psicologia Clínica pela PUC-SP. Membro docente do Departamento de Formação em Psicanálise do Instituto Sedes Sapientiae. Coordenadora e professora do curso de aperfeiçoamento *Para além da contratransferência: o analista implicado*, do mesmo Instituto. Autora dos livros *Escutando com imagens* e *Enactments e transformações no campo analisante*, entre outras publicações.

Ignacio Gerber – Psicanalista, membro efetivo e docente do Instituto de Formação da SBPSP. Autor do livro *Por que Bion?* e de artigos nacionais e internacionais.

Júlio Conte – Médico, psicanalista, diretor de teatro, dramaturgo e ator. Membro pleno do Centro de Estudos Psicanalíticos de Porto Alegre. Membro fundador do Instituto Wilfred Bion de Porto Alegre.

Júlio Frochtengarten – Médico graduado pela Faculdade de Medicina da USP (FMUSP). Membro efetivo e analista didata da SBPSP. Coordenador de seminários clínicos e teóricos do Instituto de Psicanálise. Responsável por diversas funções científicas na SBPSP. Autor de diversos artigos publicados em livros e revistas brasileiras.

Luís Claudio Figueiredo – Professor aposentado do IPUSP, professor da pós-graduação da PUC-SP, membro do Círculo Psicanalítico do Rio de Janeiro. Autor de vários livros e inúmeros artigos e capítulos; o livro mais recente é *A mente do analista*.

Marina F. R. Ribeiro (organizadora) – Psicanalista, professora doutora do IPUSP, orientadora de mestrado e doutorado no programa de pós-graduação em Psicologia Clínica do IPUSP. Coordenadora do LipSic. Autora de diversos livros e artigos. Site: www.marinarribeiro.com.

Maysa Marianne Silva Bezerra – Psicóloga clínica. Sócia do Centro de Pesquisa em Psicanálise e Linguagem (CPPL). Pesquisadora e colaboradora do LipSic.

Pablo Castanho – Professor doutor do Departamento de Psicologia Clínica do IPUSP. Líder do grupo de pesquisa Clínica de Grupos e Instituições: Abordagem Psicanalítica (CLIGIAP), do Conselho

Nacional de Desenvolvimento Científico e Tecnológico (CNPq)/ USP. Membro orientador do LipSic. Responsável pelo Grupo Reflexivo de Apoio à Permanência da Universidade de São Paulo (GRAPUSP). Cocoordenador da rede interuniversitária internacional Groupes et Liens Intersubjectifs com sede na Université Lumière Lyon 2, França. Membro do Núcleo de Estudos em Saúde Mental e Psicanálise das Configurações Vinculares (NESME) e da International Association of Group Psychotherapy and Group Processes (IAGP). Autor de *Uma introdução psicanalítica ao trabalho com grupos em instituições*. Membro do NESME-SP.

Pedro Hikiji Neves – Psicólogo, mestrando no Departamento de Psicologia Clínica da USP, com bolsa da Coordenação de Aperfeiçoamento de Pessoal de Nível Superior (CAPES). Membro do LipSic.

Rachele da Silva Ferrari – Psicóloga, psicanalista, doutora em Psicologia Clínica pelo IPUSP. Autora dos livros *Maternidades, assombro e elaboração: uma perspectiva psicanalítica* e *Voluntariado: uma dimensão ética*. Coautora na coletânea *Para além da contratransferência, o analista implicado.*

Renato Trachtenberg – Médico psiquiatra e psicanalista. Membro fundador, titular com função didática da Sociedade Brasileira de Psicanálise de Porto Alegre (SBPdePA). Membro titular da Asociación Psicoanalítica de Buenos Aires (APdeBA). Membro fundador e pleno do Centro de Estudos Psicanalíticos de Porto Alegre (CEPdePA). Coautor dos livros *As 7 invejas capitais* e *WR Bion: a obra complexa*, ambos traduzidos para o espanhol. Autor de inúmeros trabalhos publicados em revistas e livros no Brasil e no exterior.

Roosevelt Cassorla – Membro das Sociedades Brasileiras de Psicanálise de São Paulo e Campinas. Professor titular da Universidade

Estadual de Campinas (Unicamp). Ganhador do Prêmio Sigourney pelo conjunto de contribuições à psicanálise. Autor de vários livros, entre eles *O psicanalista, o teatro dos sonhos e a clínica do enactment* e *Estudos sobre suicídio: psicanálise e saúde mental*. Autor de diversos artigos e capítulos de livros nacionais e internacionais.

Thaís Mariana Arantes Ferreira – Psicanalista, graduada em psicologia pela USP, mestranda do Departamento de Psicologia Clínica do IPUSP. Pesquisadora e colaboradora do LipSic.

Victor de Jesus Santos Costa – Psicólogo pela Universidade de Brasília (UnB). Mestre em Psicologia Clínica pela PUC-SP. Filiado ao LipSic. Pesquisador na área de clínica psicanalítica de pacientes diagnosticados como psicóticos, limítrofes e seus familiares. Atuante nos projetos sociais *Clínica Aberta de Psicanálise*, na Casa do Povo, e no grupo *Fala, Homem!*.

Impressão e Acabamento
Bartiragráfica
(011) 4393-2911